국어영역

| A · B형 공통 |

contents
목차

o IPTV 교육방송은 교육전문방송으로서 학교교육을 보완하고 국민 평생교육 담당이라는 사회적 책임과 의무를 다하기 위하여 부단한 노력을 기울여 오고 있습니다.

특히, 교육환경의 변화와 이에 따른 교육현장의 요구를 최대한 수용하여 학교 교육을 보충·심화할 수 있도록 다양한 교재와 프로그램을 새롭게 개발하고 있습니다.

이러한 노력의 일환으로 IPTV교육방송은 고등학교에서 연차적으로 실시되고 있는 개정 교육과정 및 교과도서를 철저히 분석하여, 방송교재와 프로그램에 충실히 반영함으로써 세분화·전문화된 교재와 방송 프로그램을 개발하고 있습니다.

또한, IPTV교육방송 홈페이지를 통해 언제 어디서나 손쉽게 볼 수 있도록 하여 학교나 가정에서 반복 학습이 가능하도록 하였습니다.

앞으로도, IPTV교육방송은 가정경제의 위기 속에, 날로 심각해지는 국민 사교육비 부담을 덜어주고 공교육의 정상화를 위한 다각적인 노력을 기울이며 공영방송으로서의 새로운 비전을 제시할 수 있도록 최선을 다하겠습니다.

01

고전 시가

🚌 개념 정리 ..

01 :: 고전시가 표기법

1. 표기법(1)

고전은 소리 나는 대로 썼다고 생각하면 가장 쉽다.

① 분철표기(끊어 적기) : 꽃이

② 연철표기(이어 적기) : 꼬치

③ 중철(혼철) 표기(거듭 적기) : 꼳치

2. 표기법(2) : 받침에 신경 쓰지 말자.

ㄱ, ㄴ, ㄷ, ㄹ, ㅁ, ㅂ, ㅅ, ㅇ 밖에 안 쓰였다고 생각하면 된다.

※ 우리말은 소리글자인데 뜻글자인 중국을 따르려 함

① 표의적 표기 : 종성 부용 초성

② 표음적 표기 : 8종성 가족용법, 칠종성법

3. 종성부용초성

첫 글자에 쓰는 것은 받침에도 쓸 수 있다.

⬇

① 8종성가족용(ㄱ ㄴ ㄷ ㄹ ㅁ ㅂ ㅅ ㅇ)

⬇

② 7종성 법 : 'ㄷ'도 없어진다.

(곳 : 장소, 시각, 꽃)

4. 단모음화

단모음 아닌 것이 단모음 되는 현상

· (천)	ㅗ, ㅏ	ㅛ, ㅑ
ㅣ (인)		
ㅡ (지)	ㅜ, ㅓ	ㅠ, ㅕ

1) 견설>전설, 져재>저자

2) 녜다>녀다>니다

① 살아가다 : 혼자, 함께, 한데라는 말이 앞에 온다)

② 다니다, 가다 : 그 나머지

예) 녈비예 아즐가 녈비예 연즌다 샤공아
　　위 두어렁셩 두어렁셩 다링디리 ─서경별곡

　　니믈 흔 딕 녀가져 願을 비숩노이다. / 아아 動
　　動다리.

　　간밤의 우뎐 여흘 슬피 우러 지내여다.
　　이제야 싱각ᄒ니 님이 우러 보내도다.
　　져 물이 거스리 흐르고져 나도 우러 녜리라.

5. 구개음화

구개음이 아닌 것이 구개음 되는 현상

예) (별이) 디다>지다

　　ᄆ음의 미친 실음 疊텹疊텹이 빠혀 이셔,
　　짓ᄂ니 한숨이오 디ᄂ니 눈믈이라.

6. 두음법칙

어두에 'ㄹ', 'ㄴ' 또는 자음군이 오는 것을 꺼리는 현상

예) 니러 안자 창을 열고

예) 텬天샹上 빅白옥玉경京을 엇디ᄒ야 니離별別ᄒ

고, 히 다 뎌 져믄 날의

예) 뫼ᄃ티 빠혀시니

6. '·', 'ㅿ', 'ㅸ', 'ㅄ'

① · ⇨ 'ㅏ', 'ㅡ'

② 어두자음군 ㅄ ⇨ 뒷글자의 된소리

7. 한자어는 쉬운 것만 해석하자.

02 :: 고전시가 이렇게 풀자!!!

현대시와 마찬가지로 고전시가를 풀 때도 문제를 먼저 본다.

1. 보기가 나온 문제

시대상황이나 시적화자의 상황 중심의 보기

2. 위 시의 내용으로 적절하지 않은 것은?

3. 시상전개문제

∭ 기출을 통한 연습문제

장부의 하올 사업 아는가 모르는가
효제충신(孝悌忠信) 밖에 하올 일이 또 있는가
어즈버 인도(人道)에 하올 일이 다만 인가 하
노라 〈1장〉

남산에 많던 솔이 어디로 갔단 말고
난(亂) 후 부근(斧斤)이 그다지도 날랠시고
두어라 우로(雨露) 곧 깊으면 다시 볼까 하노라
〈2장〉

창밖에 세우(細雨) 오고 뜰 가에 제비 나니
적객의 회포는 무슨 일로 끝이 없어
저 제비 비비(飛飛)를 보고 한숨 겨워하나니
〈3장〉

적객에게 벗이 없어 공량(空樑)의 제비로다
종일 하는 말이 무슨 사설 하는지고
어즈버 내 풀어낸 시름은 널로만 하노라 〈4장〉

인간(人間)에 유정한 벗은 명월밖에 또 있는가
천 리를 멀다 아녀 간 데마다 따라오니
어즈버 반가운 옛 벗이 다만 넨가 하노라
〈5장〉

설월(雪月)에 매화를 보려 잔을 잡고 창을 여니
섞인 꽃 여원 속에 잦은 것이 향기로다
어즈버 호접(蝴蝶)이 이 향기 알면 애 끊일까
하노라 〈6장〉

01. 〈보기〉를 참고하여 [다]의 '솔', '명월', '매화'의 의미를 파악한 것으로 적절하지 <u>않은</u> 것은?

─────〈 보기 〉─────

고전시가에서 자연물은 관습적 상징으로 사용된 경우가 많다. 선비들은 이러한 자연물을 활용하여 자신의 처지와 심정을 드러내었다. [다]는 작가가 인목대비 폐위를 반대하다 함경도로 유배된 상황에서 지어졌는데, 이 시의 자연물도 이러한 맥락에서 해석할 수 있다.

① '솔'은 남산에 있다 베어진 것으로 표현되는데, 이는 조정에서 쫓겨나 유배를 간 작가를 상징하는 것 같아.

② '솔'은 '우로'가 깊어질 때 다시 볼 수 있는 대상으로 표현되고 있는데, 이를 통해 작가는 자연 친화적 삶에 대한 지향을 드러내고 있어.

③ '명월'은 화자를 '천리를 머다 아녀 따라오는' 대상이라는 점에서 진정한 벗으로서의 의미를 드러내고 있어.

④ '매화'는 여윈 모습으로 꽃을 피운 것으로 표현되고 있는데, 이는 유배 생활 중 작가의 모습을 나타내고 있는 것 같아.

⑤ '매화'에는 '향기'가 깊이 배어 있는 것으로 표현되고 있는데, 이는 작가가 간직하고 있는 지조를 나타내는 것 같아.

---

03 :: 고전시가도 이것이 중요하다!!!

1. 시의 내용을 해석할 때는

　　시적화자 ➡ 처한 상황 ➡ 정서태도

O 처한 상황의 대표적 유형

① 이별 : 귀양, 유배(충, 연군), 남녀 간의 사랑

② 자연 친화 : 어지러운 현실, 세속적 부귀영화 부정

③ 비판, 풍자 : 탐관오리, 간신들이 있는 현실

④ 교훈 : 유교적 사상, 학문수양

⑤ 인생무상 : 맥수지탄, 탄로가

2. 모든 시어는 의미가 고정된 것이 아니라 문맥 즉 수식어와 서술어를 통해 달라진다. 다만 고전 시가는 관습적 상징으로 사용된 자연물이 있다.

1) 매화, 난초, 국화, 대나무, 소나무

　문학작품에서 대부분 지조, 절개를 상징하는 것으로 쓰인다.

2) 백구

① 물아일체(物물건 물, 我나 아, 一한 일, 體몸 체)

② 외물(外物) 과 자아(自我) 또는 객관과 주관

이 하나가 됨. 또는 그런 경지.

③ 자연 친화(自然親和)

3) 도화

① 자연친화 작품 : 무릉도원 연상

② 유교적 내용의 작품 : 간신

4) 구름

해(임금)의 총명함을 가리는 것으로 간신을
상징

5) 초라한 밥상

① 안빈낙도(安편안할 안, 貧가난할 빈, 樂즐거울
락, 道길 도)

구차한 중에도 편안한 마음으로 도(道)를
즐김.

② 안분지족(安편안할 안, 分나눌 분, 知알 지, 足
발 족)

편안한 마음으로 제 분수를 지키며 만족함
을 앎.

시조를 통해 고전시가의 처한 상황을 공부해보자.

두터비 ᄑ리를 물고 두험 우희 치ᄃ라 안자

것넌 山(산) ᄇ라보니 白松骨(백송골) 이 ᄯ려잇거늘, 가슴이 금즉ᄒ여 풀덕 쒸여 내ᄃᆺ다가 두험
아래 잣바지거고.

모쳐라 늘낸 낼식만정 에헐질 번ᄒ괘라.

붉가버슨 兒孩(아해)ㅣ 들리 거믜줄 테를 들고 ᄀ川(천) 으로 往來(왕래) ᄒ며,

붉가숭아 붉가숭아 져리 가면 죽ᄂ니라. 이리 오면 ᄉᄂ니라. 부로나니 붉가숭이로다.

아마도 世上(세상) 일이 다 이러ᄒ가 ᄒ노라.

잔 들고 혼자 안자 먼 뫼흘 ᄇ라보니,

그리던 님이 오다 반가옴이 이러ᄒ랴

말슴도 우움도 아녀도 몯내 됴하 ᄒ노라.

五百年(오백년) 都邑地(도읍지) 를 匹馬(필마) 로 도라드니,

山川(산천) 은 依舊(의구) ᄒ되 人傑(인걸) 은 간 듸 업다.

어즈버 太平烟月(태평연월) 이 숨이런가 ᄒ노라.

仙人橋(선인교) 나린 물이 자하동(紫霞洞) 에 흘너드러,
半千年(반천년) 왕업(王業) 이 물소ᄅᆡ섇이로다.
아희야 고국흥망(古國興亡) 을 무러 무슴ᄒ리오.

눈 마ᄌ 휘여진 ᄃᆡ를 뉘라셔 굽다턴고.
구블 節(절) 이면 눈 속에 프를소냐.
아마도 歲寒孤節(세한 고절) 은 너섇인가 ᄒ노라.

이 몸이 주거 가셔 무어시 될소 ᄒ니,
蓬萊山(봉래산) 第一峰(제일봉) 에 落落長松(낙랑장송) 되야이셔
白雪(백설) 이 滿乾坤(만건곤) ᄒᆞᆯ 제 獨也靑靑(독야청청) ᄒ리라.
어져 내 일이야 그릴 줄을 모로ᄃ냐.
이시랴 ᄒ더며 가랴마ᄂ 제 구ᄐ여
보ᄂᆡ고 그리ᄂ 情(정) 은 나도 몰라 ᄒ노라.

ᄆᆞ음이 어린 後(후)ㅣ니 ᄒᄂ 일이 다 어리다.
萬重雲山(만중 운산) 에 어← 님 오리마ᄂ
자ᄂ 닙 부ᄂ ᄇ람에 힝여 귄가 ᄒ노라.

首陽山(수양산) ᄇ라보며 夷齊(이제) 를 恨(한) ᄒ노라.
주려 주글진들 採薇(채미) 도 ᄒᄂ것가.
비록애 푸새엣 거신들 긔 뉘 ᄯᅡ헤 낫ᄃ니.

말 업슨 청산(靑山) 이오, 태(態) 업슨 流水(유수) 이로다.
갑 업슨 淸風(청풍) 이오, 님ᄌ 업슨 明月(명월) 이라.
이 中(중) 에 病(병) 업슨 이 몸이 分別(분별) 업시 늘그리라.

秋江(추강) 에 밤이 드니 물결이 ᄎ노ᄆᆡ라.

낙시 드리치니 고기 아니 무노미라.
無心(무심) 혼 둘빗만 싯고 뷘 빅 저어 오노민라.

靑山(청산) 는 엇데호야 萬古(만고) 애 프르르며,
流水(유수) 는 엇데호야 晝夜(주야) 애 긋디 아니는고.
우리도 그치디 마라 萬古常靑(만고상청) 호리라.

ᄆᆞᄋᆞᆯ 사ᄅᆞᆷ들아 올흔 일 ᄒᆞ쟈스라.
사름이 되어나셔 올치옷 못ᄒᆞ면
ᄆᆞ쇼를 갓 곳갈 씌워 밥머기나 다ᄅᆞ랴.

오늘도 다 새거다. 호믜 메오 가쟈스라.
내 논 다 ᄆᆡ여든 네 논 졈 ᄆᆡ여 주마.
올 길히 ᄲᅩᆼ ᄯᅡ다가 누에 먹켜 보쟈스라.

이고 진 져 늘그니 짐 푸러 나를 주오.
나는 져멋거니 돌히라 무거올가.
늘거도 셜웨라커든 짐을조차 지실가.
가노라 三角山(삼각산) 아, 다시보쟈 漢江水(한강수) 야.
故國山川(고국산천) 을 써나고쟈 ᄒᆞ랴마는
時節(시절) 이 하 殊常(수상) ᄒᆞ니 올동말동 ᄒᆞ여라.

ᄆᆡ흔 길고 길고 믈은 멀고 멀고
어버이 그린 뜯은 만코 만코 하고 하고
어듸셔 외기러기는 울고 울고 가느니

임이 헤오시매 나는 젼혀 미덧ᄃᆞ니
날 ᄉᆞ랑ᄒᆞ던 情(정) 을 뉘손ᄃᆡ 옴기신고.
처음에 ᄆᆡ시던 거시면 이대도록 셜오랴.

江山(강산) 죠흔 景(경) 을 힘센이 닷톨 양이면,
닉 힘과 닉 分(분) 으로 어이ᄒ여 엇들쏜이
眞實(진실) 로 禁(금) ᄒ리 업쓸씌 나도 두고 논이노라.

草庵(초암) 이 寂寥(적료) ᄒ듸 벗 업시 혼자 안즈
平調(평조) 한닙히 白雲(백운) 이 절로 존다.
언의 뉘 이 죠흔 ᄯᅳᆺ을 알 리 잇다 ᄒ리오.

잔 들고 혼자 안자 먼 뫼흘 ᄇ라보니,
그리던 님이 오다 반가옴이 이러ᄒ랴
말슴도 우움도 아녀도 몯내 됴하 ᄒ노라.

山村(산촌) 에 눈이 오니 돌길이 무쳐셰라.
柴扉(시비) 를 여지 마라, 날 ᄎᄌ리 뉘 이시리.
밤중만 一片明月(일편 명월) 이 긔 벗인가 ᄒ노라

田園(전원) 에 나믄 興(흥)을 전나귀에 모도 싯고
溪山(계산) 니근 길로 흥치며 도라와셔
아히 琴書(금서)를 다스려라 나믄 히를 보내리라.

盤中(반중)早紅(조홍)감이 고아도 보이ᄂ다.
柚子(유자) ㅣ 안이라도 품엄즉도 ᄒ다마ᄂ
품어 가 반기리 업슬싀 글노 셜워 ᄒᄂ이다.

白鷗(백구) 야 말 물어 보자 놀라지 말아스라.
名區勝地(명구 승지) 를 어디 어디 보았는다.
날다려 자세히 일러든 너와 게 가 놀리라.

어리고 셩권 梅花(매화) 너를 밋지 아녓더니,
눈 期約(기약) 能(능) 히 직혀 두세 송이 퓌엿고나.

燭(촉) 줍고 갓가이 사랑힐 제 暗香(암향) 좃ᄎ 浮動(부동) 터라.

고울사 저 꽃이여, 半(반) 만 여읜 저 꽃이여
더도 덜도 말고 매양 그만 허여 있어
春風(춘풍) 에 향기 좃는 나뷔를 웃고 맞어 허노라.

내 버디 몇치나 ᄒ니 水石(수석) 과 松竹(송죽) 이라
東山(동산) 의 둘 오르니 긔 더옥 반갑고야
두어라 이 다슷 밧긔 또 더ᄒ야 머엇ᄒ리

구룸 빗치 조타 ᄒ니 검기를 ᄌ로 ᄒ다
ᄇ람 소리 묽다 ᄒ나 그칠 적이 하노매라
조코도 그츨 뉘 업기는 믈뿐인가 ᄒ노라.

고즌 므스 일로 퓌며셔 쉬이 디고
플은 어이ᄒ야 프르는 듯 누르ᄂ니
아마도 변티 아닐손 바회 뿐인가 ᄒ노라

더우면 곳 퓌고 치우면 닙 디거늘
솔아 너는 얻디 눈서리를 모르ᄂ다.
九泉(구천) 의 블희 고ᄃ 줄을 글로 ᄒ야 아노라.

귓도리 져 귓도리 에엿부다 져 귓도리,
어인 귓도리 지는 둘 새는 밤의 긴 소릐 쟈른 소릐 節節(절절) 이 슬픈 소릐 제 혼자 우러녜어 紗窓(사창) 여읜 줌을 슬드리도 ᄭᆡ오는고야.
두어라, 제 비록 微物(미물) 이나 無人洞房(무인동방) 에 내 뜻 알리는 저쑌인가 ᄒ노라.

개야미 불개야미 준등 부러진 불개야미, 압발에 정종 나고 뒷발에 죵귀 난 불개야미,
廣陵(광릉) 십재 너머 드러 가람의 허리를 ᄀ르 물어 추혀 들고 北海(북해) 를 건너닷 말이 이셔
이다.

님아 님아. 온 놈이 온 말을 ᄒᆞ여도 님이 짐쟉ᄒᆞ쇼셔.

창 내고저 창을 내고저 이내 가슴에 창 내고저
고모장지 셰살장지 가로다지 여다지에 암돌저귀 수돌저귀
크나큰 장도리로 뚝닥 박아 이내 가슴에 창 내고저.
이따금 하 답답할 제 여닫어나 볼까 하노라.

나모도 바히돌도 업슨 뫼헤 매게 ᄯ오친 가토릐 안과
大川(대천) 바다 한가온대 一千石(일천 석) 시른 빈에 노도 일코 닷도 일코 뇽총도 근코 돗대도
것고 치도 ᄲᅡ지고 ᄇᆞ람부러 물결치고 안개 뒤섯계 ᄌᆞ자진 날에 갈 길은 千里萬里(천리 만리) 나믄
듸 四面(사면)이 거머어득 져믓 天地寂寞(천지 적막) 가치노을 ᄯᅥᆺᄂᆞᆫ듸 水賊(수적) 만난 都沙工(도
사공) 안과
엇그제 님 여흰 내 안히야 엇다가 ᄀᆞ을ᄒᆞ리오.

한숨아 셰한숨아 네 어늬 틈으로 드러온다.
고모장ᄌᆞ 셰슬장ᄌᆞ 들 장ᄌᆞ 열 장ᄌᆞ 암돌젹귀 수돌젹귀 비목걸새 뚝닥 박고 크나큰 줌을쇠로
숙이숙이 ᄎᆞ엿ᄂᆞᆫ듸 屛風(병풍)이라 덜걱 접고 簇子(족자) ㅣ라 ᄃᆡᄃᆡ굴 말고, 네 어늬 틈으로 드러
온다.
어인지 너 온 날이면 ᄌᆞᆷ 못 드러 ᄒᆞ노라.

싀어마님 며ᄂᆞ라기 낫바 벽 바닥을 구루지 마오.
빗에 바든 며ᄂᆞ린가 갑세 쳐 온 며ᄂᆞ린가. 밤나모 셕은 등걸에 휘초리 나니 ᄀᆞᆺ치 알살픠신 싀아
바님, 볏 뵌 쇠ᄯᅩᆼ ᄀᆞᆺ치 되죵고신 싀어마님, 三年(삼 년) 겨론 망태에 새 송곳 부리ᄀᆞᆺ치 ᄲᅡ족ᄒᆞ신 싀
누의님, 唐(당) 피 가론 밧틔 돌피 나니ᄀᆞᆺ치 싀노란 욋곳 ᄀᆞᆺ튼 피ᄯᅩᆼ 누ᄂᆞᆫ 아들 ᄒᆞ나 두고,
건 밧틔 메곳 ᄀᆞᆺ튼 며ᄂᆞ리를 어듸를 낫바 ᄒᆞ시ᄂᆞᆫ고.

04 :: 외워두면 편한 고전 어휘

1. 일희 : 아양, 애교

나명성 들명성 일희도 구는지고.

2. 비야 : 재촉하다. 바쁘다

남여(藍輿) 롤 비야 투고 솔 아릭 구븐 길로 오며 가
며 ᄒ 는 적의

3. 겨를 : 틈

인간(人間) 울 써나와도 내 몸이 겨를 업다

4. 노혜로 : 마음껏

5. 모茅쳠簷 : 초가집 처마

모茅쳠簷 촌 자리의 밤듕만 도라오니

6. 슬ᄏ장 : 실컷

ᄆ음의 머근 말숨 슬ᄏ장 숣쟈 ᄒ니

7. 괴다 : 사랑하다.

8. ᄒ나 : 오직

9. 하다-大, 多 / ᄒ다-爲 / 고텨 => 다시

無무心심ᄒ 歲세月월은 믈 흐르ᄃ 듯 ᄒ 는고야. 炎염凉
냥이 째룰 아라 가 는 ᄃ 고텨 오니, 듯거니 보거니 늣
길 일도 하도 할샤.
널라와 시름 한 나도 자고 니러 우니노라

10. 삼기다 => 생기다, 태어나다 / 노여 => 전혀

이 몸 삼기실 제 님을 조차 삼기시니, ᄒ싱 緣연分분
이며 하놀 모룰 일이런가. 나 ᄒ나 졈어 잇고 님 ᄒ
나 날 괴시니, 이 ᄆ음 이 ᄉ랑 견졸 ᄃ 노여 업다.

11. 여희다 = 이별하다

천만 리(千萬里) 머나먼 길에 고은 님 여희웁고
니 ᄆ음 둘ᄃ 업서 냇ᄀ의 안쟈시니,
져 믈도 니 은 갓ᄒ여 우러 밤길 예놋다.

서경(西京) 이 아즐가 서경이 셔울히 마르는
위 두어렁셩 두어렁셩 다링디리
닷곤ᄃ 아즐가 닷곤ᄃ 쇼셩경 고외마른
위 두어렁셩 두어렁셩 다링디리
여히므론 아즐가 여히므론 질삼뵈 부리시고
위 두어렁셩 두어렁셩 다링디리
괴시란ᄃ 아즐가 괴시란ᄃ 우러곰 좃니노이다.
위 두어렁셩 두어렁셩 다링디리   -<서경별곡>

12. '~ㄹ셰라' : 염려, 걱정

둘하 노피곰 도ᄃ샤 / 머리곰 비취오시라.
져재 녀러신고요. / 즌 ᄃ룰 드디욜셰라.
어느이다 노코시라. / 내 가논 ᄃ 졈그룰셰라.

13. 어리다 => 어리석다(愚) > (나이) 어리다(幼)

ᄆ음이 어린 후(後) ㅣ니 ᄒ 는 일이 다 어리다.
만중운산(萬重雲山) 에 어니 님 오리마는
지는 닙 부는 부람에 힝여 귄가 ᄒ노라.

14. 혜다/혬-생각(고민) / 생각하다(헤아리다)

누어 싱각ᄒ고 니러 안자 혜여ᄒ니 내 몸의 지은 죄

뫼ㄱ티 싸혀시니 하눌히라 원망ㅎ며 사"이라 허믈ㅎ
랴 셜워 플텨 혜니 造조物물의 타시로다.

15. ~도곤 => -보다(비교격 조사)
계워 => 못 이기다.

쓴 나믈 데온 물이 고기도곤 마시 이셰
草屋(초옥) 조븐 줄이 긔 더욱 내 分(분) 이라
다만당 님 그린 타스로 시름 계워 하노라

16. 좋다(깨끗하다) / 둏다(좋다)

묽거든 조티 마나, 조커든 묽디 마나.

17. 닉-안개

18. 얼굴-모습, 형체 / 눛-face / 즛-모습

어와 네여이고 내 스셜 드러 보오. 내 얼굴 이 거동이
님 괴얌즉 흔가마는 엇딘디 날 보시고 네로다 녀기실시
나도 님을 미더 군쁘디 전혀 업서 이리야 교튀야 어즈
러이 구돗썬디 반기시는 눗비치 녜와 엇디 다르신고.

正月ㅅ 나릿므른 아으 어져 녹져 ㅎ논디, / 누릿 가
온디 나곤 몸하 ㅎ올로 녈셔. / 아으 動動다리. //
二月ㅅ 보로매, 아으 노피 현 燈ㅅ블 다호라. / 萬人
비취실 즈싀샷다. / 아으 動動다리. //
三月 나며 開흔 아으 滿春 돌욋고지여, / 느미 브롤
즈슬 디녀 나샷다. / 아으 動動다리. //
四月 아니 니저 아으 오실셔 곳고리새여. / 므슴다 錄
事니믄 녯 나ㄹ 닛고신뎌. / 아으 動動다리.

19. 머흘다 => 험하다

珊산瑚호樹슈 지게 우히 白백玉옥函함의 다마 두고,

님의게 보내오려 님 겨신 디 브라보니, 山산인가 구룸
인가 머흐도 머흘시고.

20. 크니와

鴛원鴦앙 錦금 버혀 노코 五오色색線션 플텨 내여,
금자히 견화이셔 님의 옷 지어 내니, 手슈品품은ㅋ니
와 制제度도도 ㄱ줄시고

21. 건듯 => 문득, 잠깐

춘산(春山) 에 눈 녹인 바롬 건듯 불고 간 듸 업다
져근덧 비러다가 마리 우희 불니고져
긔 밋터 히묵은 서리롤 녹여 볼가 ㅎ노라

22. 어르다 => 통정하다.

므소친 沙汀(사정) 은 눈굿치 펴   거든 어즈러온 기러
기ㅁ 므스거슬 어르노라 안즈락 느리락 모드락 흐트락
盧花(노화) 를 스이 두고 우러곰 좃니는고

23. 다히 => (동) 쪽

无等山(무등산) 흔 활기 뫼희 동다히로 버더 이셔 멀
리 쎄쳐 와 霽月峯(제월봉) 이 되어거늘

24. -하 => 호격조사

달하 : 달님이시여

25. 수이 => 쉽게

26. 안 => 마음

27. 쇼 => 소 / 소 => 연못

형님 온다 형님 온다 분고개로 형님온다.
형님 마중 누가 갈까 형님 동생 내가 가지.
형님 형님 사촌 형님 시집살이 어떱뎁까.
이애 이애 그 말 마라 시집살이 개집살이.
앞밭에는 당추 심고 뒷밭에는 고추 심어,
고추 당추 맵다 해도 시집살이 더 맵더라.
둥글둥글 수박 식기(食器) 밥 담기도 어렵더라.
도리도리 도리소반(小盤) 수저 놓기 더 어렵더라.
오리(五里) 물을 길어다가 십리(十里) 방아 찧어다가,
아홉 솥에 불을 때고 열두 방에 자리 걷고,
외나무 다리 어렵대야 시아버니같이 어려우랴.
나뭇잎이 푸르대야 시어머니보다 더 푸르랴.
시아버니 호랑새요 시어머니 꾸중새요
동세 하나 할림새요 시누 하나 뾰족새요
시아지비 뾰중새요 남편 하나 미련새요
자식 하난 우는 새요 나 하나만 썩는 샐세.

귀 먹어서 삼 년이요 눈 어두워 삼 년이요
말 못해서 삼 년이요 석 삼 년을 살고 나니,
배꽃 같던 요 내 얼굴 호박꽃이 다 되었네.
삼단 같던 요 내 머리 비사리춤이 다 되었네.
백옥 같던 요 내 손길 오리발이 다 되었네.
열새 무명 반물치마 눈물 씻기 다 젖었네.
두 폭 붙이 행주치마 콧물 받기 다 젖었네.
울었던가 말았던가 베갯머리 소(沼) 이뤘네.
그것도 소이라고 거위 한 쌍 오리 한 쌍
쌍쌍이 때 들어오네.   -작자미상, <시집살이노래>

28. 헌사롭다 => 야단스럽다

29. 버혀 => 베어

冬至(동지) ㅅ 돌 기나긴 밤을 한허리를 버혀 내어
春風(춘풍) 니불 아레 서리서리 너헛다가,
어룬님 오신 날 밤이여든 구뷔구뷔 펴리라.

[가] 정철, <성산별곡>

산중에 벗이 없어 **한기(漢紀)***를 쌓아 두고
만고 인물을 거슬러 헤아리니
성현도 많거니와 **호걸**도 많고 많다
하늘 삼기실 제 곧 무심할까마는
어찌하여 **시운(時運)이 일락배락*** 하였는가
모를 일도 많거니와 애달픔도 그지없다
기산(箕山) 의 늙은 **고불** 귀는 어찌 씻었던가*
박 소리 핑계하고* **조장(操狀)***이 가장 높다
인심이 낯 같아서 볼수록 새롭거늘

<어휘정리>

***한기** : 책.

***일락배락** : 흥했다가
　망했다가.

***기산의~씻었던가** : 기
　산에 숨어 살던 허유가
　임금의 자리를 주겠다
　는 요임금의 말을 듣자,
　이를 거절하고 귀를 씻
　었다는 고사.

㉠**세사(世事)**는 구름이라 험하기도 험하구나
엊그제 빚은 술이 얼마큼 익었나니
잡거니 밀거니 실컷 기울이니
마음에 맺힌 시름 적게나 하리로다
거문고 줄을 얹어 **풍입송(風入松)***이었구나
손인지 **주인**인지 다 잊어버렸구나
장공(長空)에 뜬 학이 이 골의 진선(眞仙)이라
요대 월하(瑤臺月下)*에 행여 아니 만나신가
손이 **주인**더러 이르되 그대 그인가 하노라

[나] 권섭, 〈독자왕유희유오영(獨自往遊戲有五詠)〉
벗님네 ⓐ**남산**에 가세 좋은 기약 잊지 마오
익은 술 점점 쉬고 지진 화전 상해 가네
자네가 아니 간다면 내 혼자인들 어떠리 〈제1수〉

어허 이 미친 사람아 날마다 흥동(興動)*일까
어제 곡성 보고 또 어디를 가자는 말인고
우리는 ⓑ**중시(重試)** 급제하고 좋은 일 하여 보려네 〈제2수〉

저 사람 믿을 형세 없다 우리끼리 놀아 보자
복건 망혜(幞巾芒鞋)로 실컷 다니다가
돌아와 ⓒ**승유편(勝遊篇)*** 지어 후세 유전(後世流傳) 하리라 〈제3수〉

우리도 갈 힘 없다 숨차고 오금 아파
ⓓ**창** 닫고 더운 방에 마음껏 퍼져 있어
배 위에 아기들을 치켜 올리며 사랑해 보려 하노라 〈제4수〉

벗이야 있고 없고 남들이 웃거나 말거나
ⓔ**양신 미경(良辰美景)***을 남이 말한다고 아니 보랴
평생의 이 좋은 회포를 실컷 펼치고 오리라 〈제5수〉

<어휘정리>

＊박 소리 핑계하고 : 허유가 표주박 하나도 귀찮다고 핑계하고.

＊조장 : 기개 있는 품행.

＊풍입송 : 악곡 이름.

＊요대 월하 : 신선이 사는 달 아래.

＊흥동 : 흥에 겨워 다님.

＊승유편 : 즐겁게 잘 놀았던 일을 적은 글.

＊양신 미경 : 좋은 시절과 아름다운 경치.

02. [가]에 대한 이해로 적절하지 <u>않은</u> 것은?

① 화자는 '한기'에서 '성현', '호걸'과 같은 역사적 인물들을 헤아려 보고 있다.

② '시운'이 '일락배락' 하는 것에서 화자는 역사의 영광과 고난을 깨닫고 있다.

③ 고사를 들어 '고불'의 '조장'이 높다고 하면서 화자는 세상에 초연했던 '고불'의 인생관을 긍정하고 있다.

④ '손'과 '주인'이 어울려 '풍입송'을 연주하는 장면에서 화자의 소외감이 심화되고 있다.

⑤ 화자는 '손'의 말을 빌려 '주인'을 '진선'에 비유하며 '주인'의 흥취 있는 삶을 흠모하고 있다.

03. [가]의 화자의 관점에서 볼 때, ⓐ~ⓔ 중 시적 의미가 ㉠과 가장 가까운 것은?

① ⓐ　　　　② ⓑ　　　　③ ⓒ　　　　④ ⓓ　　　　⑤ ⓔ

04. <보기>를 참고하여 [나]를 이해한 내용으로 적절하지 <u>않은</u> 것은?

───────────〈 보기 〉───────────

[나]는 작자가 문관(文官) 등과 남산에 놀이 가기로 약속 했으나 그들이 모두 약속을 지키지 않자 결국 혼자 가게 된 경위와 심정을 노래한 것이다. 제1수부터 제5수까지 '작자-문관-작자-또 다른 인물-작자' 순으로 인물이 달리 등장하고 있다. 희곡에서 등장인물들이 대화를 주고받는 것처럼 각각 자신의 생각과 입장을 묻고 답하는 방식을 활용하고 있으며, 일상적 시어를 사용하여 당시의 생활상을 사실적으로 나타내고 있다.

──────────────────────────────

① 제1수에서 제5수까지 화자를 바꿔 가며 극적 요소를 가미하여 시상을 전개하고 있다.

② 제1수의 요청과 제2수의 불응, 제3수의 요청과 제4수의 불응이 반복되어 서로의 입장 차이를 보이고 있다.

③ 제1수의 화자의 의도를 제5수에서도 드러내면서 주제를 강조하는 효과를 거두고 있다.

④ 제3수의 종장과 제4수의 초장에서는 일상적 관용 어구를 사용하여 엄숙한 분위기를 자아내고 있다.

⑤ 제4수의 중장과 종장에서는 생활 속 삶의 모습을 사실적으로 표현하고 있다.

 고전시가

👑 다음 글을 읽고 물음에 답하시오.

○ 윤선도, ⟨견회요(遣懷謠)⟩

슬프나 즐거오나 옳다 하나 외다 하나
내 몸의 해올 일만 닦고 닦을 뿐이언정
그 밧긔 여남은 일이야 분별할 줄 이시랴. ⟨제1수⟩

내 일 망령된* 줄을 내라 하여 모를쏜가
이 마음 어리기도 임 위한 탓이로세
아무가 아무리 일러도 임이 혜여 보소서. ⟨제2수⟩

추성(楸城) 진호루(鎭胡樓)* 밧긔 울어 예는 저 시내야
므음 호리라* 주야에 흐르는다
임 향한 내 뜻을 조차 그칠 뉘를 모르나다. ⟨제3수⟩

뫼흔 길고 길고 물은 멀고 멀고
어버이 그린 뜻은 많고 많고 하고 하고
어디서 외기러기는 울고 울고 가느니. ⟨제4수⟩

어버이 그릴 줄을 처음부터 알아마는
임금 향한 뜻도 하늘이 삼겨시니
진실로 임금을 잊으면 긔 불효인가 여기노라. ⟨제5수⟩

<어휘정리>

* **망령된** : 언행이 상식에서 벗어나 주책이 없는.
* **추성 진호루** : 함경북도 경원에 있는 누각.
* **므음 호리라** : 무엇을 하라고.

05. [가]의 각 수를 연결하여 이해할 때, 적절하지 <u>않은</u> 것은?

① 제1수의 '옳다 하나 외다 하나'는 제 2 수의 '아무가'의 행위로 볼 수 있다.
② 제2수의 망령된 '내 일'은 제 3 수의 '내 뜻'에 상반되는 것으로 이해할 수 있다.
③ 제3수의 '추성'은 제 4 수의 '뫼'와 '물'에 의해 그리움의 대상으로부터 먼 공간으로 인식될 수 있다.
④ 제4수의 '뜻'은 제 5 수의 '뜻'에 와서 더욱 확대되어 표출된 것으로 볼 수 있다.
⑤ 제5수의 '임금 향한 뜻'은 제 1 수의 '내 몸의 해올 일'을 직접적으로 제시한 것으로 볼 수 있다.

다음 글을 읽고 물음에 답하시오.

[가] 작자 미상, 〈사설시조〉

두터비 파리를 물고 두엄 우희 치다라 안자

것넌 산 바라보니 백송골(白松鶻)이 떠 잇거늘 가슴이 금즉하여 풀덕 뛰

여 내닷다가 두엄 아래 잣바지거고

모쳐라 날낸 낼싀만경 에헐*질 번 하괘라.

[나] 허전, 〈고공가(雇工歌)〉

요사이 고공들은 생각이 어찌 아주 없어

밥사발 크나 작으나 동옷이 좋고 궂으나

마음을 다투는 듯 호수(戶首)*를 시샘하는 듯

무슨 일 감겨들어 흘깃흘깃 하느냐

너희네 일 아니하고 시절조차 사나워

가뜩이 나의 세간 풀어지게 되었는데

엊그제 화강도(火强盜)에 가산(家産)이 탕진하니

집 하나 불타 버리고 먹을 것이 전혀 없다.

(중략)

칠석에 호미 씻고 김을 다 맨 후에

새끼 꼬기 누가 잘 하며 섬은 누가 엮으랴

너희 재주 헤아려 제각기 맡아 하라

가을걷이 한 후에는 집짓기를 아니하랴

집은 내 지으마 움은 네 묻어라

너희 재주를 내 짐작하였노라

너희도 먹을 일을 분별을 하려무나

멍석에 벼를 넌들

좋은 해 구름 끼어 햇볕을 언제 보랴

방아를 못 찧거든 거치나 거친 올벼

<어휘정리>

*에헐 : 어혈. 타박상 등
　으로 피부에 피가 맺힌
　것.

*호수 : 고공(머슴)의 우
　두머리.

옥 같은 백미 될 줄 누가 알 수 있겠느냐

너희네 데리고 새 살림 살자 하니

엊그제 왔던 도적 아니 멀리 갔다 하되

너희네 귀 눈 없어 저런 줄 모르건대

화살을 제쳐 두고 옷 밥만 다투느냐

너희네 데리고 추운가 굶주리는가

죽조반(粥早飯) 아침 저녁 더 많이 먹였거든

은혜란 생각 않고 제 일만 하려 하니

생각 있는 새 일꾼 어느 때 얻어서

집 일을 마치고 시름을 잊겠는가

너희 일 애달파 하면서 새끼 한 사리 다 꼬겠도다.

[다] 이옥, 〈어부(魚賦)〉

물이 하나의 국가라면, 용은 그 나라의 군주이다. 어족(魚族) 가운데 큰 것으로 고래, 곤어, 바다 장어 같은 것은 그 군주의 내외 여러 신하이고, 그 다음으로 메기, 잉어, 다랑어, 자가사리 종류는 서리나 아전의 무리이다. 그 밖에 크기가 한 자가 못 되는 것은 수국(水國)의 만백성들이다. 그 상하에 서로 차서(次序)가 있고 대소(大小)에 서로 거느림이 있는 것은 또 어찌 사람과 다르겠는가?

이 때문에 용이 그 나라를 경영함에 가물어 물이 마르면 반드시 비를 내려 이어주고, 사람들이 물고기 씨를 말릴까 염려하여 겹겹이 물결을 일렁이어 덮어 주니, 그것이 물고기에게는 은혜가 아닌 것은 아니다.

그런데 물고기에게 자애로운 것은 한 마리 용이고, 물고기를 못살게 하는 것은 수많은 큰 물고기들이다. 고래들은 조류를 따라가며 들이마셔 작은 물고기를 자신의 시서(詩書)로 삼고, 교룡, 악어는 물결을 다투어 삼키고 씹어 먹어 작은 물고기를 거친 땅의 농사로 삼으며, 문절망둑, 쏘가리, 드렁허리, 가물치 족속은 사이를 노리고 틈을 잡아 덮쳐서 작은 물고기를 은과 옥으로 삼는다. 강자는 약자를 삼키고 지위가 높은 것은 아랫것을 사로잡는다. 진실로 그러한 행위를 싫증 내지 않는다면 물고기들

은 반드시 남아나지 않을 것이다.

슬프다! 작은 물고기가 없다면 용은 뉘와 더불어 군주 노릇을 하며, 저 큰 물고기들이 또한 어찌 으스댈 수 있겠는가? 그러므로 용의 도(道)란 그들에게 구구한 은혜를 베풀어 주는 것보다 먼저 그들을 해치는 족속들을 물리치는 것이다.

아아, 사람들은 물고기에게만 큰 물고기가 있는 줄 알고 사람에게도 큰 물고기가 있는 줄을 알지 못한다. 그러니 물고기가 사람을 슬퍼하는 것이 사람이 물고기를 슬퍼하는 것보다 더 심한 것을 어찌 알겠는가?

06. [가]~[다]의 공통점으로 적절한 것은?

① 대상을 비판하고자 하는 의도가 담겨 있다.

② 과거 사실에 대한 반성적 성찰이 드러나 있다.

③ 고사(故事)를 활용하여 풍자의 효과를 높이고 있다.

④ 부정적인 상황을 극복하고자 하는 의지가 드러나 있다.

⑤ 특정 장면에 초점을 맞추어 대상을 해학적으로 묘사하고 있다.

07. 밑줄 친 대상 간의 관계가 [가]의 '두터비', '파리', '백송골'의 관계와 가장 가까운 것은?

① <u>닭</u>은 때를 알리고 <u>개</u>는 도적을 살피고

　　소 말은 큰 구실 맡겨 다 기름 직하거니와

　　저 <u>매</u>는 꿩 잡아 절로 바치든가 나는 몰라 하노래마.

② <u>까마귀</u> 검다 하고 <u>백로</u>야 웃지 마라

　　겉이 검은들 속조차 검을쏘냐

　　아마도 겉 희고 속 검은 것은 <u>너</u>뿐인가 하노라.

③ <u>나비</u>야 청산 가자 <u>범나비</u> 너도 가자

　　가다가 저물거든 꽃에 들어 자고 가자

　　꽃에서 푸대접하거든 잎에서나 자고 가자.

④ 벽오동 심은 <u>봉황</u> 올까 하였더니

　　봉황은 아니 오고 <u>오작</u>만 날아든다

동자야 오작 날려라 봉황 오게 하리라.

⑤ 장공에 떴는 <u>솔개</u> 눈 살핌은 무슨 일인가

썩은 <u>쥐</u>를 보고 빙빙 돌고 가지 않는구나

만일에 <u>봉황</u>을 만나면 웃음거리 될까 하노라.

08. <보기>를 참고하여 [나]를 감상한 내용으로 적절하지 <u>않은</u> 것은?

───────────────〈 보기 〉───────────────

<고공가>는 전란으로 인해 황폐해진 나라를 재건하자는 의도에서 지어진 노래로, 국가 정치를
한 집안의 농사일에 비유하여 관료 사회의 단면을 보여주고 있다.

───────────────────────────────────

① ‘고공’이 반목과 질시를 일삼는 것으로 보아 조정에는 불화가 있었군.

② ‘나’가 ‘고공’의 능력을 인정하지 않는 것으로 보아 관료 사회에는 불신이 팽배했군.

③ ‘나’는 외적에 대한 경계심을 갖고 있는 것으로 보아 외적의 재침략을 걱정하고 있군.

④ ‘나’가 집안의 일을 염려하는 것으로 보아 ‘나’는 성공적인 국가 재건을 바라는 인물이군.

⑤ ‘고공’이 ‘옷 밥’만 탐했다는 것으로 보아 관료들은 본분을 잊어버리고 사욕만을 채우고자 하였군.

IIII 기출문제가 해답이다!!!	2011학년도 9월 모의평가

♜ 다음 글을 읽고 물음에 답하시오.

<어휘정리>

＊**부근** : 큰 도끼와 작은
도끼.

○ 이선의, <단가육장>

장부의 하올 사업 아는가 모르는가

효제충신(孝悌忠信) 밖에 하올 일이 또 있는가

㉠어즈버 인도(人道)에 하올 일이 다만 인가 하노라 〈1장〉

남산에 많던 솔이 어디로 갔단 말고

난(亂) 후 부근(斧斤)＊ 이 그다지도 날랠시고

㉡두어라 우로(雨露) 곧 깊으면 다시 볼까 하노라 〈2장〉

창밖에 세우(細雨) 오고 뜰 가에 제비 나니

적객*의 회포는 무슨 일로 끝이 없어
ⓒ저 제비 비비(飛飛)를 보고 한숨 겨워하나니 〈3장〉

적객에게 벗이 없어 공량(空樑)*의 제비로다
종일 하는 말이 무슨 사설 하는지고
㉢어즈버 내 풀어낸 시름은 널로만 하노라 〈4장〉

인간(人間) 에 유정한 벗은 명월밖에 또 있는가
천 리를 멀다 아녀 간 데마다 따라오니
㉤어즈버 반가운 옛 벗이 다만 넨가 하노라 〈5장〉

설월(雪月)에 매화를 보려 잔을 잡고 창을 여니
섞인 꽃 여윈 속에 잦은 것이 향기로다
어즈버 호접(蝴蝶)이 이 향기 알면 애 끊일까 하노라 〈6장〉

<어휘정리>
＊**적객** : 귀양살이하는
　사람.
＊**공량** : 들보.

09. [가]의 ㉠~㉤ 중 〈보기〉의 내용이 가장 잘 드러나는 것은?

―――――――〈 보기 〉―――――――

<단가 육장>에서 작가는 귀양살이가 단기간에 끝나지 않으리라는 우려 속에서도 정계에 복귀할
수 있으리라는 기대감을 드러내고 있다.

① ㉠　　② ㉡　　③ ㉢　　④ ㉣　　⑤ ㉤

10. 위시에서 화자와 대상의 처한 상황이 대조적인 것은?

① 1장　　② 2장　　③ 3장　　④ 4장　　⑤ 5장

👑 다음 글을 읽고 물음에 답하시오.

[가] 정극인, 〈상춘곡(賞春曲)〉

홍진(紅塵)에 묻힌 분네 이 내 생애 어떠한고
옛사람 풍류를 미칠까 못 미칠까.
천지간 남자 몸이 나만한 이 많건마는
산림에 묻혀 있어 지락(至樂)을 모를 것인가.
수간모옥(數間茅屋)*을 벽계수(碧溪水) 앞에 두고
송죽(松竹) 울울리(鬱鬱裏)*에 풍월주인(風月主人) 되었어라.
엊그제 겨울 지나 새 봄이 돌아오니
도화행화(桃花杏花)는 석양리(夕陽裏)에 피어 있고
녹양방초(綠楊芳草)는 세우(細雨) 중에 푸르도다.
칼로 말라냈나 붓으로 그려냈나
조화신공(造化神功)이 물물(物物) 마다 헌사롭다.
수풀에 우는 새는 춘기(春氣)를 못내 겨워
소리마다 교태로다.
물아일체(物我一體) 어니 흥이야 다를쏘냐.

〔A〕

[나] 김광욱, 〈율리유곡(栗里遺曲)〉

뒷집의 술쌀을 꾸니 거친 보리 한 말 못 찼다
주는 것 마구 찧어 쥐어 빚어 괴어 내니
여러 날 주렸던 입이니 다나 쓰나 어이리.

〔B〕

어와 저 백구(白鷗)야 무슨 수고 하느냐
갈 숲으로 서성이며 고기 엿보기 하는구나
나같이 군마음 없이 잠만 들면 어떠리.

삼공(三公)이 귀하다 한들 강산과 바꿀쏘냐

〈어휘정리〉

* **수간모옥** : 몇 칸 초가
　집.
* **울울리** : 우거진 속.

조각배에 달을 싣고 낚싯대를 흩던질 제
이 몸이 이 청흥(淸興) 가지고 만호후(萬戶侯)*인들 부러우랴

헛글고 싯근* 문서 다 주어 내던지고
필마(匹馬) 추풍에 채찍을 쳐 돌아오니
아무리 매인 새 놓인다 한들 이토록 시원하랴.

동풍이 건 듯 불어 적설(積雪)을 다 녹이니   ┐
사면(四面) 청산이 옛 모습 나노매라   │ C
귀밑의 해묵은 서리는 녹을 줄을 모른다.   ┘

<어휘정리>
* **만호후** : 재력과 권력을
   겸비한 재후 또는 세도
   가.
* **헛글고 싯근** : 흐트러지
   고 시끄러운.

---

11. [A]와 [C]를 비교한 내용으로 가장 적절한 것은?

① [A]와 [C]에서 봄은 모두 인간의 유한성을 상징한다.

② [A]는 [C]와 달리 봄을 겨울과 대조하여 표현하고 있다.

③ [C]는 [A]와 달리 의인화를 통해 봄의 속성을 강조하고 있다.

④ [A]의 봄은 흥겨움을, [C]의 봄은 서글픔을 불러일으킨다.

⑤ [A]는 근경에서 원경으로. [C]는 원경에서 근경으로 봄을 묘사하고 있다.

12. [B]를 이해한 내용으로 가장 적절한 것은?

① 조촐하고 소박한 삶의 모습이 나타나 있다.

② 사회적 규범을 따르는 자세가 드러나 있다.

③ 농가와 자연을 분리하려는 의지가 보인다.

④ 공동체를 위한 헌신적 삶이 드러나 있다.

⑤ 숭고한 삶에 대한 지향이 드러나 있다

02

현대시

 **현대시**

개념 정리 ..

01 :: 시는 이것이 가장 중요하다!!!

1. 시의 내용을 해석할 때는

1) 시적화자

2) 처한상황

① 현대시에서 가장 중요한 문제이다.

② 힌트문제에서 파악하든, 시인과 제목에서 파악하든 시에 나오는 단어에서 파악하든 어쨌든 잡아내자.

③ 시어의 함축적 의미나 주제파악의 실마리

④ 화자의 정서 문제를 풀 때도 중요

⑤ 거의가 부정적 상황

⑥ 이유형의 시에서는 구체적으로 어떤 부정적 상황이냐가 중요

3) 정서 · 태도

① 시의 주제

② + : 의지 희망   − : 좌절, 절망 체념

③ 마지막 연에서 확인

2. 현대시의 처한 상황

1) 시대적 : 일제치하

① 전쟁과 분단

② 독재정권

③ 산업화, 도시화, 물질문명

2) 개인적 : 이별(죽음, 고향 상실)

① 인생의 성찰

② 이상세계 지향

3. 시적화자

1) 대상묘사

① 대상이 사람일 때 : 그 사람이 처한 상황

② 대상이 사물일 때 : 대상의 속성이 중요하다.

③ 대상이 사물이든 사람이든 시는 인간중심으로 해석된다.

2) 정서 · 태도

① 사회문제비판

② 인생의 진리

♛ 다음 글을 읽고 물음에 답하시오.

<어휘정리> *<u>삼긴</u> : 삶긴. 물에 삶아 우려낸.	**○ 정지용, 〈인동차(忍冬茶)〉** 노주인의 장벽(腸壁)에 무시로 인동(忍冬) 삼긴* 물이 나린다.

자작나무 덩그럭 불*이
도로 피어 붉고,

구석에 그늘 지어
무가 순 돋아 파릇하고,

흙냄새 훈훈히 김도 서리다가
바깥 풍설(風雪) 소리에 잠착하다.*

산중에 책력(冊曆)*도 없이
삼동(三冬)이 하이얗다.

<어휘정리>

＊**덩그럭 불** : 장작의 다 타지 않은 덩어리에 붙은 불.

＊**잠착하다** : 어떤 한 가지 일에만 마음을 골똘하게 쓰다.

＊**책력** : 달력.

01. <보기>와 같이 학습 과제를 수행한 후 [가]를 감상한 내용으로 적절하지 <u>않은</u> 것은?

────────────< 보기 >────────────

1. 이 시의 창작 시기와 배경에 대해 조사해 본다.
   • 일제 말기인 1941년에 발행된 정지용의 두 번째 시집인 <백록담>에 실린 작품. 이 무렵 정지용은 서울에 살고 있었음.
2. 작품 제목의 의미를 알아본다.
   • 인동차(忍冬茶) 는 한약재로도 쓰이는 인동의 줄기와 잎사귀를 말려 달여 먹는 차. 인동은 인동과의 반(半) 상록 덩굴성 식물. 인동에는 '겨울을 참고 견딘다' 는 뜻이 있음.
3. 이해하기 어려운 시어를 조사한다.
   • 장벽 : 위장과 같은 내장의 벽.
   • 무시로 : 아무 때나.
4. 이 시가 갖는 표현상의 특징을 알아본다.
   • 시상 전개 : ……
   • 이미지 : ……
   • 특이한 표현 : ……

① 창작 시기와 제목의 의미를 고려할 때, 이 시에서는 겨울로 비유된 힘든 현실을 참고 견디려는 정신적 자세가 엿보이는 것 같아.

② '장벽에/무시로 인동 삼긴 물이 나린다.'는 구절은 '차를 마신다'는 평범한 사실을 낯설게 바꾸어 표현한 것 같아.

③ '덩그럭 불이/도로 피어 붉고'라는 표현에서 실내의 분위기와 함께, 시간의 흐름을 엿볼 수 있어.

④ '책력도 없이'라는 표현으로 볼 때, 이 시의 화자는 바쁘게 살아가는 도회의 삶을 그리워하고 있음을 알 수 있어.

⑤ '하얗다'를 '하이얗다'라고 표현한 것은 언어 규범에 어긋나지만, 정감의 깊이가 더해지는 효과가 있어.

||||| 기출을 통한 연습 문제   **핵심유형 2**

♛ 다음 글을 읽고 물음에 답하시오.

> **○ 황동규, 〈나는 바퀴를 보면 굴리고 싶어진다〉**
>
> 나는 바퀴를 보면 굴리고 싶어진다.
> 자전거 유모차 리어카의 바퀴
> 마차의 바퀴
> 굴러가는 바퀴도 굴리고 싶어진다
> 가쁜 언덕길을 오를 때
> 자동차 바퀴도 굴리고 싶어진다.
>
> 길 속에 모든 것이 안 보이고
> 보인다, 망가뜨리고 싶은 어린 날도 안 보이고
> 보이고, 서로 다른 새떼 지저귀던 앞뒷숲이
> 보이고 안 보인다, 숨찬 공화국이 안 보이고
> 보인다, 굴리고 싶어진다. 노점에 쌓여 있는 귤,
> 옹기점에 엎어져 있는 항아리, 둥그렇게 누워 있
> 는 사람들,
> 모든 것 떨어지기 전에 한 번 날으는 ⓒ길 위로.

02. 〈보기 A〉는 [나]를 읽고 나눈 학생들의 대화이다. 올바른 이해를 위해서 〈보기 B〉를 참고하여 조언한 내용으로 적절하지 <u>않은</u> 것은?

─────────〈 보기 A 〉─────────

정수 : 이 시를 이해하는 데는 무엇보다 '바퀴'의 모양에 주목할 필요가 있을 것 같아. 내 생각에는 '바퀴'는 둥근 모양을 지니고 있으므로 세상을 원만하게 살아가는 것이 중요함을 암시해 주는 것이야.

효진 : 맞아, 화자가 '바퀴를 굴리고 싶다.'라고 반복하는 것으로 보아 모난 사람들로 가득 찬 우리 사회의 한 단면을 강한 어조로 비판하고 있는 것으로 보여.

태진 : 그런 점에서 보면 '숨찬 공화국'이라는 시구도 서로가 서로를 이해하지 못하는 우리 현
　　　 실을 상징하는 표현으로 볼 수 있어.

───────────────────────〈 보기 B 〉───────────────────────

이 시는 '정체되어 있는 상태'에 대한 시인의 각성에서 출발하고 있다. 삶의 진실성을 '바퀴'라
는 일상적 소재를 상징적으로 형상화하여 시대적인 문제의식도 함께 표출시키고 있다.

① 바퀴의 둥근 모양을 원만한 삶으로 이해하는 것은 주제 의식과는 다소 동떨어진 해석이 아닐까.
② '바퀴를 굴리고 싶다'라는 반복적인 표현은 정체된 현실을 전진시키고자 하는 소망의 표명이 아닐까.
③ 바퀴의 모양보다는 계속해서 앞을 향해 구르는 바퀴의 속성도 생각해 보면 문제의식이 무엇인지
　　 알 수 있지 않을까.
④ '숨찬 공화국'은 모나고 어긋난 인간관계를 상징한다기보다는 올바르지 못했던 우리의 정치적
　　 시대 상황으로 이해하면 어떨까.
⑤ 삐뚤어진 인간관계를 비판한다기보다는 바퀴를 통해 고립되고 단절된 현대인의 소외감에 대한 해
　　 소를 나타낸 것으로 이해하면 어떨까.

---

02 :: 이렇게 풀자!!!

1. 현대시문제를 접했을 때는 문제를 먼저 본다.

① 보기가 나온 문제 : 시대 상황이나 시적화자
　 의 상황이나 시의 내용을 파악할 수 있는 보
　 기를 통해 시의 내용을 추리한다.

② '다' 시의 내용으로 적절하지 않은 것은?

③ 시상전개문제

2. 문제를 보고 나서 시를 해석하기 전에는 제목
과 시인을 먼저 확인한다.

① 현대시에서 가장 중요한 것은 시적화자의 상
　 황이다.

제목과 시인은 시대상황이나 시의 소재에 대
한 힌트가 될 수 있다.

② 중요한 몇 명의 시인은 외워두자.

③ 제목이 대상일 경우에는 대상을 통해 인생을
　 이야기 할 확률이 높다.

3. 시는 타인보다는 화자 자신을 중심으로 자연물
보다는 인간중심으로 해석하자.

02 현대시

👑 다음 글을 읽고 물음에 답하시오.

[가] 백석, 〈수라〉

거미새끼 하나 방바닥에 나린 것을 나는 아무 생각 없이 문밖으로 쓸어버린다 ㉠차디찬 밤이다
언제인가 새끼거미 쓸려나간 곳에 큰 거미가 왔다 나는 가슴이 짜릿한다 나는 또 큰 거미를 쓸어
문밖으로 버리며 찬 밖이라도 새끼 있는 데로 가라고 하며 서러워한다

이렇게 해서 아린 가슴이 싹기도 전이다 어데서 좁쌀알만한 알에서 가제 깨인 듯한 발이 채 서지
도 못한 무척 작은 새끼거미가 이번엔 큰 거미 없어진 곳으로 와서 아물거린다 나는 가슴이 메이
는 듯하다 내 손에 오르기라도 하라고 나는 손을 내어미나 분명히 울고불고 할 이 작은 것은 나
를 무서우이 달아나버리며 나를 서럽게 한다 나는 이 작은 것을 고이 보드러운 종이에 받어 또 문
밖으로 버리며 이것의 엄마와 누나나 형이 가까이 이것의 걱정을 하며 있다가 쉬이 만나기나 했으면
좋으련만 하고 슬퍼한다

[나] 이형기, 〈봄밤의 귀뚜리〉

봄밤에도 귀뚜리가 우는 것일까. 봄밤, 그러나 우리 집 부엌에선귀뚜리처럼 우는 벌레가 있다. 너
무 일찍 왔거나 너무 늦게 왔거나아무튼 제철은 아닌데도 스스럼없이목청껏 우는 벌레. 생명은 누
구도 어쩌지 못한다. 그저 열심히 열심히 울고또 열심히 열심히 사는 당당한 긍지, 아아 하늘 같다.
하늘의 뜻이다. ㉡봄밤 자정에 하늘까지 울린다. 귀를 기울여라. 태고의 원시림을 마구 흔드는 메
아리 쩡쩡, 메아리 쩡쩡서울 도심의 숲 솟은 고층가그것은 원시에서 현대까지를열심히 당당하게 혼
자서도 운다. 목청껏 하늘의 뜻을아아 하늘만큼 크게 운다.

---

03. ㉠과 ㉡을 중심으로 [가]와 [나]를 감상할 때, 적절하지 **않은** 것은?

① ㉠에서 '밤'과 '문밖'은 '차디찬' 감각적 이미지로 연결되어 있어.

② ㉠에서 '차디찬'이라는 감각적 이미지는 거미들이 헤어져 있는 상황의 비극성과 잘 어울려.

③ ㉡의 '봄밤'이라는 계절적 배경 때문에 '귀뚜리'가 아니라 '귀뚜리처럼' 우는 벌레라고 한 것 같아.

④ ㉡에서 '자정'은 '하늘까지'와 결합하여 울음소리의 강렬함을 강화시키고 있어.

⑤ ㉡의 '봄'은 화자의 내적 고뇌를 드러내기에 적합한 계절적 배경으로 보여.

03 :: 시를 풀 때 잊지 말자!!!

1. 시어의 문맥적 의미는

- 첫째 + , – 느낌을 잡아내거나

- 둘째 시의 처한 상황과 관련시켜 본다.

- 부정적, 긍정적 의미는 수식어와 서술어를 통해 결정된다.

  예) 어둠은 새를 낳고 돌을 낳고…, 우리는 봄을 기다린다.

  우리가 물이 되어 만난다면 가문 어느 집에선들 좋아하지 않으랴.

2. 공통점 문제는

- 마지막에 풀되 자신 있는 한 작품을 먼저잡고 지워 나가도록 하자.

- 이 문제를 잘 해결하기 위해서는 평소 기출 문제를 공부할 때 선지중심으로 개념의 특성을 잘 익혀두는 것이 중요하다

- 시에 대한 전반적인 내용 해석을 했을지라도 시의 특징과 선지에 나온 용어를 연결 못한다면 답을 맞힐 확률이 낮다

- 시에서 잘나오는 형식적 특징이나 선지에 잘 쓰이는 용어는 외워두자.

♛ 다음 글을 읽고 물음에 답하시오.

[가] 한용운, 〈알 수 없어요〉

바람도 없는 공중에 수직의 파문을 내이며 고요히 떨어지는 오동잎은 ㉠**누구의 발자취**입니까

지리한 장마 끝에 서풍에 몰려가는 ㉡**무서운 검은 구름**의 터진 틈으로 언뜻언뜻 보이는 푸른 하늘은 누구의 얼굴입니까

꽃도 없는 깊은 나무에 푸른 이끼를 거쳐서 옛 탑 위의 고요한 하늘을 스치는 ㉢**알 수 없는 향기**는 누구의 입김입니까

근원은 알지도 못할 곳에서 나서 돌뿌리를 울리고 가늘게 흐르는 작은 시내는 구비구비 누구의 노래입니까

연꽃 같은 발꿈치로 가이없는 바다를 밟고 옥 같은 손으로 ㉣**끝없는 하늘을 만지면서** 떨어지는 날을 곱게 단장하는 저녁놀은 누구의 시입니까

타고 남은 재가 다시 기름이 됩니다 그칠 줄을 모르고 타는 나의 가슴은 누구의 밤을 지키는 ㉤**약한 등불**입니까

[나] 장석남, 〈배를 매며〉

아무 소리도 없이 말도 없이
등 뒤로 털썩
밧줄이 날아와 나는
뛰어가 밧줄을 잡아다 배를 맨다
아주 천천히 그리고 조용히
배는 멀리서부터 닿는다

사랑은,
호젓한 부둣가 에 우연히,
별 그럴 일도 없으면서 넋 놓고 앉았다가
배가 들어와
던져지는 밧줄을 받는 것
그래서 어찌할 수 없이
배를 매게 되는 것

잔잔한 바닷물 위에
구름과 빛과 시간과 함께
떠 있는 배

배를 매면 구름과 빛과 시간이 함께
매어진다는 것도 처음 알았다
사랑이란 그런 것을 처음 아는 것

빛 가운데 배는 울렁이며
온종일을 떠 있다

[다] 정철, 〈사미인곡〉

　동풍이 건듯 불어 적설을 헤쳐 내니 창밖에 심은 매화 두세 가지 피었어

라. 가뜩 냉담한데 암향(暗香)은 무슨 일고. 황혼에 달이 좇아 베개 맡에 비치니 흐느끼는 듯 반기는 듯 임이신가 아니신가. 저 매화 꺾어 내어 임 계신 데 보내고져. 임이 너를 보고어떻다 여기실꼬.

꽃 지고 새 잎 나니 녹음이 깔렸는데 나위(羅幃) 적막하고 수막(繡幕) 이 비어 있다. 부용(芙蓉)을 걷어 놓고 공작(孔雀)을 둘러 두니 가뜩 시름 많은데 날은 어찌 길던고. 원앙금(鴛鴦錦) 베어 놓고 오색선 풀어 내어 금자에 겨누어서 임의 옷 지어 내니 수품(手品)은 물론이고 제도(制度)도 갖출시고. 산호수 지게 위에 백옥함에 담아 두고 임에게 보내려고 임 계신 데 바라보니 산인가 구름인가 험하기도 험하구나. 천리만리 길에 뉘라서 찾아갈꼬. 가거든 열어 두고 나인가 반기실까.

<어휘정리>

＊**앙금** : 원앙을 수놓은 이불. 혹은 부부가 함께 덮는 이불.

04. [나]의 '부둣가'와 [다]의 '수막'을 비교한 내용으로 가장 적절한 것은?

① '부둣가'는 이별과 만남이 반복되는 시련의 공간, '수막'은 이별 후에 정착한 도피의 공간이다.

② '부둣가'는 익명의 타인들과 어울리는 공동체적 공간, '수막'은 타인들로부터 은폐된 개인적 공간이다.

③ '부둣가'는 화자가 회귀하고자 하는 과거의 공간, '수막'은 화자가 벗어나고자 하는 현재의 공간이다.

④ '부둣가'는 사랑하는 대상이 화자를 기다리는 공간, '수막'은 화자가 사랑하는 대상을 기다리는 공간이다.

⑤ '부둣가'는 화자가 사랑에 대한 깨달음을 얻는 공간, '수막'은 사랑하는 사람의 부재를 확인하는 공간이다.

05. <보기>를 참고하여 ㉠~㉤을 이해한 내용으로 적절하지 <u>않은</u> 것은?

─────────────〈 보기 〉─────────────

<알 수 없어요>를 비롯한 한용운의 시는 '절대자'라는 궁극적 존재를 탐구하는 시이다. 동시에 그것은 역설에 의한 구도자로서의 자기 정립 또는 자기 극복의 시이기도 하다. <알 수 없어요>에서는 이런 점이 물음의 방식을 통해 강화되어 나타난다.

① ㉠ : '바람도 없는 ~ 오동잎'의 이미지와 결합되어, '누구'로 표현된 절대자의 존재 방식을 알려 주는군.

② ㉡ : '푸른 하늘'과 대조되는 것으로, 화자와 절대자 사이의 만남을 가로막는 번뇌와도 같은 것이군.

③ ㉢ : '꽃도 없는 깊은 나무'에서 만들어진 것으로, 절대자의 존재에 대한 화자의 회의적 태도를 드러내는군.

④ ㉣ : '가이없는 바다를 밟고'와 짝을 이루어, 무한 공간에 걸쳐 있는 절대자의 면모를 드러내는군.

⑤ ㉤ : '타고 남은 ~ 됩니다'와 관련되면서, 구도자로서의 자기 정립에 대한 화자의 열망을 역설적으로 드러내는군.

♛ 다음 글을 읽고 물음에 답하시오.

> **[가] 윤동주, 〈또 다른 고향(故鄕)〉**
>
> 고향에 돌아온 날 밤에 / 내 백골이 따라와 한방에 누웠다.
> 어둔 방은 우주로 통하고 / 하늘에선가 소리처럼 바람이 불어온다.
>
> 어둠 속에 곱게 풍화작용하는 / **백골을 들여다보며**
> 눈물짓는 것이 내가 우는 것이냐
> 백골이 우는 것이냐 / 아름다운 혼이 우는 것이냐
>
> **지조 높은 개**는 / 밤을 새워 어둠을 짖는다.
> 어둠을 짖는 개는 / 나를 쫓는 것일 게다.
>
> 가자 가자 / 쫓기우는 사람처럼 가자
> 백골 몰래 / 아름다운 또 다른 고향에 가자.

[나] 오세영, 〈자화상 2〉

전신이 검은 까마귀, / 까마귀는 까치와 다르다.

마른 가지 끝에 높이 앉아

먼 설원을 굽어보는 저 / **형형한* 눈**, / 고독한 이마 그리고 날카로운 부리.

얼어붙은 지상에는 / 그 어디에도 낟알 한 톨 보이지 않지만

그대 차라리 눈발을 뒤지다 굶어 죽을지언정

결코 **까치**처럼 / 인가의 안마당을 넘보진 않는다.

검을 테면 /철저하게 검어라. 단 한 개의 깃털도 / 남기지 말고……

겨울 되자 온 세상 수북이 ㉠눈은 내려 / 저마다 하얗게 하얗게 분장하지만

나는 / 빈 가지 끝에 홀로 앉아

말없이 / **먼 지평선**을 응시하는 한 마리 / 검은 까마귀가 되리라.

〈어휘정리〉

* **형형한** : 광채가 반짝 반짝 빛나며 밝은.

06. 〈보기〉를 참고하여 [가]와 [나]를 감상한 내용으로 적절하지 <u>않은</u> 것은?

───〈 보기 〉───

자아 성찰의 주제를 담은 현대시에서는 시적 자아가 분열된 모습으로 등장하는 경우가 많다. [가]와 [나]의 화자는 자아 성찰을 통해 자아의 부정적인 모습과 단절하고 새로운 존재로 거듭나려 한다는 점에서 공통적이다. 하지만 [가]의 화자는 시선을 자신의 내면으로 돌려 자아의 부정적, 긍정적 면모를 발견한 후 이들을 상징적 시어로 표현하고 있고, [나]의 화자는 시선을 바깥으로 돌려 자신의 삶의 태도를 외부의 상징적 존재에 투영하여 표현하고 있다

① [가]의 '들여다보며'에서는 '백골'로 상징화된 부정적 자아를 향한 화자의 내면의 시선을 확인할 수 있군.

② [가]의 '지조 높은 개'는 자아의 부정적인 모습과 대비되어 화자를 새로운 존재로 거듭나게 하는군.

③ [나]에서 먼 설원을 굽어보는 '형형한 눈'은 바람직한 삶을 지향하는 화자의 태도를 떠올리게 하는군.

④ [나]에서 인가의 안마당을 넘보는 '까치'는 화자가 단절하고자 하는 삶의 태도를 나타내는군.

⑤ [가]의 '방'은 화자의 어두운 내면을, [나]의 '먼 지평선'은 화자가 처한 부정적 현실을 상징하는군.

07. ㉠에 대한 설명으로 가장 적절한 것은?

① 충만한 느낌을 통해 평온한 삶을 드러낸다.

② 본질을 가리는 속성을 통해 세상의 허위를 암시한다.

③ 색채 이미지를 통해 화자의 순결한 정신을 드러낸다.

④ 하강 이미지를 통해 화자가 연약한 존재임을 보여 준다.

⑤ 역동적 이미지를 통해 미래에 대한 화자의 소망을 나타낸다.

---

04 :: 단골 출제 : 시적화자의 정서

시적화자의 정서를 묻는 문제를 풀 때에는 정서가 같은 것을 찾은 다음 시적화자가 처한 상황이 동일한 것을 고른다.

IIIII 기출을 통한 연습 문제　　　　　　　　　　　　　　　　　　　핵심유형 6

♛　다음 글을 읽고 물음에 답하시오.

○ 김기림, 〈길〉

　나의 소년 시절은 은(銀)빛 바다가 엿보이는 그 긴 언덕길을 어머니의 상여(喪輿)와 함께 꼬부라져 돌아갔다.

　내 첫사랑도 그 길 위에서 조약돌처럼 집었다가 조약돌처럼 잃어버렸다.

　그래서 나는 푸른 하늘빛에 혼자 때 없이 그 길을 넘어 강(江) 가로 내려갔다가도 노을에 함뿍 자줏빛으로 젖어서 돌아오곤 했다.

　그 강가에는 봄이, 여름이, 가을이, 겨울이 나의 나이와 함께 여러 번 다녀갔다. ㉠가마귀도 날아가고 두루미도 떠나간 다음에는 누런 모래둔과 그리고 어두운 내 마음이 남아서 몸서리쳤다. 그런 날은 항용 감기를 만나서 돌아와 앓았다.

할아버지도 언제 난 지를 모른다는 동구 밖 그 늙은 버드나무 밑에서 나는 지금도 돌아오지 않는 어머니, 돌아오지 않는 계집애, 돌아오지 않는 이야기가 돌아올 것만 같아 멍하니 기다려 본다. 그러면 어느새 어둠이 기어와서 내 뺨의 얼룩을 씻어 준다.

08. 위 시의 ㉠과 시적 정조가 가장 유사한 것은?

① 적막한 겨우내 들녘 끝 어디메서 / 작은 깃을 얽고 다리 오그리고 지내다가 / 이 보오얀 봄 길을 찾아 문안하여 나왔느뇨. ─유치환, 〈춘신(春信)〉

② 우리 모두 화살이 되어 / 온몸으로 가자. / 허공 뚫고 / 온몸으로 가자. / 가서는 돌아오지 말자. / 박혀서 / 박힌 아픔과 함께 썩어서 돌아오지 말자. ─고은, 〈화살〉

③ 지는 저녁 해를 바라보며 / 오늘도 그대를 사랑하였습니다. / 날 저문 하늘에 별들은 보이지 않고 / 잠든 세상 밖으로 새벽달 빈 길에 뜨면 / 사랑과 어둠의 바닷가에 나가 / 저무는 섬 하나 떠올리며 울었습니다. ─정호승, 〈또 기다리는 편지〉

④ 사립 너머 멀리 / 면사무소 지붕 위의 올림픽기 휘날리고 / 예의 확성기에선 올림픽노래 울려 퍼져도 / 우리의 기쁨은 화려한 데 / 시끄러운 데 있지 않고 / 노상 가슴 설레고 가슴 뿌듯한 이 일 / 씨 뿌리고 거두는 일에 하루해 뜨고 진다. ─고재종, 〈텃밭에서의 하루〉

⑤ 1947년 봄 / 심야(深夜) / 황해도(黃海道) 해주(海州) 의 바다 / 이남과 이북의 경계선(境界線) 용당포. // 사공은 조심조심 노를 저어가고 있었다. / 울음을 터뜨린 한 영아(嬰兒) 를 삼킨 곳. / 스무 몇 해나 지나서도 누구나 그 수심(水深) 을 모른다. ─김종삼, 〈민간인〉

<table>
<tr><td>|||| 기출을 통한 연습 문제</td><td>핵심유형 7</td></tr>
</table>

♛ 다음 글을 읽고 물음에 답하시오.

〇 강은교, 〈우리가 물이 되어〉

우리가 ㉢물이 되어 만난다면
가문 어느 집에선들 좋아하지 않으랴.
우리가 키 큰 ㉣나무와 함께 서서
우르르 우르르 비 오는 소리로 흐른다면.

흐르고 흘러서 저물녘엔
저 혼자 깊어지는 강물에 누워
죽은 나무뿌리를 적시기도 한다면.
아아, 아직 처녀인
부끄러운 바다에 닿는다면.

그러나 지금 우리는
불로 만나려 한다.
㉠벌써 숯이 된 뼈 하나가
세상에 불타는 것들을 쓰다듬는다
만 리 밖에서 기다리는 그대여

저 불 지난 뒤에
흐르는 물로 만나자.
푸시시 푸시시 불 꺼지는 소리로 말하면서
올 때는 인적 그친
넓고 깨끗한 ⓔ하늘로 오라.

09. 위시의 ㉠과 시적 정조가 가장 가까운 것은?

① 나는 문간에 서서 기다리리/새벽 새가 울며 지새는 그늘로/세상은 희게, 또는 고요하게, /번쩍이며 오는 아침부터, /지나가는 길손을 눈여겨보며/그대인가고, 그대인가고. ﹣김소월, 〈나의 집〉

② 눈이 많이 와서/산엣새가 벌로 나려 멕이고/눈구덩이에 토끼가 더러 빠지기도 하면/마을에는 그 무슨 반가운 것이 오는가 보다 ﹣백석, 〈국수〉

③ 바야흐로 해발 육천 척 우에서 마소가 사람을 대수롭게 아니 여기고 산다. 말이 말끼리 소가 소끼리, 망아지가 어미 소를 송아지가 어미 말을 따르다가 이내 헤어진다. ﹣정지용, 〈백록담〉

④ 물 먹는 소 목덜미에/할머니 손이 얹혀졌다. /이 하루도/함께 지났다고, /서로 발잔등이 부었다고, /서로 적막하다고, ﹣김종삼, 〈묵화(墨畵)〉

⑤ 다급한 사연 들고 달려간 바람이/흔들어 깨우면/눈 부비며 너는 더디게 온다. /더디게 더디게 마침내 올 것이 온다. ﹣이성부, 〈봄〉

---

05 :: 시상 전개 방식

시상이란 시인의 생각이나 상념을 말하는 것으로 시인은 이러한 자신의 시상을 일정한 질서에 의해 한편의 시로 조직해 나간다. 이러한 과정을 시상전개방식이라고 한다.

이러한 시상의 전개는 무질서하게 이루어지는 것이 아니라 각 시에 따라 나름의 규칙성을 지니고 있다.

1) 기승전결

기에서 시상을 불러일으키고 승에서 반복적으로 심화시킨 다음 전에서 시상을 전환하고, 결에서 시상을 마무리하는 시상전개방식이다.

○ 이육사, 〈절정〉

매운 계절의 채찍에 갈겨
마침내 북방으로 휩쓸려 오다.
(기 : 북방으로 휩쓸려가는 비극적 현실)
하늘도 그만 지쳐 끝난 고원

서릿발 칼날 진 그 위에 서다.

(승 : 시련과 고난의 절정의 공간인 고원에 이름)

어데다 무릎을 꿇어야 하나

한 발 재겨 디딜 곳조차 없다.

(전 : 한 걸음도 더 나갈 수 없는 극한의 절정에서 침묵함)

이러매 눈 감아 생각해 볼밖에

겨울은 강철로 된 무지갠가 보다.

(결 : 절망의 상황을 희망의 상징인 무지개를 통해 초극함)

2) 선경후정

먼저 사물이나 풍경을 그림 그리듯이 보여주고 난 다음에 화자의 정서를 표출하는 방법이다. 이때에는 화자의 정서를 나타낸 부분이 주제이다.

○ 조지훈 , <봉황수>

벌레 먹은 두리기둥, 빛 낡은 단청(丹靑), 풍경 소리 날러간 추녀 끝에는 산새도 비둘기도 둥주리를 마구 쳤다. 큰 나라 섬기다 거미줄 친 옥좌(玉座) 위엔 여의주(如意珠) 희롱하는 쌍룡(雙龍) 대신에 두 마리 봉황(鳳凰) 새를 틀어 올렸다. **(서경)**

어느 땐들 봉황이 울었으랴만 푸르른 하늘 밑 추석(石) 을 밟고 가는 나의 그림자. 패옥(佩玉) 소리도 없었다. 품석(品石) 옆에서 정일품(正一品), 종구품(從九品) 어느 줄에도 나의 몸 둘 곳은 바이 없었다. 눈물이 속된 줄을 모를 양이면 봉황새야 구천(九泉) 에 호곡(呼哭) 하리라. **(서정)**

3) 공간의이동(시선의 이동)

공간의 변화에 따라 시상이 전개되거나 화자의 시선의 이동에 따라 시상이 전개되는 방법이다. 위에서 아래로 또는 원경에서 근경으로.

4) 시간의 흐름 : 시간적 전개(추보식 구성)

- 시상이 하루 중의 시간(아침-점심-저녁), 계절(봄-여름-가을-겨울), 과거-현재-미래 등의 시간의 흐름에 따라 전개함. 과거회상 '더'가 보이는 경우도 포함된다.
- 순행적 변화뿐만 아니라, 역순행적 변화도 포함

5) 점층적 전개

시상이 전개 될수록 감정이나 의지가 고조되고 강해지는 방식으로 시상이 전개되는 것이다.

눈은 살아 있다.

떨어진 눈은 살아 있다.

마당 위에 떨어진 눈은 살아 있다.

6) 대립적 심상 전개

긍정-부정, 봄-겨울, 고향-도시, 어둠-밝음

○ 김남조 ,<겨울바다>

겨울 바다에 가 보았지.

미지(未知) 의 새,

보고 싶던 새들은 죽고 없었네.

그대 생각을 했건만도

매운 해풍에

그 진실마저 눈물져 얼어 버리고

허무의

불

물이랑 위에 불 붙어 있었네.

나를 가르치는 건
언제나
시간…….
끄덕이며 끄덕이며 겨울 바다에 섰었네.

남은 날은
적지만

기도를 끝낸 다음
더욱 뜨거운 기도의 문이 열리는
그런 영혼을 갖게 하소서.

남은 날은
적지만

겨울 바다에 가 보았지.
인고(忍苦)의 물이
수심(水深) 속에 기둥을 이루고 있었네.

7) 연상 작용

자유로운 연상에 의해 시상이 전개됨
O 전봉건, <피아노>
피아노에 앉은
여자의 두 손에서는
끊임없이
열 마리씩
스무 마리씩
신선한 물고기가

튀는 빛의 꼬리를 물고
쏟아진다.

나는 바다로 가서
가장 신나게 시퍼런
파도의 칼날 하나를
집어 들었다.

8) 시상의 반전

06 :: 관점, 접근방식, 운율감

1. 시의 소통구조와 수용-관점이나 접근방식

1) 절대주의적 관점=내재적 관점

작품의 외적요소를 배제하고 작품 그 자체에 초점을 맞춰 감상하는 관점이다. 내적인 요소인 시어나 구조 표현, 그리고 서정적 자아 등에 초점을 맞춰 감상하는 방식이다.

2) 표현론적 관점

작품과 작가의 관계에 주목해 감상하는 관점이다.

3) 반영론적 관점

작품과 현실의 관계에 주목한 것으로 작품에 반영된 시대 현실과 역사적 내용을 검토한다.

4) 효용론적 관점

작품과 독자의 관계에 주목한 것으로, 작품

을 읽고 난 독자의 미적 쾌감, 교훈, 감동 등
을 검토하는 것이다.

왜 사냐건
웃지요

2. 시의 운율감 음악성

1) 두운, 요운, 각운이 있을 때

남으로 창을 내겠소.
밭이 한참 갈이
괭이로 파고
호미론 김을 매지요.

구름이 꼬인다 갈 리 있소.
새 노래는 공으로 들으랴오.
강냉이가 익걸랑
함께 와 자셔도 좋소.

2) 동일한 단어나 동일한 구절이 반복될 때

3) 동일한 음보(끊어 읽기)나 음수(글자 수)

4) 비음이 받침으로 많이 쓰일 때

5) 의성어 의태어 즉 음성상징어의 빈번한 사용

6) 그래도 판단이 어려우면 문장이 짧은 경우

♛ 다음 글을 읽고 물음에 답하시오.

[가] 김수영, 〈폭포〉

폭포는 곧은 절벽을 무서운 기색도 없이 떨어진다
규정할 수 없는 물결이
무엇을 향하여 떨어진다는 의미도 없이
㉠계절과 주야를 가리지 않고
고매한 정신처럼 쉴 사이 없이 떨어진다
금잔화도 인가도 보이지 않는 밤이 되면
폭포는 곧은 소리를 내며 떨어진다
곧은 소리는 소리이다
곧은 소리는 곧은
소리를 부른다

번개와 같이 떨어지는 물방울은
취할 순간조차 마음에 주지 않고
ⓛ**나타(懶惰)와 안정(安定)**을 뒤집어 놓은 듯이
높이도 폭도 없이
떨어진다

[나] 오규원, 〈살아 있는 것은 흔들리면서-순례 11〉
살아 있는 것은 흔들리면서 / 튼튼한 줄기를 얻고
잎은 흔들려서 스스로 / 살아 있는 몸인 것을 증명한다.
바람은 오늘도 분다.
수만의 잎은 제각기 / 몸을 엮는 하루를 가누고
들판의 **슬픔 하나** 들판의 **고독 하나**
들판의 **고통 하나**도
다른 곳에서 바람에 쓸리며 / **자기를 헤집고 있다**.
피하지 마라
ⓒ**빈 들**에 가서 깨닫는 그것 /우리가 늘 흔들리고 있음을.

[다] 이시영, 〈마음의 고향 6-초설〉
내 마음의 고향은 이제
참새 떼 와자히 내려앉는 대숲 마을의
노오란 초가을의 초가지붕에 있지 아니하고
내 마음의 고향은 이제
토란잎에 후두둑 빗방울 스치고 가는
여름날의 ⓔ**고요 적막한 뒤란**에 있지 아니하고
내 마음의 고향은 이제
추수 끝난 빈 들판을 쿵쿵 울리며 가는
서늘한 뜨거운 기적 소리에 있지 아니하고
내 마음의 고향은 이제

빈 들길을 걸어 걸어 흰 옷자락 날리며

서울로 가는 순이 누나의 파르라한 옷고름에 있지 아니하고

내 마음의 고향은 이제

아늑한 상큼한 짚벼늘에 파묻혀

나를 부르는 소리도 잊어버린 채

까닭 모를 굵은 눈물 흘리던 그 어린 저녁 무렵에도 있지

아니하고

내 마음의 마음의 고향은

싸락눈 홀로 이마에 받으며

내가 그 어둑한 신작로 길로 나섰을 때 끝났다

눈 위로 막 얼어붙기 시작한

작디작은 ㉤**수레바퀴 자국**을 뒤에 남기며

---

10. [가]~[다]의 공통점으로 가장 적절한 것은?

① 도치의 방식으로 시상을 마무리하여 주제 의식을 드러낸다.

② 명령적 어조를 활용하여 화자의 강한 의지를 표출한다.

③ 색채의 선명한 대조를 통해 시적 분위기를 환기한다.

④ 영탄법을 사용하여 화자의 고조된 감정을 나타낸다.

⑤ 유사한 어구를 반복하여 시적 상황을 부각한다.

---

11. <보기>를 참고하여 [가], [나]를 감상한 내용으로 적절하지 <u>않은</u> 것은?

⟨ 보기 ⟩

김수영은 한때 자유를 이상으로 내세우면서 생활인으로서의 자신을 뛰어넘으려고 했고, 오규원은 '순례' 연작시에서 생성과 변화를 중시하면서 사물에 대한 고정된 인식이나 관념에서 탈피하려고 했다. 오규원에게는 그것이 자유를 추구하는 일이었다. 이와 관련하여 김수영은 위대성에 주목하면서 대상의 숭고한 면이나 뛰어난 점을 발견하려 했고, 오규원은 구체적 언어에 주목하여 대상의 동적 이미지와 몸의 이미지를 포착하려 했다.

① [가]의 '고매한 정신처럼'에서는, 생활인으로서 시인이 지녔던 고뇌와 대비되는 대상의 위대성을 느 낄 수 있어.

② [나]의 '슬픔 하나', '고독 하나', '고통 하나'가 '자기를 헤집고 있다'는 것에서는, 몸의 이미지 를 통해 관념에서 탈피하려는 화자의 태도를 느낄 수 있어.

③ [가]의 '소리'와 [나]의 '바람'은 자유의 의미와 대비되는 소재들로서, 화자는 이에 부정적 의미를 부여하고 있어.

④ [가]에 비해 [나]의 화자는 흔들리는 현상을 바탕으로 자신을 대상과 동일시하고 있어.

⑤ [가]의 대상이 지닌 숭고한 면모와, [나]의 대상이 지닌 동적인 속성은 자유와 관련하여 그 의미를 해석할 수 있어.

12. [다]를 이해한 내용으로 적절하지 <u>않은</u> 것은?

① 고향에서의 삶과 관련된 소재들을 열거하고 있다.

② 감각적 심상을 활용하여 화자의 정서를 드러내고 있다.

③ 고향의 특정 인물에 대한 기억을 떠올리면서 시상을 반전시키고 있다.

④ 고향을 떠나올 때의 장면으로 시상을 마무리하면서 시적 여운을 남기고 있다.

⑤ 고향에 대한 상실감을 내세워 고향에 대한 화자의 그리움을 담아내고 있다.

13. ㉠~㉤에 대한 설명으로 적절한 것은?

① ㉠ : '폭포'의 낙하가 지닌 항상성을 나타낸다.

② ㉡ : '폭포'가 지닌 긍정적 속성들이다.

③ ㉢ : 화자와 공동체가 화합을 이루는 공간이다.

④ ㉣ : 화자의 절망적인 상황을 드러낸다.

⑤ ㉤ : 화자가 지향하는 미래를 표상한다.

07 :: 무수히 반복되는 개념!!!

1. 어조

① 시적 상황이나 시적 대상에 대한 태도가 담긴
   말씨 : 시적 화자가 시적 대상이나 독자에게
   취하는 언어적 태도(말투).
② 어조의 변화는 태도의 변화와 정서의 변화를
   나타낼 수 있다.
③ 대화체 = 말을 건네는 어투
④ 대화적 구성

2. 반복 : 운율감, 강조

① 동일한 시어의 반복
② 동일한 시구의 반복
③ 동일한 시행의 반복
④ 유사한 통사구조의 반복(유사한 문장구조의
   반복)

3. 반복과 변조
4. 도치
5. 색체의 선명한 대조
6. 영탄적 표현, 영탄법
7. 환기 / 승화

♛　다음 글을 읽고 물음에 답하시오.

[가] 곽재구, 〈구두 한 켤레의 시〉

차례를 지내고 돌아온
구두 밑바닥에
고향의 저문 강물 소리가 묻어 있다
겨울 보리 파랗게 꽂힌 강둑에서 ⌉
살얼음만 몇 발자국 밟고 왔는데 │
쑥골 상엿집 흰 눈 속을 넘을 때도 ├ A
골목 앞 보세점 흐린 불빛 아래서도 │
찰랑찰랑 강물 소리가 들린다 ⌋
내 귀는 얼어 ⌉ B
한 소절도 듣지 못한 강물 소리를 ⌋

구두 혼자 어떻게 듣고 왔을까
구두는 지금 황혼
뒤축의 꿈이 몇 번 수습되고
지난 가을 터진 가슴의 어둠 새로
누군가의 살아 있는 오늘의 부끄러운 촉수가
싸리 유채 꽃잎처럼 꿈틀댄다
고향 텃밭의 허름한 꽃과 어둠과
구두는 초면 나는 구면
건성으로 겨울을 보내고 돌아온 내게
고향은 꽃잎 하나 바람 한 점 꾸려 주지 않고
영하 속을 흔들리며 떠나는 내 낡은 구두가
저문 고향의 강물 소리를 들려준다.
출렁출렁 아니 덜그럭덜그럭.

C

D

E

[나] 김동환, 〈산 너머 남촌에는〉

산 너머 남촌에는 누가 살길래 / 해마다 봄바람이 남으로 오네
꽃 피는 사월이면 진달래 향기 / 밀 익는 오월이면 보리 내음새
어느 것 한 가진들 실어 안 오리 / 남촌서 남풍 불 제 나는 좋데나 〈1〉

산 너머 남촌에는 누가 살길래 / 저 하늘 저 빛깔이 저리 고울까
금잔디 너른 벌엔 호랑나비 떼 / 버들밭 실개천엔 종달새 노래
어느 것 한 가진들 들려 안 오리 / 남촌서 남풍 불 제 나는 좋데나 〈2〉

산 너머 남촌에는 배나무 있고 / 배나무꽃 아래엔 누가 섰다기,
그리운 생각에 영(嶺)*에 오르니 / 구름에 가리어 아니 보이나
끊었다 이어 오는 가는 노래 / 바람을 타고서 고이 들리데 〈3〉

<어휘정리>

＊영 : 고개.

[다] 이광명, 〈북찬가(北竄歌)〉
앉은 곳에 ㉠해가 지고 누운 자리 밤을 새워 / 잠든 밧긔 한숨이오 한숨

끝에 눈물일세

밤밤마다 꿈에 뵈니 꿈을 둘너 상시(常時) 과저*

학발자안(鶴髮慈顔)* 못 뵈거든 안족서신(雁足書信)* 잦아짐에

기다린들 기별 올까 오노라면 ⓛ달이 넘네

못 본 제는 기다리나 보게 되면 시원할까 / 노친(老親) 소식 나 모를 제 내 소식 노친 알까

ⓒ산과 강물 막힌 길에 일반고사(一般苦思)* 뉘 헤올고

묻노라 밝은 달아 두 곳에 비추는가

따르고저 뜨는 구름 남천(南天)으로 닫는구나

흐르는 ⓔ내가 되어 집 앞에 두르고저 / 나는 듯 ⓜ새나 되어 창가에 가 노닐고저

내 마음 헤아리려 하니 노친 정사(情思) 일러 무삼

여의(如意) 잃은 용이오 키 없는 배 아닌가 / 추풍의 낙엽같이 어드메 가 머무를꼬

<어휘정리>

*꿈을 둘너 상시과저 : 꿈을 가져다 현실로 삼고 싶구나.

*학발자안 : 머리가 하얗게 센 자애로운 얼굴. 어머니를 가리킴.

*안족서신 : 기러기 발목에 매달아 보낸 편지.

*일반고사 : 괴롭거나 고통스러운 모든 생각.

14. [가]~[다]의 공통점으로 가장 적절한 것은?

① 자연물을 통해 현실의 부정적 측면을 부각하고 있다.

② 대조적 소재의 열거를 통해 시적 긴장감을 높이고 있다.

③ 과거와 현재의 대비를 통해 그리움의 정서를 표현하고 있다.

④ 일상생활의 관찰을 통해 사물에서 삶의 교훈을 얻어 내고 있다.

⑤ 친숙한 사물을 통해 화자의 마음이 향하는 공간을 환기하고 있다.

15. [가]~ [다]의 시어를 비교하여 이해한 내용으로 가장 적절한 것은?

① [가]의 '보리'와 [나]의 '보리'는 두 작품의 계절적 배경이 통일함을 알려 준다.

② [가]의 '꿈'과 [다]의 '꿈'은 출세하고자 하는 화자의 의지를 표현한다.

③ [가]의 '강물 소리'와 [나]의 '노래'는 대상에 대한 화자의 긍정적 태도를 드러낸다.

④ [나]의 '남풍'과 [다]의 '추풍'은 화자가 동경하는 세계와 화자를 매개한다.

⑤ [나]의 '구름'과 [다]의 '구름'은 자유로운 소통의 가능성을 차단한다.

현대시

16. [가]와 [나]의 표현상 특징에 대한 설명으로 적절하지 <u>않은</u> 것은?

① [가], [나]모두 감각적 이미지를 빈번히 사용하여 시상을 전개하고 있다.

② [가]는 [나]와 달리 의성어의 변화로 화자의 심리를 표현하고 있다.

③ [가]는 [나]와 달리 연을 구분하지 않고 성찰적 어조를 드러내고 있다.

④ [나]는 [가]와 달리 새로운 소재가 추가될 때마다 어조에 변화를 주고 있다.

⑤ [나]는 [가]에 비해 대구와 부드러운 어감의 표현을 효과적으로 사용하고 있다.

17. <보기>의 '하이데거'의 관점에서 [가]를 감상한 내용으로 가장 적절한 것은?

───────────────〈 보기 〉───────────────

하이데거에게 예술은 '존재자의 존재'를 드러내 준다. 그에 따르면 고흐의 '구두' 그림에는 단순히 '도구로서의 구두[=존재자]만 있는 것이 아니다. 그림 속의 구두에는 들일을 나서는 농부의 고단한 삶, 해질 무렵 들길을 걷는 그의 고독이 드러나 있으며, 아울러 대지의 습기와 다 익은 곡식의 풍요로움이 실려 있다. 우리는 이 그림을 통해 구두에 감추어진 '존재'가 눈앞에 펼쳐지는 체험을 하게 된다.

───

① [A] : 구두 밑바닥에 녹아드는 살얼음으로 봄을 맞이하는 화자의 기쁨을 표현하고 있군.

② [B] : 귀가 얼어붙을 정도의 추위를 강조하여 구두에 대한 화자의 연민을 드러내고 있군.

③ [C] : 여러 번의 수선을 거친 구두에는 구두의 도구성에 대한 화자의 비판적 견해가 나타나 있군.

④ [D] : 고향 텃밭의 허름함과 헌 구두를 비교하여 초면과 구면 사이에 차이가 없음을 말하고 있군.

⑤ [E] : 고향에 대해 무심했던 삶 속에서도 고향이 화자의 내면에 자리 잡고 있었음이 낡은 구두에서 드러나고 있군.

18. [나]의 구조에 대한 설명으로 적절하지 <u>않은</u> 것은?

① <1>, <2>, <3> 모두 세 연씩으로, 각 연은 두 행씩으로 구성되어 형식적 통일성을 갖추고 있다.

② '산 너머 남촌에는'이 <1>, <2>, <3>의 1연마다 반복되어 시 전체의 유기적 연관성을 강화하고 있다.

③ <1>, <2>, <3>의 각 3연이 동일한 형태로 반복되어 후렴구로 기능하고 있다.

④ 시어와 표현 면에서 <1>과 <2>는 유사성이 크지만, <3>은 상대적으로 차이를 보인다.

⑤ <1>의 2연은 문장 구조가 같은 두 행이 짝을 이루고 있는데, 이는 <2>의 2연도 마찬가지이다.

08 :: 무수히 반복되는 개념!!!

1. 대조적 소재의 열거

2. 과거와 현재의 대비

3. 관념의 구체적 형상화, 추상적 내용을 구체적 형상화

4. 시적화자의 분신

시적화자가 자아와 동일시하는 사물

묏버들 가지 꺾어 보내노라 님의 손에 자시는 창밖에 심어두고 보소서

5. 정서의 환기 및 심화

정서를 떠올리게 하거나 깊게 만드는 소재

반중 조홍감이 고와도 보이나다 / 유자가 아니라도 품 엄즉도 하다마는 / 품어가 반길이 없으니 글로 서러워 하노라

6. 자연의 섭리에 대한 깨달음

7. 객관적 상관물−감정이입

감정이입에서 화자의 정서를 대변해주는 대상

• 감정환기 : 화자가 어떤 정서를 느끼게 되는 계기를 제공하는 대상

♛　다음 글을 읽고 물음에 답하시오.

[가] 윤동주, 〈자화상〉

산모퉁이를 돌아 논가 외딴 우물을 홀로
찾아가선 가만히 들여다봅니다.

우물 속에는 달이 밝고 구름이 흐르고
하늘이 펼치고 파아란 바람이 불고 가을이 있습니다.

그리고 한 사나이가 있습니다.
어쩐지 그 사나이가 미워져 돌아갑니다.

돌아가다 생각하니 그 사나이가 가엾어집니다. 도로 가 들여다보니 사나이는 그대로 있습니다.

다시 그 사나이가 미워져 돌아갑니다.
돌아가다 생각하니 그 사나이가 그리워집니다.

우물 속에는 달이 밝고 구름이 흐르고 하늘이 펼치고 파아란 바람이 불고 가을이 있고 추억처럼 사나이가 있습니다.

[나] 고은, 〈선제리 아낙네들〉

먹밤중 한밤중 새터 중뜸 개들이 시끌짝하게 짖어댄다
이 개 짖으니 저 개도 짖어
들 건너 갈메 개까지 덩달아 짖어댄다
이런 개 짖는 소리 사이로
언뜻언뜻 까 여 다 여 따위 말끝이 들린다
밤 기러기 드높게 날며
추운 땅으로 떨어뜨리는 소리하고 남이 아니다
앞서거니 뒤서거니 의좋은 그 소리하고 남이 아니다
콩밭 김칫거리
아쉬울 때 마늘 한 접 이고 가서
군산 묵은장 가서 팔고 오는 선제리 아낙네들
팔다 못해 파장떨이로 넘기고 오는 아낙네들
㉠시오릿길 한밤중이니
십릿길 더 가야지
빈 광주리야 가볍지만
빈 배 요기도 못하고 오죽이나 가벼울까
그래도 이 고생 혼자 하는 게 아니라
못난 백성
못난 아낙네 끼리끼리 나누는 고생이라
얼마나 ㉡의좋은 한세상이더냐
그들의 말소리에 익숙한지
어느새 개 짖는 소리 뜸해지고
밤은 내가 밤이다 하고 말하려는 듯 어둠이 눈을 멀뚱거린다

A

<어휘정리>

*영 : 고개.

[다] 김 명인, 〈그 나무〉

한 해의 꽃잎을 며칠 만에 활짝 피웠다 지운
벚꽃 가로 따라가다가
미처 제 꽃 한 송이도 펼쳐 들지 못하고 멈칫거리는
늦된 그 나무 발견했지요.
들킨 게 부끄러운지, 그 나무
시멘트 개울 한 구석으로 비틀린 뿌리 감춰놓고
앞줄 아름드리 그늘 속에 반쯤 숨어 있었지요.
봄은 그 나무에게만 더디고 더뎌서
꽃철 이미 지난 줄도 모르는지,
그래도 여느 꽃나무와 다름없이
가지 가득 매달고 있는 멍울 어딘가 안쓰러웠지요.
늦된 나무가 비로소 밝혀드는 ㉢꽃불 성화,
환하게 타오를 것이므로 나도 이미 길이 끝난 줄
까마득하게 잊어버리고 한참이나 거기 멈춰 서 있었지요.
산에서 내려 두 달거리나 제자릴 찾지 못해
헤매고 다녔던 저 ㉣난만한 봄길 어디,
늦깎이 깨달음 함께 얻으려고 한나절
나도 병든 그 나무 곁에서 서성거렸지요.
이 봄 가기 전 저 나무도 푸릇한 잎새 매달까요?
무거운 청록으로 여름도 지치고 말면
불타는 소신공양 틈새 ㉤가난한 소지(燒紙)*,
저 나무도 가지가지마다 지펴 올릴 수 있을까요?

<어휘정리>
＊<u>소지</u> : 부정을 없애고 신에게 소원을 빌기 위하여 태워서 공중에 올리는 종이.

19. [가]~[다]의 공통점으로 가장 적절한 것은?

① 대상의 현재 상황에 대한 화자의 비판적 태도가 드러난다.
② 대상의 미래에 대한 화자의 낙관적 전망이 드러난다.
③ 대상과 일체가 되려는 화자의 의지가 드러난다.
④ 대상을 딱하게 여기는 화자의 마음이 드러난다.
⑤ 대상에 대한 화자의 대결 의식이 드러난다.

20. 〈보기〉를 참고하여 [가]를 이해한 내용으로 적절하지 <u>않은</u> 것은?

─────────〈 보기 〉─────────

〈자화상(自畵像)〉은 1941년 「문우(文友)」에는 '우물 속의 자상화(自像畵)'라는 제목으로 게재되었다. 이 제목에서는 '우물'과 '그림'이 부각되어 있다. 상징적 관점에서 볼 때, 우물은 자신의 모습을 투영해 볼 수 있는 사물이고, 하늘을 향해 있는 동굴이며, 그 동굴의 원형인 모태(母胎)를 떠올리게 하는 공간이다. 이 점에서 보면, 이 시에서 우물 속의 자상화는 자신의 존재에 대한 화자의 인식과 태도를 다층적으로 담아내고 있는 그림이다.

─────────────────────────

① 제1연에서 '외딴', '홀로', '가만히', '들여다 봅니다' 등으로 보아, '우물'은 화자의 모습을 투영해 볼 수 있는 내밀한 공간이겠군.

② 제2연에서 '우물 속'에 들어 있는 자연은 하늘을 향해 있는 우물 속의 그림이므로, 화자가 지향해 온 바를 담고 있겠군.

③ 제3연~제5연에서 '한 사나이'에 대한 화자의 반응들로 보아, 화자는 자신을 성찰하는 자세를 지니고 있겠군.

④ 제3연~제5연에서 '한 사나이'에 대한 화자의 반응들로 보아, 화자는 자신을 성찰하는 자세를 지니고 있겠군. 우물속의 자상화를 들여다보는 화자가 존재 탐구를 끝냈음을 의미하겠군.

⑤ 제6연에서 '추억처럼'에는 고향과 같은 모태적 공간을 통해서 자신을 바라보려는 화자의 태도가 내포되어 있겠군.

21. [A]와 [B]를 비교한 내용으로 가장 적절한 것은?

① [A]는 [B]와 달리 대조를 통해 주제 의식을 강조한다.
② [A]는 [B]와 달리 유사한 구절을 병치하여 운율감을 조성한다.
③ [B]는 [A]와 달리 공감각적 심상을 통해 입체감을 부여한다.
④ [B]는 [A]와 달리 현재 시제를 사용하여 현장감을 부각한다.
⑤ [B]는 [A]와 달리 의성어를 통해 구체적인 생동감을 부여한다.

22. ㉠~㉤에 대한 설명으로 적절하지 <u>않은</u> 것은?

① ㉠ : '군산 묵은장'과 '선제리' 사이의 거리로, '한밤중', '십릿길'과 더불어 '아낙네들'이 처한 상황을 구체적으로 나타낸다.

② ⓛ : '끼리끼리'와 상관되는 것으로, 공동체적 삶에 공감하는 화자의 태도가 내포되어 있다.

③ ⓒ : '늦된 나무'가 피워낼 '꽃'을 성스러운 불에 비유한 것으로, '늦된 나무'에 대한 화자의 기대가 내포되어 있다.

④ ⓔ : '벚꽃'이 흐드러지게 피어 있는 '봄길'로, 일탈적 삶에 대한 화자의 갈망이 간절한 것이었음을 나타낸다.

⑤ ⓜ : 가을의 나뭇잎을 '깨달음'과 관련하여 표현한 것으로, '불타는 소신공양'과 대비되어 화자의 겸손한 태도를 드러낸다.

---

09 :: 무수히 반복되는 개념!!!

1. 시적화자

- 시속에서 말하는 사람. 서정적 자아라고도 한다.
- 모든 시에는 시적화자가 존재한다. 다만 드러나느냐 드러나지 않느냐의 차이일 뿐이다.

2. 시적대상 : 시적화자가 노래하고자 하는 대상

3. 태도

시적 상황이나 시적대상에 대한 시적화자의 태도 즉 태도를 말할 때에는 현실에 대한 태도인가 대상에 대한 태도인가로 도식화 하면 된다.

1) 현실 지향적 태도, 긍정적 태도

처한 현실이 부정적이라 할지라도 그것을 긍정적으로 받아들이는 태도

○ 서정주, <무등(無等)을 보며>

가난이야 한낱 남루에 지나지 않는다.
저 눈부신 햇빛 속에 갈매 빛의 등성이를 드러내고 서

있는
여름 산 같은
우리들의 타고난 살결 타고난 마음씨까지야 다 가릴
수 있으랴.

청산이 그 무릎 아래 지란(芝蘭)을 기르듯
우리는 우리 새끼들을 기를 수밖엔 없다.

목숨이 가다 가다 농울쳐 휘어드는
오후의 때가 오거든
내외(內外) 들이여 그대들도
더러는 앉고

더러는 차라리 그 곁에 누워라.

지어미는 지애비를 물끄러미 우러러보고
지애비는 지어미의 이마라도 짚어라.

어느 가시덤불 쑥구렁에 누일지라도
우리는 늘 옥돌같이 호젓이 묻혔다고 생각할 일이요
청태라도 자욱히 끼일 일인 것이다.

2) 과거 지향적 태도

- 정이 부재한 삭막한 현실에서 정이 있었던 과거를 그리워하는 시적화자의 태도가 나타난다.
- 보통 정서 문제를 풀 때에도 지금 현재의 상황에서 뭔가 부재의 상황이 보인다면 그리움의 정서라고 본다.

　○ 김종길, <성탄제>

어두운 방 안에
바알 간 숯불이 피고

외로이 늙으신 할머니가
애처로이 잦아드는 어린 목숨을 지키고 계시었다.
이윽고 눈 속을 아버지가 약(藥) 을 가지고 돌아오시었다.

아 아버지가 눈을 헤치고 따 오신
그 붉은 산수유(山茱萸) 열매—
나는 한 마리 어린 짐승
젊은 아버지의 서느런 옷자락에
열(熱) 로 상기한 볼을 말없이 부비는 것이었다.

이따금 뒷문을 눈이 치고 있었다.
그 날 밤이 어쩌면 성탄제(聖誕祭)의 밤이었을지도 모른다.

어느 새 나도
그 때의 아버지만큼 나이를 먹었다.

옛 것이라곤 거의 찾아볼 길 없는
성탄제(聖誕祭) 가까운 도시에는

이제 반가운 그 옛날의 것이 내리는데

서러운 서른 살 나의 이마에
불현듯 아버지의 서느런 옷자락을 느끼는 것은

눈 속에 따오신 산수유(山茱萸) 붉은 알알이
아직도 내 혈액(血液) 속에 녹아 흐르는 까닭일까.

3) 미래 지향적 태도

- 극복 의지적 태도 : 처한 현실이 부정적이므로 이겨내고 미래를 향해 나아가려는 의지와 신념이 나타난다.

4) 현실 비판적 태도

부정적 현실을 비판하는 태도

　○ 김명수, <하급반 교과서>

아이들이 큰 소리로 책을 읽는다
나는 물끄러미 그 소리를 듣고 있다
한 아이가 소리내어 책을 읽으면
딴 아이도 따라서 책을 읽는다
청아한 목소리로 꾸밈없는 목소리로
"아니다 아니다!" 하고 읽으니
"아니다 아니다!" 따라서 읽는다
"그렇다 그렇다!" 하고 읽으니
"그렇다 그렇다!" 따라서 읽는다
외우기도 좋아라 하급반 교과서
활자도 커다랗고 읽기에도 좋아라
목소리 하나도 흐트러지지 않고
한 아이가 읽는대로 따라 읽는다
이 봄날 쓸쓸한 우리들의 책읽기여
우리나라 아이들의 목청들이여

5) 반성적태도(자아성찰)

6) 연민의 태도

　○ 김혜순, <납작납작 박수근 화법을 위하여>
드문드문 세상을 끊어내어 / 한 며칠 눌렀다가
벽에 걸어 놓고 바라본다.
흰 하늘과 쭈그린 아낙네들이 / 벽 위에 납작하게 펴
어 있다.
가끔 심심하면 / 여편네와 아이들도
한 며칠 눌렀다가 벽에 붙여 놓고
하나님 보시기 어떻습니까? / 조심스럽게 물어 본다.

발바닥도 없이 서성서성.
입술도 없이 슬그머니. / 표정도 없이 슬그머니.
그렇게 웃고 나서
피도 눈물도 없이 바짝 마르기. / 그리곤 드디어 납작
해진
천지 만물을 한 줄에 꿰어 놓고
가이없이 한없이 펄렁펄렁 / 하나님, 보시기 마땅합니까?

7) 예찬의 태도

　○ 한용운 <찬송>
님이여, 당신은 백 번이나 단련한 금결입니다.
뽕나무 뿌리가 산호가 되도록 천국의 사랑을 받읍소서.
님이여, 사랑이여, 아침 볕의 첫걸음여.

님이여, 당신은 의가 무거웁고 황금이 가벼운 것을 잘
아십니다.
거지의 거친 밭에 복의 씨를 뿌리옵소서.
님이여, 사랑이여, 옛 오동의 숨은 소리여.
님이여, 당신은 봄과 광명과 평화를 좋아하십니다.

약자의 가슴에 눈물을 뿌리는 자비의 보살이 되옵소서.
님이여, 사랑이여, 얼음 바다에 봄바람이여.

8) 체념의 태도

　○ 정희성, <저문강에 삽을 씻고>
흐르는 것이 물뿐이랴
우리가 저와 같아서
강변에 나가 삽을 씻으며
거기 슬픔도 퍼다 버린다.
일이 끝나 저물어
스스로 깊어 가는 강을 보며
쭈구려 앉아 담배나 피우고
나는 돌아갈 뿐이다.
삽 자루에 맡긴 한 생애가
이렇게 저물고, 저물어서
샛강 바닥 썩은 물에
달이 뜨는구나.
우리가 저와 같아서
흐르는 물에 삽을 씻고
먹을 것 없는 사람들의 마을로
다시 어두워 돌아가야 한다.

4. 현재시제사용

5. 감각적 이미지

　시각, 청각, 후각, 촉각, 미각적, 복합적, 공
감각적 이미지

① 복합적 이미지 : 두 개의 서로 다른 감각이 나
란히 제시되는 것

② 공감각적 이미지 : 하나의 감각적 대상을 다

른 종류의 감각으로 전이시켜 표현하는 것 (감각의 전이)

6. 이와 같은 이미지의 시적 기능은 다음과 같다.

① **대상의 표현** : 구체적으로 형상화함으로써 대상을 생생하게 표현한다.

② **정서의 환기** : 시어의 의미와 느낌을 한층 함축적으로 드러내어 정서를 환기한다.

③ **의미의 전달** : 관념을 영상으로 환기하여 직접적으로 뚜렷이 전달한다.

♔ 다음 글을 읽고 물음에 답하시오.

> **[가] 조지훈, 〈승무〉**
>
> 얇은 사(紗) 하이얀 고깔은 / 고이 접어서 나빌레라.
>
> 파르라니 깎은 머리 / 박사(薄紗) 고깔에 감추오고
>
> 두 볼에 **흐르는 빛**이 / 정작으로 고와서 / 서러워라
>
> 빈 대(臺)에 황촉(黃燭) **불**이 말없이 녹는 **밤**에
> 오동잎 잎새마다 달이 지는데
>
> 소매는 길어서 하늘은 넓고
> 돌아설 듯 날아가며 사뿐히 접어 올린 외씨보선이여.
>
> 까만 눈동자 살포시 들어 / 먼 하늘 한 개 **별빛**에 모두오고
>
> 복사꽃 고운 뺨에 아롱질 듯 두 방울이야
> 세사에 시달려도 번뇌는 **별빛**이라.
> 휘어져 감기우고 다시 접어 뻗는 손이

깊은 마음 속 거룩한 합장인 양하고

이 밤사 **귀또리**도 지새는 삼경(三更) 인데
얇은 사(紗) 하이얀 고깔은 고이 접어서 나빌레라.

[나] 송수권, <지리산 뻐꾹새>
여러 산봉우리에 여러 마리의 뻐꾸기가 / 울음 울어 / 떼로 울음 울어
석 석 삼년도 봄을 더 넘겨서야
나는 길뜬* 설움 에 맛이 들고 / 그것이 실상은 한 마리의 뻐꾹새임을
알아냈다.

지리산 하
한 봉우리에 숨은 **실제의 뻐꾹새**가 / 한 울음을 토해 내면
뒷산 봉우리 받아넘기고 / 또 뒷산 봉우리 받아넘기고 ⎤
그래서 **여러 마리의 뻐꾹새**로 울음 우는 것을   ⎟ A
알았다.   ⎦

지리산 중 / 저 연연한 **산봉우리**들이 다 울고 나서
오래 남은 추스름 끝에
비로소 한 소리 없는 **강**이 열리는 것을 보았다.

섬진강 섬진강 / 그 힘센 물줄기가
하동 쪽 남해로 흘러들어 / 남해 군도의 여러 작은 섬을 밀어 올리는 것
을 보았다.

봄 하룻날 그 눈물 다 슬리어서 / 지리산 하에서 울던 한 마리 뻐꾹새 울
음이
이승의 서러운 맨 마지막 빛깔로 남아
이 세석(細石)* **철쭉꽃**밭을 다 태우는 것을 보았다.

<어휘정리>

*__길뜬__ : 길이 덜 든

*__세석__ : 지리산 정상 아
래 부근의 지명

[다] 송순, 〈면앙정가〉

무등산 한 활개 뫼가 동쪽으로 뻗어 있어 / 멀리 떼쳐 와 ⓐ제월봉(霽月峰)이 되었거늘

무변대야(無邊大野)*에 무슨 짐작 하노라 / 일곱 굽이 한데 뭉쳐 우뚝우뚝 벌여 논 듯

가운데 굽이는 구멍에 든 ⓑ늙은 용이 / 선잠을 갓 깨어 머리를 앉혔으니

너럭바위 위에 송죽을 헤치고 ⓒ정자를 앉혔으니 / 구름 탄 청학이 천 리를 가리라 두 날개 벌렸는 듯

옥천산 용천산 내린 ⓓ물이 / 정자 앞 넓은 들에 올올히 펴진 듯이

넓거든 기노라 푸르거든 희지 마나

쌍룡이 뒤트는 듯 긴 깁을 펼쳤는 듯

어디로 가노라 무슨 일 바빠서

닫는 듯 따르는 듯 밤낮으로 흐르는 듯

물 좇은 사정(沙汀)*은 눈같이 펴졌거든

어지러운 기러기는 무엇을 어르노라

앉으락 내리락 모이락 흩으락

〔B〕

노화(蘆花)*를 사이 두고 우러곰 좇니느뇨

넓은 길 밖이요 긴 하늘 아래 두르고 꽂은 것은

뫼인가 병풍인가 그림인가 아닌가 / 높은 듯 낮은 듯 궂는 듯 잇는 듯

숨거니 뵈거니 가거니 머물거니 / 어지러운 가운데 이름난 양하여

하늘도 저어치 않고 우뚝이 섰는 것이 ⓔ추월산 머리 짓고

용구산 몽선산 불대산 어등산 / 용진산 금성산이 허공에 벌였거든

원근창애(遠近蒼崖)에 머문 짓도 하도 할샤

<어휘정리>

* **무변대야** : 끝없이 넓은 들판
* **사정** : 모래톱
* **노화** : 갈대

---

23. [가]~[다]의 공통점으로 가장 적절한 것은?

① 단호한 어조로 화자의 의지를 드러낸다.

② 과거와 현재를 대비하여 그리움의 정서를 고조한다.

③ 감각적 이미지를 통해 시적 대상의 운동감을 나타낸다.

④ 대립적 시각을 바탕으로 긍정적 상황 인식을 드러낸다.

⑤ 역설적 표현을 통해 대상의 의미를 긴장감 있게 제시한다.

24. 〈보기〉를 참고하여 [가]를 이해한 내용으로 적절하지 <u>않은</u> 것은?

─〈 보기 〉─

〈승무〉는 무녀(舞女)를 무대 공간의 중심에 배치하여 관객이 이를 바라보는 상황을 보여 주고 있다. 무녀와 그의 춤을 초점화 하기 위해서는 여러 가지 빛이 동원되어야 한다. 이 작품에는 지상과 천상, 상승과 하강, 생성과 소멸의 속성을 지닌 다양한 빛이 등장하여 무녀의 외양과 행위, 더 나아가 내면세계를 비추고 있다. 이 빛은 다양한 상징적 의미를 전달하고, 관객이 무대와 인물을 관조하거나 그것에 몰입할 수 있도록 유도한다.

① 어두운 '밤'은 무녀를 비추는 다양한 빛의 양상을 효과적으로 드러내고, 관객의 관심이 무녀에게 집중되게 한다.

② '흐르는 빛'은 여러 빛들에 비추어진 무녀의 낯빛으로서, 상승 이미지를 통해 환상적인 분위기를 조성한다.

③ 말없이 녹아내리는 '황촉불'과 기우는 '달'은 하강과 소멸 이미지를 지니고 있어 유한한 인간 존재를 떠올리게 한다.

④ 6연의 천상의 '별빛'은 번뇌에서 벗어난 초탈의 세계를 환기하면서 승화의 의미로 이어지게 된다.

⑤ 7연의 '별빛'은 무녀의 눈과 연결되어 그녀가 지향하는 세계와 내면세계를 서로 이어 준다.

25. [가]의 '서러워라'와 [나]의 '설움'에 대한 설명으로 가장 적절한 것은?

① [가]의 설움은 역사적인 삶의 경험에서 비롯된 것이다.

② [나]의 설움은 자연물의 주술적 속성을 통해 구체적으로 표출된다.

③ [가]와 [나]의 설움에는 부정적 현실에 대한 비판 의식이 담겨 있다.

④ [가]와 [나]의 설움은 외부 대상과는 무관하게 화자의 내면에서 생성되는 정서이다.

⑤ [가]는 밤을 지새우는 '귀또리'의 소리를 통해, [나]는 '철쭉꽃'의 색채를 통해 설움을 환기하며 시상을 마무리하고 있다.

26. [나]에 대한 설명으로 적절하지 <u>않은</u> 것은?

① 1연에는 화자가 깨달음에 도달하기까지 걸린 시간과 노력이 나타난다.

② 2연의 '실제의 뻐꾹새'는 '여러 마리의 뻐꾹새'와 상반되는 의미를 형성한다.

③ 2연~4연의 첫 행들은 각 연의 시적 공간에 대해 주의를 환기하는 방식으로 시상 전개에 통일성을 부여한다.

④ 3연~4연에서 '산봉우리', '강', '남해', '섬'이 잇달아 연결되면서 변화와 생성의 세계를 보여 준다.

⑤ 3연~5연은 연의 끝 부분에 '보았다'를 반복적으로 사용하여 깨달음의 의미를 강조한다.

27. [A]와 [B]를 비교한 내용으로 가장 적절한 것은?

① [A]와 달리, [B]는 직유를 통해 시각적 인상을 구체화한다.

② [B]와 달리, [A]는 음보율을 통해 정형적 운율미를 느끼게 한다.

③ [A]와 [B] 모두 어순의 도치를 통해 의미를 강조한다.

④ [A]와 [B] 모두 반어적 표현을 통해 냉소적 태도를 드러낸다.

⑤ [A]와 [B] 모두 영탄적 표현을 통해 자연물에서 받은 감흥을 표출한다.

---

10 :: 무수히 반복되는 개념!!!

1. 역설

겉으로 보면 분명 모순되고 이치에 맞지 않지만 그 이면에는 오히려 깊은 진리를 내포하고 있는 것

- 효과 : 대상의 의미를 긴장감 있게 제시함

2. 이미지 (심상)

시인이 어떤 대상에서 받은 정서나 사상을 시어를 사용하여 구체적 사물의 모습으로 형상화하여 보여주는 것을 말한다.

주로 묘사적 심상, 비유적 심상, 상징적 심상 등이 있다.

1) 묘사적 심상

- 대상의 모습을 있는 그대로 그리거나 감각적 수식어를 통해 드러내어 대상을 형상화하는 이미지를 말한다.
- 공감각과 복합감각의 구분 : 감각의 전이가 있는 것은 공감각이다.

  예) 푸른 휘파람소리

- 하지만 복합감각은 단지 여러 감각이 존재해 있을 뿐이다.

2) 비유적 심상

- '내 마음은 호수요'와 같이 표현하고자 하는 사물이나 관념(원관념), 그것과 유사하거나 관련성이 있는 관념(보조관념)에 빗댐으로써 원래의 사물이나 관념이 구체적이고 선명한 이미지로 떠오르게 하는 표현 방식이다. 원관념과 보조관념사이의 유사성이 있다.
- 은유, 직유, 대유, 의인 등이 있다.

3) 상징적 심상

- 비둘기를 보면 평화를 연상하는 것과 같이 진짜로 표현하고자 하는 원관념은 숨기고 보조관념만으로 시적의미를 나타낸다.
- 원관념과 보조관념사이의 유사성이 없다.
- 이와 같은 심상의 시적 기능은 다음과 같다.
① 대상의 표현 : 구체적으로 형상화함으로써 대상을 생생하게 표현한다.
② 정서의 환기 : 시어의 의미와 느낌을 한층 함축적으로 드러내어 정서를 환기한다.
③ 의미의 전달 : 관념을 영상으로 환기하여 직접적으로 뚜렷이 전달한다.

4) 우의적 수법 : 비유 상징

어떤 의미를 직접 드러내지 않고 다른 사물에 빗대어 표현

♛ 다음 글을 읽고 물음에 답하시오.

[가] 한용운, 〈님의 침묵〉

님은 갔습니다. **아아**, 사랑하는 나의 님은 갔습니다.

푸른 산빛을 깨치고 단풍나무 숲을 향하여 난 작은 길을 걸어서, 차마 떨치고 갔습니다.

황금의 꽃같이 굳고 빛나던 옛 맹서는 **차디찬 티끌**이 되어서 한숨의 미풍에 날아갔습니다.

날카로운 첫 키스의 추억은 나의 운명의 지침을 돌려놓고, 뒷걸음쳐서 사라졌습니다.

나는 향기로운 님의 말소리에 귀먹고, **꽃다운 님의 얼굴**에 눈멀었습니다.

사랑도 사람의 일이라, 만날 때에 미리 떠날 것을 염려하고 경계하지 아니

한 것은 아니지만, 이별은 뜻밖의 일이 되고, 놀란 가슴은 새로운 슬픔에 터집니다.

그러나 이별을 쓸데없는 **눈물**의 원천을 만들고 마는 것은 스스로 사랑을 깨치는 것인 줄 아는 까닭에,

㉠걷잡을 수 없는 슬픔의 힘을 옮겨서 새 희망의 정수박이에 들어부었습니다.

우리는 만날 때에 떠날 것을 염려하는 것과 같이, 떠날 때에 **다시 만날 것**을 믿습니다.

아아, 님은 갔지마는 나는 님을 보내지 아니하였습니다.

ⓐ**제 곡조를 못 이기는 사랑의 노래는 님의 침묵을 휩싸고 돕니다.**

[나] 김광규, 〈나뭇잎 하나〉

크낙산 골짜기가 온통
연록색으로 부풀어 올랐을 때
그러니까 신록이 우거졌을 때
그곳을 지나가면서 나는
미처 몰랐었다

뒷절로 가는 길이 온통 / 주황색 단풍으로 물들고 나뭇잎들
무더기로 바람에 떨어지던 때 / 그러니까 낙엽이 지던 때도
그곳을 거닐면서 나는 / 느끼지 못했었다

이렇게 한 해가 다 가고 / 눈발이 드문드문 흩날리던 날
앙상한 대추나무 가지 끝에 매달려 있던
㉡나뭇잎 하나 / 문득 혼자서 떨어졌다

저마다 한 개씩 돋아나 / 여럿이 모여서 한여름 살고
마침내 저마다 한 개씩 떨어져
그 많은 나뭇잎들 / 사라지는 것을 보여 주면서

[다] 작자 미상, 〈춘면곡(春眠曲)〉

삼경에 못 든 잠을 사경 말에 비로소 들어

상사(相思)하던 우리 님을 꿈 가운데 해후하니

시름과 한(恨) 못다 일러 한바탕 꿈 흩어지니

아리따운 고운 얼굴 곁에 얼핏 앉았는 듯

어화 아뜩하다 꿈을 생시 삼고지고

잠 못 들어 탄식하고 바삐 일어나 바라보니

구름산은 첩첩하여 천리몽(千里夢)을 가려 있고 흰 달은 창창하여 두 마
음을 비추었다

좋은 기약 막혀 있고 세월이 하도 할사

엊그제 꽃이 버들 곁에 붉었더니

그 결에 홀홀하여* 잎에 가득 가을 소리라

새벽 서리 지는 달에 외기러기 슬피 울 제

반가운 님의 소식 행여 올까 바라더니

아득한 구름 밖에 빈 소리뿐이로다

지리하다 이 이별이 언제면 다시 볼까

어화 내 일이야 나도 모를 일이로다

이리저리 그리면서 어이 그리 못 가는고

약수(弱水)* 삼천 리 멀단 말이 이런 곳을 일렀구나

산 머리에 조각달 되어 님의 낯에 비추고자

바위 위에 오동 되어 님의 무릎 베고자

빈산에 잘새 되어 북창(北窓)에 가 울고자

지붕 위 아침 햇살에 제비 되어 날고지고

옥창(玉窓)의 앵두화에 나비 되어 날고지고

태산이 평지 되도록 금강이 다 마르도록

평생 슬픈 회포 어디에 견주리오

<어휘정리>

＊**홀홀하여** : 시간이 빨리 지나가서.

＊**약수** : 신선이 사는 땅에 있다는 강 이름.

28. [가]~[다]의 공통점으로 가장 적절한 것은?

① 과거의 상황을 환기하며 화자의 정서를 드러낸다.
② 자연의 변화를 표현하여 화자의 미래를 암시한다.
③ 감각적 이미지를 활용하여 시적 대상을 예찬한다.
④ 관조적인 자세로 대상이 지닌 의미를 새롭게 발견한다.
⑤ 섬세하고 부드러운 어조로 애상적 분위기를 고조시킨다.

29. ㉠과 ㉡에 대한 설명으로 가장 적절한 것은?

① ㉠과 ㉡에서는 시상이 확산되고 있다.
② ㉠과 ㉡ 모두 감정을 직설적으로 표출하고 있다.
③ ㉠은 ㉡과 달리 화자의 의지가 투영되어 있다.
④ ㉡은 ㉠에 비해 역동적인 느낌이 두드러진다.
⑤ ㉠은 사실의 기술이, ㉡은 관념의 표현이 부각된다.

30. [가]와 [다]를 대응시켜 감상한 내용으로 적절하지 <u>않은</u> 것은?

① [가]의 첫 번째 '아아'와 [다]의 두 번째 '어화'는 부정적 상황에 대한 비탄의 표현으로 볼 수 있군.
② [가]의 '차디찬 티끌'과 [다]의 '새벽 서리'는 허무하게 깨진 인연을 상징한다는 점에서 통하네.
③ [가]의 '꽃다운 님의 얼굴'과 [다]의 '아리따운 고운 얼굴'은 화자가 사랑하는 대상의 모습을 나타내고 있어.
④ [가]의 '눈물'과 [다]의 '시름과 한'은 이별로 인해 생겨난 슬픔이라 할 수 있어.
⑤ [가]의 '다시 만날 것'과 [다]의 '좋은 기약'은 '님'과 만나고 싶은 소망과 관련되겠군.

31. <보기>를 참고하여 [가]를 이해한 내용으로 적절하지 <u>않은</u> 것은?

───────────────〈 보기 〉───────────────

<님의 침묵>에서 '노래'와 '침묵'은 화자와 '님'의 관계를 이해하는 데 핵심이 되는 시어이다.
　한용운은 시 <반비례>에서 "당신이 노래를 부르지 아니하는 때에 당신의 노랫가락은 역력히 들

립니다그려 / 당신의 소리는 침묵이에요”라고 했다. 침묵이라는 부재의 상태에서 ‘님’의 실재를 본 것이다. 화자는 ‘님’을 향해 ‘노래’를 부르는데, 시 <나의 노래>에서 “나의 노래가 산과 들을 지나서 멀리 계신 님에게 들리는 줄”을 안다고 했다. 이는 화자가 자신의 노래에 ‘님’과 근원적으로 소통할 수 있는 힘을 부여한 것으로 볼 수 있다.

---

① 노래가 제 곡조를 못 이긴다는 것은 ‘님’이 침묵하는 상황을 화자가 감당하지 못한다는 뜻이야.

② 노래가 ‘님’의 침묵을 휩싸고 돈다는 것은 화자가 부재 속에 실재하는 ‘님’과 깊이 교감한다는 뜻이야.

③ ‘나의 노래’가 산과 들을 지나서 멀리 나아간다고 한 데서 ‘사랑의 노래’가 자연 친화적임을 알 수 있어.

④ 침묵을 휩싸고 도는 노래가 ‘사랑의 노래’라는 것은 침묵이 끝나야 사랑이 비로소 시작되리라는 것을 말하고 있어.

⑤ 침묵하는 ‘님’에게서 노랫가락을 역력히 듣는다는 데서 ‘사랑의 노래’가 화자의 노래가 아니라 ‘님’의 노래임을 알 수 있어.

32. [나]에 대한 설명으로 적절하지 <u>않은</u> 것은?

① 1연, 2연에서 유사한 구조의 문장을 사용함으로써 대상의 의미를 깨닫지 못했던 화자의 모습을 강조하고 있다.

② 1~3연에서 ‘골짜기’ → ‘길’ → ‘대추나무’ → ‘나뭇잎 하나’로 시적 대상이 바뀌면서 화자와 대상의 거리가 가까워지고 있다.

③ 1~4연에서 ‘그러니까’, ‘문득’, ‘마침내’와 같은 부사는 독자로 하여금 화자의 인식에 주목하게 하고 있다.

④ 4연에서 ‘저마다 한 개씩’이라는 시구를 반복함으로써 세상과 화합할 수 없는 존재의 고뇌를 강조하고 있다.

⑤ 4연에서 화자는 생성에서 소멸에 이르는 자연물의 변화 과정을 통해 인간의 삶을 이해하고 있다.

11 :: 무수히 반복되는 개념!!!

1. 관조적 자세
객관적 거리감을 두고 대상을 비추어 보면서 자신의 마음을 돌아보는 것

2. 애상적분위기

3. 역동적, 정적, 동적

4. 감정을 직설적으로 표출

5. 주객전도

6. 수미상관
- 의미를 강조함
- 시적형태의 안정감
- 운율감 형성

7. 대상에 인격을 부여 = 의인법
사람이 아닌 무생물이나 동식물에 인격적 요소를 부여하여 사람의 의지, 감정, 생각 등을 지니도록 하는 방법.

※ 주의!
단순히 무생물에다 생물적 특성을 부여하여 살아 있는 생물처럼 나타내는 방법은 '활유법'이고, 인격적 속성을 부여하여 나타내면 '의인법'이다.

8. 병치 : 둘 이상의 것을 나란히 배열하는 것
- 보통 작품 속에는 시간의 병치, 공간의 병치가 잘 드러남

9. 개인적 의미에서 보편적의미로의 확대
- 한 개인의 경험을 보편적인 것(민족, 사회 등)으로 확대하는 시상 전개 방법

10. 목가적 이미지 : 향토적 + 평화로움

Memo

03

문법

🚐 개념 정리 ··

01 :: 음운체계와 음운변동

1. 음운의 개념

사람들이 같은 소리라고 생각하는 소리, 말의 뜻을 구별해 주는 가장 최소의 단위

2. 음운의 종류

1) 분절음운

① 자음 : 19개

모음 : 21개(단모음 10개)

② 울림소리 ➡ 모음 + ㅁ ㄴ ㄹ ㅇ

안울림소리

2) 비분절 음운 : 소리의 길이, 억양

① 긴소리 : 일반적으로 단어의 첫째 음절에 나타남.

밤(夜)-밤 : (栗)	벌(罰)-벌 : (蜂)
발(足)-발 : (簾)	배(梨)-배 : (倍)
굴(貝類)-굴 : (窟)	거리(街)-거 : 리(距離)
솔(松)-솔 : (옷솔)	말다(卷)-말 : 다(勿)
눈(目)-눈 : (雪)	업다(包)-없 : 다
걷다(치우다)-걷 : 다(두 다리로)	

② 짧은 소리 : 본래 길게 나던 단어도, 둘째 음절 이하에 오면 짧게 발음되는 경향이 있다.

예) 밤: → 알밤, 말: → 한국말, 솔: → 옷솔

3) 음절 : 국어의 음절 구조

① 모음단독 : 예) 어

② 자음 + 모음 : 예) 가

③ 모음 + 자음 : 예) 윤

④ 자음 + 모음 + 자음 : 예) 건

3. 음운의 변동

1) 음운교체

○ 음절끝소리 규칙

자음이 음절 끝에 올 때 대표음(ㄱ, ㄴ, ㄷ, ㄹ, ㅁ, ㅂ, ㅇ)으로 바꾸어 발음한다.

(실질 형태소와 형식형태소가 올 때를 구분해둔다.)

예) 값[갑], 잎[입], 낯[낟], 샀[삭], 옷 안[오단], 닭이[달기], 닭 앞에[다가페], 무릎이[무르피]

2) 음운동화

① 비음화 (자음동화)

• 받침 발음 'ㄱ, ㄷ, ㅂ'은 'ㄴ, ㅁ' 앞에서 [ㅇ, ㄴ, ㅁ]으로 발음한다.

예) 먹는[멍는], 키읔만[키응만], 있는[인는], 밥물[밤물]

• 받침 'ㅁ, ㅇ' 뒤에 있는 'ㄹ'이 [ㄴ]으로 발음

예) 침략[침냑], 강릉[강능], 막론[망논]

② 유음화 (자음동화)

• 'ㄹ'을 첫소리로 가진 한자가 'ㄴ, ㄹ' 받침 뒤에 올 때

   ㉠ 독립성이 없으면 [ㄹ, ㄹ]-유음화

     예) 신라[실라], 광한루[광할루]

   ㉡ 독립성이 있으면 [ㄴ, ㄴ]-비음화

     예) 임진란[임진난], 공권력[공　녁]

- ‘ㄹ’ 뒤에서 ‘ㄴ’이 [ㄹ]로 발음됨

  앓는[알른], 끓는[끌른]

③ 구개음화

  ㄷ, ㅌ + ㅣ모음, ㅣ선행모음 ➡ ㅈ, ㅊ

  굳이[구지], 같이[가치]

④ 모음동화

  모음동화로 변한 발음은 대체로 표준어나
  표준발음으로 인정하지 않는다.

  아비[아비/애비*], 아지랑이[아지랑이/아지랭이*]

- 표준어로 인정 : 냄비, 서울내기, 담쟁이

- 표준발음으로 인정 : 되어[되여], 피어[피여], 이오
  [이요], 아니오[아니요]

⑤ 모음조화

- 양성 모음 ‘ㅏ, ㅗ’는 ‘ㅏ, ㅗ’끼리, 음성모
  음 ‘ㅓ, ㅜ, ㅡ, ㅣ’는 ‘ㅓ, ㅜ, ㅡ, ㅣ’끼리
  어울리려는 현상.

  예) 펄펄, 졸졸, 딸랑딸랑

- 모음조화의 문란

  예) 깡충깡충, 오순도순, 오뚝이, 아름다워

※ 양성 모음과 음성 모음의 느낌의 차이

  - 양성모음 : 밝음, 경쾌함, 가벼움, 빠름,
    날카로움, 작음.

  - 음성모음 : 어두움, 무거움, 느림, 둔함, 큼.

3) **축약과 탈락**

① 축약 : 좋다[조타], 잡히다[자피다], 가리어 ➡ 가려

② 탈락 : 따님, 소나무, 부삽, 우는, 나니(ㄹ탈락)

  - 가 + 았 + 다 → 갔다(‘ㅏ’탈락)

  - 쓰 + 어 → 써(‘ㅡ’탈락)

4) **사잇소리 현상과 된소리되기**

① 사잇소리 현상

  한자어 + 고유어, 고유어 + 고유어의 합성어
  에서 앞말이 유성음으로 끝나는 경우에 발생
  한다. 특히 앞말이 모음으로 끝날 때는 ‘ㅅ’
  을 표기한다.

○ 고유어 + 고유어, 고유어 + 한자어

  ㉠ 뒷말 첫소리가 된소리 됨

    예) 귓밥, 모깃불, 뱃길, 자릿세, 탯줄, 찻잔, 전셋
      집, 머릿기름, 최솟값 * 뒤쪽

  ㉡ ㄴ, ㅁ 앞에서 ㄴ소리가 덧남

    예) 아랫니, 아랫마을, 뒷머리, 냇물, 겟날, 툇마루,
      제삿날, 훗날

  ㉢ ‘ㅣ’모음 앞에서 ㄴㄴ소리가 덧남

    예) 두렛일, 뒷일, 나뭇잎, 댓잎, 사삿일, 예삿일

※ 한자어 + 한자어 : 곳간, 셋방, 찻간, 숫자,
  툇간, 횟수 (6개만 ‘ㅅ’을 표기함)

  그외 예) 초점, 대가

② 된소리되기

  두 개의 안울림소리가 만날 때 뒷소리가 된
  소리로 발음되는 현상

01. 〈보기〉의 음운 현상에 대해 이해한 내용으로 적절하지 <u>않은</u> 것은?

―――――――――――――――――〈 보기 〉―――――――――――――――――

자음 동화란 자음과 자음이 만날 때 어느 한 쪽이 다른 쪽을 닮아서 그와 같은 소리나 비슷한 소리로 바뀌는 현상, 또는 서로 동화되어 두 소리가 같거나 비슷한 소리로 바뀌는 현상을 말한다.

[가] 받침 'ㄱ, ㄷ, ㅂ'은 'ㄴ, ㅁ' 앞에서 [ㅇ, ㄴ, ㅁ]으로 발음한다.

[나] 'ㄴ'은 'ㄹ'의 앞이나 뒤에서 [ㄹ]로 발음한다.

[붙임] 첫소리 'ㄴ'이 'ㅀ', 'ㄾ' 뒤에 연결되는 경우에도 이에 준한다.

―――――――――――――――――――――――――――――――――――――

① [가]로 보아, '국민'이라는 단어는 [궁민]으로 발음해야 한다.

② [가]를 바탕으로 하면, '손을 잡는 엄마'에서 '잡는'은 [잠는]으로 읽어야 한다.

③ '난로'를 [날로]로 발음하는 것은 [나]의 적용을 받은 결과이다.

④ [나]의 [붙임]을 고려하여, '감기를 앓는 동생'에서 '앓는'은 [알는]으로 발음해야 한다.

⑤ '물난리'가 [물랄리]로 발음되는 것은 [나]의 경우가 두 번 적용되었기 때문이다.

02. 〈보기1〉을 바탕으로 〈보기2〉를 이해한 학생들의 반응으로 적절하지 <u>않은</u> 것은?

―――――――――――――――――〈 보기 1 〉―――――――――――――――――

㉠ 음절의 끝 자음이 그 뒤에 오는 자음과 만날 때, 어느 한 쪽이 다른 쪽 자음을 닮아서 그와 비슷한 성질을 가진 자음이나 같은 소리로 바뀌기도 하고, 양쪽이 서로 닮아서 두 소리가 다 바뀌기도 한다. 이러한 현상을 자음동화(子音同化)라고 한다. 대표적인 자음동화현상으로는 비음(鼻音)화와 유음(流音)화가 있다. (비음에는 'ㅁ, ㄴ, ㅇ'이 있고 유음에는 'ㄹ'이 있다.)

㉡ 끝소리가 'ㄷ, ㅌ'인 형태소가 모음 'ㅣ'나 반모음 'ㅣ'로 시작하는 형식 형태소와 만나면 그 'ㄷ, ㅌ'이 센입 천장 소리 'ㅈ, ㅊ'이 되는데, 이러한 현상을 구개음화(口蓋音化)라고 한다. 구개음화는 자음이 모음의 성질을 닮아 변동하는 것이기 때문에 동화현상에 속한다.

―――――――――――――――――――――――――――――――――――――

ⓐ **앞날**이 창창하다.　　　　　　ⓑ **칼날** 쥔 놈이 자루 쥔 놈을 당할까.

ⓒ **해돋이**를 보기 위해 일찍 일어났다.　　ⓓ 이것은 자연계를 지배하는 **섭리**이다.

ⓔ 셋이 **같이** 먹어라.

① ⓐ의 '앞날'은 자음동화가 일어나는군.

② ⓑ의 '칼날'은 [칼랄]로 발음이 되는군.

③ ⓒ의 '해돋이'는 'ㄷ'이 모음 'ㅣ'를 만나 [ㅈ]으로 발음되는군.

④ ⓓ의 '섭리'는 [섭니]로 발음되므로 비음화가 일어나는군.

⑤ ⓒ의 '해돋이'와 ⓔ의 '같이'는 구개음화가 일어나는 말들이군.

03. 〈보기〉는 받침이 있는 말의 표준 발음에 대한 규정의 일부이다. 이를 바탕으로 할 때 밑줄 친 부분의 발음이 적절한 것은?

제9항 받침 'ㄲ, ㅋ', 'ㅅ, ㅆ, ㅈ, ㅊ, ㅌ', 'ㅍ'은 어말 또는 자음 앞에서 각각 대표음 [ㄱ, ㄷ, ㅂ] 으로 발음한다.

제13항 홑받침이나 쌍받침이 모음으로 시작된 조사나 어미, 접미사와 결합되는 경우에는, 제 음 가대로 뒤 음절 첫 소리로 옮겨 발음한다.

① 밭을[바츨] 갈고　　② 빚이[비시] 많아서　　③ 솥뚜껑[솓뚜껑] 열고

④ 무릎을[무르블] 꿇고　　⑤ 부엌에서[부어게서] 설거지를 하고

04. 〈보기〉는 표준 발음법 규정들 중 일부를 정리한 것이다. 이를 감안할 때 다음 중 적절하지 <u>않은</u> 발음은?

○ 겹받침의 발음

- 겹받침 'ㄳ', 'ㄵ', 'ㄼ, ㄽ, ㄾ', 'ㅄ'은 어말 또는 자음 앞에서 각각 [ㄱ, ㄴ, ㄹ, ㅂ] 으로 발음

예외 1. '밟'은 자음 앞에서 [밥]으로 발음

예외 2. '넓'은 다음과 같은 경우에 [넙]으로 발음

예) 넓죽하다[넙쭈카다], 넓둥글다[넙뚱글다]

○ 첫소리가 된소리로 나는 여러 가지의 경우

- 받침 'ㄱ(ㄲ, ㅋ, ㄳ, ㄺ), ㄷ(ㅅ, ㅆ, ㅈ, ㅊ, ㅌ), ㅂ(ㅍ, ㄼ, ㄿ, ㅄ)' 뒤에 연결되는 'ㄱ, ㄷ, ㅂ, ㅅ, ㅈ'은 된소리로 발음

- 어간 받침 'ㄴ(ㄵ), ㅁ(ㄻ)' 뒤에 결합되는 어미의 첫소리 'ㄱ, ㄷ, ㅅ, ㅈ'은 된소리로 발음

- 한자어에서 'ㄹ' 받침 뒤에 연결되는 'ㄷ, ㅅ, ㅈ'은 된소리로 발음

---

① 넓게[널께]　　　　② 넋과[넉꽈]　　　　③ 더듬지[더듬찌]

④ 낯설다[낟썰다]　　⑤ 몰상식[몰상식]

05. 〈보기〉의 표준 발음법 규정을 적용한 것으로 적절하지 <u>않은</u> 것은?

─────────────〈 보기 〉─────────────

사이시옷이 붙은 단어는 다음과 같이 발음한다.

1. 'ㄱ, ㄷ, ㅂ, ㅅ, ㅈ'으로 시작하는 단어 앞에 사이시옷이 올 때는 이들 자음만을 된소리로 발음하는 것을 원칙으로 하되, 사이시옷을 [ㄷ]으로 발음하는 것도 허용한다.

2. 사이시옷 뒤에 'ㄴ, ㅁ'이 결합되는 경우에는 [ㄴ]으로 발음한다.

3. 사이시옷 뒤에 '이' 음이 결합되는 경우에는 [ㄴㄴ]으로 발음한다.

---

① '콧날'은 [콘날]로 발음된다.

② '뱃머리'는 [밴머리]로 발음된다.

③ '베갯잇'은 [베갠닏]으로 발음된다.

④ '햇살'은 [해쌀]로도 발음되고, [핻쌀]로도 발음된다.

⑤ '뱃전'은 [배쩐]으로도 발음되고, [밷쩐]으로도 발음된다.

06. 〈보기〉를 바탕으로 발음에 대해 학습한 내용이다. 적절하지 <u>않은</u> 것은?

〈 보기 〉

○ **된소리되기 현상** : 두 개의 안울림소리가 서로 만나면 뒤의 소리가 된소리로 발음된다.
○ **사잇소리 현상** : 두 개의 단어가 합성 명사를 이룰 때, 앞의 끝소리가 울림소리이고 뒷말의 첫소리가 안울림 예사소리일 때 일어난다.

제30항 사이시옷이 붙은 단어는 다음과 같이 발음한다.
1. 'ㄱ, ㄷ, ㅂ, ㅅ, ㅈ'으로 시작하는 단어 앞에 사이시옷이 올 때에는 이들 자음만을 된소리로 발음 하는 것을 원칙으로 하되, 사이시옷을 [ㄷ]으로 발음하는 것도 허용한다.
2. 사이시옷 뒤에 'ㄴ, ㅁ'이 결합되는 경우에는 [ㄴ]으로 발음한다.
3. 사이시옷 뒤에 '이' 소리가 결합된 경우에는 [ㄴㄴ]으로 발음한다.

---

① '냇가'를 [내ː까]라고 발음해도 되고[낻까]라고 발음해도 된다.
② '산길'을 [산낄]이라고 발음하는 것은 사잇소리 현상에 의한 것이다.
③ '젖소'를 [젇쏘]라고 발음하는 것은 된소리되기 현상에 의한 것이다.
④ '콧날'을 [콘날]로 발음하는 것은 표준발음법 제30항 2에 의한 것이다.
⑤ '깻잎'을 [깬닙]이라고 발음하는 것은 표준발음법 제 30항 3에 의한 것이다.

07. 〈보기1〉과 같은 한글 맞춤법 규정과 관련된 설명을 바탕으로 〈보기2〉를 이해한 학생들의 반응으로 적절하지 <u>않은</u> 것은?

〈 보기 1 〉

앞말이 모음으로 끝나는 명사 합성어 중에서 그 구조가 '한자어 + 한자어'나 '외래어 + 고유어'가 아닌 경우, ① 뒷말의 첫소리가 된소리로 날 때, ② 뒷말의 첫소리가 'ㄴ, ㅁ'이거나 모음인 경우 이들 앞에서 'ㄴ'소리가 덧날 때 사이시옷을 적는다.

가. [예외1] 한자어끼리의 합성어 중, '곳간, 셋방, 숫자, 찻간, 툇간, 횟수'의 여섯 단어는 사이시옷을 적는다.
나. [예외2] 사이시옷이 들어갈 환경이라고 해도 뒷말의 첫소리가 원래 거센소리나 된소리일 경우에는 사이시옷을 적지 않는다.

─────────────〈 보기 2 〉─────────────

ㄱ. 친구들과는 피자집에서 자주 만났다.   ㄴ. 요즘은 전세방 하나 구할 돈도 없다.

ㄷ. 그 집 위쪽에 재미있는 그림이 걸려 있다.

① ㄱ의 '피자집'에 사이시옷을 적지 않은 이유는 '피자' 때문이겠군.

② ㄴ을 보면, '기찻간'은 '기차간'으로 적는 게 맞겠군.

③ ㄷ의 '위쪽'은 [예외2]의 규정을 따른 것이겠군.

④ '수 + 닭'은 '숫닭'으로 적어야 맞는 표기겠군.

⑤ '잇몸'의 발음이 [인몸]인 걸 생각하면, '잇몸'의 'ㅅ'은 사이시옷이겠군.

08. 〈보기〉의 밑줄 친 부분의 예로 들기에 적절한 것은?

─────────────〈 보기 〉─────────────

사잇소리 현상은 두 개의 형태소 또는 단어가 어울려 합성 명사를 이룰 때 그 사이에 사잇소리를 삽입시키는 현상인데, 대개 앞 음절의 끝소리를 빨리 닫게 하고 다음 음절의 첫소리를 된소리로 발음하게 하는 모양으로 나타난다. 그러나 <u>동일한 음운 환경에 놓여 있으면서도 사잇소리 현상이 일어나기도 하고 그렇지 않기도 하는데, 이와 같은 사잇소리 현상의 유무에 따라서 단어의 의미가 변별된다는 점에 유의해야 한다.</u>

① 고기 + 배   ② 아침 + 밥   ③ 인사 + 말

④ 빨래 + 줄   ⑤ 잠 + 자리

09. 〈보기〉에서 설명하는 음운 변동의 구체적 예에 해당하지 <u>않는</u> 것은?

─────────────〈 보기 〉─────────────

'ㄷ, ㅂ, ㅈ, ㄱ'과 'ㅎ'이 서로 만나면 'ㅍ, ㅌ, ㅊ, ㅋ'이 된다. 이와 같이 두 음운이 합쳐져서 하나의 음운이 되는 것을 축약(縮約)이라고 한다.

예) 좋고 → [조코], 잡히다 → [자피다]

두 형태소가 서로 만날 때에 앞뒤 형태소의 두 음절이 한 음절로 줄어드는 일이 있는데, 이것도 축약의 하나이다. 이때, 어느 하나의 모음은 반모음으로 바뀐다.

예) 오 + 아서 → 와서   두 + 었다 → 뒀다

---

① '되다'와 어미 '-어'가 만나 '돼'가 되었다.

② '주다'와 어미 '-어라'가 만나 '줘라'가 되었다.

③ '가다'와 어미 '-아서'가 만나 '가서'가 되었다.

④ '옳다'는 [올타]로, '옳지'는 [올치]로 발음된다.

⑤ '막혀'는 [마켜]로, '맞힌'은 [마친]으로 발음된다.

10. '못한'을 표준 발음으로 읽을 때, <보기>의 ㉮, ㉯에 해당하는 변동 유형을 바르게 짝지은 것은?

───────────────< 보기 >───────────────

• 음운 변동은 다음과 같이 유형화할 수 있다.

변동 이전		변동 이후		변동 이전		변동 이후
ⓐ XaY	➡	XbY (교체)		ⓑ XY	➡	XaY (첨가)
ⓒ XabY	➡	XcY (축약)		ⓓ XaY	➡	XY (탈락)
ⓔ XabY	➡	XbaY (도치)				

• '못한 ➡ [㉮] ➡ [㉯]'의 과정을 거쳐 발음된다.

---

① ㉮ - ⓐ / ㉯ - ⓒ   ② ㉮ - ⓐ / ㉯ - ⓓ   ③ ㉮ - ⓑ / ㉯ - ⓓ

④ ㉮ - ⓑ / ㉯ - ⓔ   ⑤ ㉮ - ⓒ / ㉯ - ⓔ

11. <보기1>과 같은 한글 맞춤법 규정과 관련된 설명을 바탕으로 <보기2>를 이해한 학생들의 반응으로 적절하지 <u>않은</u> 것은?

───────────────< 보기 1 >───────────────

제4항 : 'ㅏ ㅐ ㅓ ㅔ ㅗ ㅚ ㅜ ㅟ ㅡ ㅣ'는 단모음(單母音)으로 발음한다.

　　　[붙임] 'ㅚ, ㅟ'는 이중모음으로 발음할 수 있다.

　　　예) 참외[차뫼 / 차붸] 과외[과외 / 과웨]

제5항 : 'ㅑ ㅒ ㅕ ㅖ ㅘ ㅙ ㅛ ㅝ ㅞ ㅠ ㅢ'는 이중모음으로 발음한다.

다만 1. 용언의 활용형에 나타나는 '져, 쪄, 쳐'는 [저, 쩌, 처]로 발음한다.

예) 찌어→쪄[쩌] 다치어→다쳐[다처]

다만 2. '예, 례' 이외의 'ㅖ'는 [ㅔ]로도 발음한다.

예) 계시다[계ː시다 / 게ː시다] 지혜[지혜 / 지혜](智慧)

다만 3. 자음을 첫소리로 가지고 있는 음절의 'ㅢ'는 [ㅣ]로 발음한다.

예) 무늬[무니] 띄어쓰기[띠어쓰기] 틔어[티어]

다만 4. 단어의 첫음절 이외의 '의'는 [ㅣ]로, 조사 '의'는 [ㅔ]로 발음함도 허용한다.

예) 협의[혀 / 혀비] 우리의[우리의 / 우리에]

〈 보기 2 〉

ⓐ금괴[금궤]는 그 자리에 있었다. ⓑ시계[시게]와 현금은 ⓒ가져가[가저가] 버렸으면서도, 금괴만은 가져가지 않은 이유가 뭘까? 도둑 주제에 ⓓ희떱게[희떱께] 굴 줄도 알았단 말인가? 도둑은 그렇다 치자. 벌써 몇 주일째 ⓔ주의[주의]를 주었건만, 그 순간에 자리를 비웠던 그는 도대체 어떤 사람이란 말인가?

---

① ⓐ　　② ⓑ　　③ ⓒ　　④ ⓓ　　⑤ ⓔ

12. 〈보기〉는 준말과 관련한 한글 맞춤법의 일부와 그 예시이다. ㉠~㉢에 들어갈 알맞은 말은?

〈 보기 〉

- 'ㅏ, ㅕ, ㅗ, ㅜ, ㅡ'로 끝난 어간에 '-이-'가 와서 각각 'ㅐ, ㅖ, ㅚ, ㅟ, ㅢ'로 줄 적에는 준 대로 적는다.

기본형	본 말	준 말
기본형	파이다	㉠
용례	깊게 파인 구덩이	깊게 ㉡ 구덩이

- 'ㅐ, ㅔ' 뒤에 '-어, -었-'이 어울려 줄 적에는 준 대로 적는다.

	본 말	준 말
용례	구덩이가 깊게 ㉢	구덩이가 깊게 팼다

	㉠	㉡	㉢
①	패다	팬	패었다
②	패다	팬	패였다
③	패다	패인	패였다
④	패이다	팬	패었다
⑤	패이다	패인	패였다

02 :: 형태소와 단어

1. 형태소

1) 형태소 : 일정한 뜻을 가진 가장 작은 말의 단위

① 자립성 유무

　㉠ 자립형태소 : 혼자 쓰일 수 있는 형태소 – 명사, 대명사, 수사, 관형사, 부사, 감탄사

　㉡ 의존형태소 : 혼자 쓰일 수 없는 형태소 – 용언의 어간, 어미, 조사, 접사

② 의미에 따라

　㉠ 실질형태소 : 실질적 의미를 가지고 있는 형태소

　㉡ 형식형태소 : 문법적 의미만을 나타내는 형태소 – 용언의 어미, 조사, 접사

○ 이형태(異形態)

- 개념 : 의미와 역할이 동일한 형태소이나 다른 형태를 가진 것을 이형태라고 한다.

① 음운론적 이형태 : 하나의 형태소가 **다른 음운 환경**에서 다른 형태를 갖고 있는 것이다.

- 주격 조사 '이 / 가'
- 목적격 조사 '을 / 를'
- 특이한 음운론적 이형태로, 소위 방향 부사격 조사 '로 / 으로'와 '시 / 으시'

➡ 선행하는 음운이 모음이냐 자음이냐에 따라 다르게 나타난다.

② 형태론적 이형태 : 음운론적으로 설명될 수 없는 상황에서 다른 형태가 나타난다.

- 과거시제를 나타내는 '-었-', '-았-'이 기본 형태이지만, 특별히 '하-' 어간 뒤에서는 '-였-'으로 바뀌게 된다.
- 명령형 어미 '아라 / 어라'가 기본 형태지만, 특별히 '오-'에서만 '-너라'로, '가-' 뒤에서는 '-거라'로 바뀌게 된다.

2. 단어의 개념

1) 단일어 : 하나의 어근으로 된 단어

예) 산, 맑다, 하늘

2) 복합어 : 둘 이상의 어근이나(합성어), 어근과 파생 접사로 이루어진 단어 (파생어)

① 어근 : 단어를 형성할 때, 실질적인 의미를 나타내는 중심 부분
② 접사 : 단어를 형성할 때, 어근에 붙어 그 뜻을 제한하는 주변 부분

※ '어근'과 '접사'는 의미의 중심 여부에 따른 분류이고, '어간'과 '어미'는 활용여부에 따른 분류이다.

치솟	다
접사(접두사)어근	굴절접사(어미)

㉠ 합성어-어근과 어근으로 구성된 단어
예) 어깨 + 동무, 앞 + 뒤, 작(은) + 아버지, 뛰(어) + 나[다]

㉡ 파생어
• 접두사 + 어근(파생 접사 + 어근)
예) 풋 + 사과, 치 + 솟[다], 헛 + 꿈, 새 + 파랗[다]
• 접미사에 의한 파생(어근 + 파생 접사)
예) 톱 + 질, 먹 + 이, 잡 + 히[다], 어른 + 스럽[다], 놀 + 이, 빨리(빠르 + 이), 공부 + 하다

※ 접미사에 의한 파생은 품사를 바꿀 수 있다.

3. 단어의 형성-합성어

	통사적 합성어	비통사적 합성어
명사 + 명사	논밭, 밤낮, 집안, 집사람, 길거리	×
관형사 + 명사	새해, 새아기, 이승, 저승,	×
용언 + ㄴ/ㄹ + 명사	작은집, 늙은이, 디딜방아, 큰집	×
용언 + 명사	×	꺾쇠, 검버섯, 곶감, 누비옷

	통사적 합성어	비통사적 합성어
부사 + 용언	가로지르다, 못나다, 잘하다	×
부사 + 부사	곧잘, 이리저리	×
부사 + 명사	×	헐떡고개, 부슬비, 촐랑새, 껄껄웃음
조사생략	힘들다, 본받다, 앞서다, 꿈같다, 다리놓다	×
용언 + 아/어 + 용언	알아보다, 벗어나다, 스며들다, 뛰어가다	×
용언 + 용언	×	굳세다, 붙잡다, 뛰놀다, 오르내리다, 높푸르다, 검푸르다, 희부옇다

① 통사적 합성어 : 통사론적 시각에서 볼 때 두 어근 또는 단어가 연결된 방식이 문장에서의 구나 어절의 구성 방식과 일치하는 것
(우리말의 일반적 단어 배열과 같은 유형의 합성법)
• 명사 + 명사 : 돌 + 다리
• 관형어 + 명사 : 작은 + 형
• 주어 + 서술어 : 힘 + 들다

② 비통사적 합성어 : 우리말의 일반적 단어 배열에 어긋나는 합성법
• 우리말에서 어미는 생략이 어려우므로 어미가 생략되면 비통사적 합성어이다. 용언과 체언이 연결될 때 관형사형 전성어미가 생략되는 현상
예) 늦 + 더위, 덮 + 밥, 접 + 칼
• 용언과 용언이 연결되는 데 있어서 연결어미가 생략되는 현상

예) 여 + 닫다, 뛰 + 놀다

- 부사는 용언, 관형사나 다른 부사를 수식하는 것이 원칙인데 부사가 체언 앞에 오는 경우 비통사적 합성어이다.

  예) 부슬 + 비, 헐떡 + 고개

- 한자어에서 많이 나타나는 구성으로, 우리말 어순과 다른 방식을 보이는 비통사적 합성이다.

  예) 독 + 서, 급 + 수, 등 + 산

4. 단어의 형성–파생어

1) –적(的)

주로 한자어 뒤에 붙어 '그 상태로 되거나, 그런 성격을 띠는'의 뜻을 나타냄.

예) 예술적(예술의 특성을 가진 것)

인간적(사람다운 성질이 있는 것)

과학적(과학의 이치나 체계에 맞는 것)

2) –성(性)

(일부 명사 뒤에 붙어) '성질, 경향'을 나타냄.

예) 도덕성(도덕적인 성품, 또는 그 성품을 갖춤),

인간성(사람다운 품성이나 성질),

민족성(한민족의 독특한 성질)

3) –답다

사람 명사 뒤에 붙어 '~의 자격이 있음, ~의 신분이나 특성에 잘 어울림'의 뜻을 나타냄.

예) 사람답다(인격이나 언행이 사람의 도리에 어긋남이 없다)

인간답다(인간으로서의 올바른 품성을 가지고 있다)

꽃답다(꽃과 같이 아름답다)

4) –장이

명사에 붙어 '그것을 직업으로 만들거나 하는 사람'을 뜻함.

예) 간판장이(간판을 그리거나 만드는 일을 하는 사람)

땜장이(깨지거나 구멍이 난 그릇이나 기구를 고치거나 때우는 일을 직업으로 하는 사람),

옹기장이(옹기를 만드는 것을 업으로 하는 사람)

5) –쟁이

- 사람의 성질이나 특성, 행동, 직접 등을 나타내는 명사 뒤에 붙어 그러한 특성을 가진 사람을 가리키거나 낮추어 이르는 말.

- '담쟁이, 소금쟁이'의 '–쟁이'에서는 생물 명칭으로 쓰이고 '골목쟁'에서는 '골목에서 좀더 깊숙이 들어간 어느 곳'을 의미하는 뜻으로 쓰임.

예) 멋쟁이(멋있거나 멋을 잘 부리는 사람)

허풍쟁이(말이나 행동을 믿을 수 없을 만큼 과장하여 하는 사람)

무식쟁이(지식이나 식견이 부족한 사람)

요술쟁이(요술을 부리는 재주가 있는 사람)

점쟁이(점을 치는 일을 직업으로 하는 사람)

6) –둥이

일부 명사 뒤에 붙어 '그러한 성질이 있거나 그와 긴밀한 관련이 있는 사람'의 뜻을 나타냄.

예) 귀염둥이(아주 사랑스러운 아이, 또는 매우 사랑을
　　받는 아이)
　　막내둥이('막내'를 다소 귀엽게 이르는 말)

7) -내기

일부 명사 뒤에 붙어 '그 지역에서 태어나고
자라서 그 지역 특성을 지니고 있는 사람'의
뜻을 나타내거나, 일부 어간이나 접두사 뒤
에 붙어 '그런 특성을 지닌 사람'의 뜻을 나
타냄.

예) 시골내기(시골에서 나서 자란 사람을 낮잡아 이르
　　는 말),
　　신출내기(어떤 일에 처음 나서서 일이 서투른 사람)

8) -배기

어린아이의 나이를 나타내는 명사구 뒤에 붙

어 '그 나이를 먹은 아이'의 뜻을 나타내거
나, 몇몇 명사 뒤에 붙어 '그것이 들어 있거나
차 있음, 혹은 그런 물건'을 나타냄.

예) 두 살배기(두 살 먹은 아이), 나이배기(겉보기보다
　　나이가 많은 사람을 낮잡아 이르는 말),
　　진짜배기('진짜'를 속되게 이르는 말)

단, '뚝배기, 학배기(잠자리 애벌레)'는 각각 단일
　　형태소로 보아 '-배기'를 따로 분리하지 않는다.

9) -빼기

몇몇 명사 뒤에 붙어서 '그런 특성이 있는 사
람이나 물건'의 뜻을 나타냄.

예) 밥빼기(동생이 생긴 뒤에 샘내느라고 밥
　　을 많이 먹는 아이),
　　악착빼기(몹시 악착스러운 아이)

IIIII 확인문제

01. 〈보기〉의 밑줄 친 부분에 해당하는 예로 적절한 것은?

───────────〈 보기 〉───────────

국어의 단어 형성 방식을 보면, 실질적인 의미를 갖는 어근들끼리 만나 새말을 만들기도 하지만,
특정한 뜻을 더하는 접사가 어근 앞에 붙어 새말을 만들기도 한다. 전자의 예로는 어근 '날다'가
어근 '가다'를 만나 '날아가다'를 만드는 것을 들 수 있고, 후자의 예로는 '풋'이 어근 '사과'
앞에 붙어 '덜 익은'의 뜻을 더하면서 '풋사과'를 만드는 것을 들 수 있다.

───────────────────────────────

① '강'은 '마르다' 앞에 붙어 '심하게'의 뜻을 더하면서 '강마르다'를 만든다.
② '첫'은 '사랑' 앞에 붙어 '처음의'의 뜻을 더하면서 '첫사랑'을 만든다.
③ '새'는 '색시' 앞에 붙어 '새로운'의 뜻을 더하면서 '새색시'를 만든다.

④ '얕'은 '보다' 앞에 붙어 '얕게'의 뜻을 더하면서 '얕보다'를 만든다.

⑤ '군'은 '밤' 앞에 붙어 '구운'의 뜻을 더하면서 '군밤'을 만든다.

02. 국어 시간에 〈보기1〉과 같은 선생님의 설명을 듣고 〈보기2〉와 같이 과제를 수행하였다. ⓐ~ⓔ 바르지 <u>않은</u> 것끼리 묶인 것은?

─────────〈 보기 1 〉─────────

선생님 : 자, 오늘은 합성어를 만드는 방법을 공부해 볼까요? 두 단어를 합하여 합성어를 만드는 방법 가운데에는 그 유형이 국어의 정상적인 단어 배열법에 일치하는 것도 있고 그렇지 않은 것도 있습니다. 예컨대 '돌다리, 눈물, 맛보다, 그만두다'와 같은 단어들은 국어의 정상적 배열법에 어긋나지 않는데, 이런 경우를 '통사적 합성어'라고 부릅니다. 그러나 '높푸르다, 늦잠'과 같은 단어의 경우, 형용사의 '어미'가 생략된 채 '높-, 늦-' 등의 어간만 남음으로써 국어의 일반적 배열법에 어긋납니다. 우리말에서 조사는 흔히 생략되지만 '어미'를 생략하는 것은 원칙적으로 허용되지 않기 때문에 이러한 경우를 '비통사적 합성법'이라고 합니다. 자, 그러면 선생님의 설명을 토대로, 각자 과제 학습장에 있는 단어가 어떤 합성법을 따르고 있는지 적어 보세요.

─────────〈 보기 2 〉─────────

학생 주 단열군이 작성한 과제 학습장

ⓐ 검붉다 : 비통사적 합성어　　　　　ⓑ 힘들다 : 통사적 합성어

ⓒ 굳세다 : 통사적 합성어　　　　　　ⓓ 돌아가다 : 비통사적 합성어

① ⓐ, ⓑ　　　　② ⓐ, ⓒ　　　　③ ⓑ, ⓒ　　　　④ ⓑ, ⓓ　　　　⑤ ⓒ, ⓓ

03. 〈보기〉에서 설명하는 음운 변동의 구체적 예에 해당하지 <u>않는</u> 것은?

─────────〈 보기 〉─────────

합성법 : 돌 또는 그 이상의 실질 형태소가 결합되어 단어를 형성하는 단어 형성의 절차를 의미한다.

(1) **통사적 합성어** : 합성어 가운데 구성 성분의 배열 방신이 국어의 정상적인 통사 구조상의 배열법과 같은 합성어를 일컫는다.

(2) 비통사적 합성어 : 합성어 가운데 구성 성분의 배열 방식이 국어의 정상적인 통사 구조상의 배열법에 어긋나는 합성어를 일컫는다.

※ 국어의 정상적인 단어 배열
명사 + 명사, 관형사 + 명사, 주어 + 서술어, 목적어 + 서술어, 본동사 + 연결어미 + 보조 동사

① 마소　　　　② 검버섯　　　　③ 해돋이　　　　④ 작은집　　　　⑤ 돌아가다

04. <보기>의 용례에서 (1) 과 (2) 에 해당하는 사례를 찾아 바르게 짝지은 것은?

――――――――〈 보기 〉――――――――

합성어란 둘 이상의 어근이 모여서 이루어진 단어이다. 합성어 중에는 (1)구성 요소들의 지시적 의미를 파악하면 그 의미를 알 수 있는 것도 있지만, (2)어떤 합성어는 관습적인 용법으로 쓰여 구성 요소들의 지시적 의미만으로는 의미 파악이 쉽게 되지 않는 것도 있다. 예를 들어 '길바닥' 은 구성 요소들의 지시적 의미만으로 단어의 의미를 파악할 수 있지만, '큰아버지' 는 '크다' 와 '아버지' 라는 말의 지식적 의미만으로는 온전하게 해석되지 않는다.

[용례]
• 이번에 이사 간 집은 모든 게 ㉠낯설었다.
• 마음을 ㉡굳세게 먹고 시험장으로 들어섰다.
• 이번 일을 ㉢거울삼아 다음에는 실수하지 않겠다.
• 그는 새로 맡은 일의 준비 작업에 무척 ㉣애쓰고 있다.

	(1)	(2)		(1)	(2)
①	㉠, ㉡	㉢, ㉣	②	㉠, ㉢	㉡, ㉣
③	㉡, ㉢	㉠, ㉣	④	㉡, ㉣	㉠, ㉢
⑤	㉡, ㉣	㉠, ㉤			

05. 〈보기〉의 밑줄 친 부분에 해당하는 예로 적절한 것은?

――――――――――――――――――――〈 보기 〉――――――――――――――――――――

국어의 낱말 형성법을 보면 실질적인 의미를 갖는 어근끼리 만나 새말을 만들기도 하지만, <u>어근에 그 뜻을 제한하는 접사가 붙어 새말을 만들기도 한다.</u> 전자의 예로는 '밤'과 '나무'를 결합하여 '밤나무'를 만드는 것을 들 수 있고, 후자의 예로는 '햇-'이 어근 '밤' 앞에 붙어 '그해에 난'의 뜻을 더하면서 '햇밤'을 만드는 것을 들 수 있다.

――

① '큰'은 '형' 앞에 붙어 '첫째'의 뜻을 더하면서 '큰형'을 만든다.
② '뛰'는 '놀다'의 앞에 붙어 '뛰다'의 뜻을 더하면서 '뛰놀다'를 만든다.
③ '오르'는 '내리다'의 앞에 붙어 '오르다'의 뜻을 더하면서 '오르내리다'를 만든다.
④ '돌'은 '다리'의 앞에 붙어 '돌로 만든'이란 뜻을 더하면서 '돌다리'를 만든다.
⑤ '날'은 '고기' 앞에 붙어 '말리거나 익히지 않은'이라는 뜻을 더하면서 '날고기'를 만든다.

06. 문법 수업 시간에 〈보기〉의 자료를 바탕으로 '단어의 형성'에 대해 탐구한 결과이다. 적절하지 <u>않은</u> 것은?

――――――――――――――――――――〈 보기 〉――――――――――――――――――――

단어의 실질적인 의미 부분을 어근이라고 하며, 어근에 붙어 그 뜻을 제한하는 부분을 접사라고 한다. 하나의 어근으로 이루어진 단어를 단일어라 한다. 어근은 다른 어근이나 접사와 결합하여 새로운 단어를 만들어낸다. 어근이 어근과 결합하면 '합성어'라고 하고, 어근이 접사와 결합하면 '파생어'라고 한다. 합성어가 새로운 단어로 파생되기도 하고, 파생어가 다른 어근과 결합하여 합성어가 되기도 한다.

――

① '바다', '맑다'는 하나의 어근으로 되어 있으니 단일어이다.
② '밤낮'은 '밤'이라는 어근과 '낮'이라는 어근이 결합된 합성어이다.
③ '웃음'은 동사 어근 '웃-'에 접미사 '-음'이 붙어 명사가 된 파생어이다.
④ '곁눈질'은 합성어 '곁눈'에 접미사 '-질'이 결합된 파생어이다.
⑤ '회덮밥'은 파생어 '덮밥'에 새로운 어근 '회'가 결합된 합성어이다.

07. <보기1>에 따를 때, <보기2>의 ⓐ~ⓓ 중 합성어로만 묶인 것은?

〈 보기 1 〉

'합성어'는 실질적인 의미를 가지는 언어 형식끼리의 결합으로 볼 수 있다. 즉 어근이 둘 이상 결합하여 그 전체가 최종적으로 실질적인 의미를 가진 언어 형식끼리 결합한 것이면 합성어가 된다. 이에 대해 '파생어'는 최종적으로 분석했을 때 기존의 어근이나 단어에 파생 접사가 결합하여 이루어진 단어를 말한다.

〈 보기 2 〉

어렸을 때 나는 ⓐ<u>먹보</u>였지만 집이 가난해서 늘 배가 고팠다. 그래서 하루는 ⓑ<u>개구멍</u>을 통해서 이웃집에 몰래 숨어 들어갔다. ⓒ<u>개떡</u>이라도 있으면 훔쳐 먹으려고, 그러나 개떡은 없고 ⓓ<u>오이지무침</u>만 있는 것이 아닌가.

---

① ⓐ, ⓒ　　　　② ⓐ, ⓓ　　　　③ ⓑ, ⓓ　　　　④ ⓐ, ⓑ, ⓓ　　　　⑤ ⓑ, ⓒ, ⓓ

08. <보기>는 단어 형성과 관련한 수업 내용이다. 이를 바탕으로 한 학생들의 발표 내용 중 적절하지 <u>않은</u> 것은?

〈 보기 〉

파생법에 의한 단어(파생어)의 형성

우리말의 단어 파생은 접사에 의해 이루어지는데, 접두사에 의한 단어의 파생은 어근의 의미를 제한한다. 그러나 접미사에 의한 단어의 파생은 어근의 의미를 제한하는 어휘적 파생뿐만 아니라, 품사를 바꾸기도 하는 통사적 파생이 있다.

ㄱ. <u>날고기</u>를 그대로 먹으면 기생충 감염의 우려가 있다.
ㄴ. 험한 자갈길을 <u>맨발</u>로 뛸 수 없으니 신발을 신어라.
ㄷ. 상대방을 약한 팀이라고 <u>얕본</u> 것이 패배의 원인이었다.
ㄹ. 어느 시인의 말처럼 사슴은 <u>모가지</u>가 길어 슬픈 짐승이다.
ㅁ. 아버지의 <u>벌이</u>가 시원치 않아 은호는 수업료를 내지 못했다.

---

① 은범 : 밑줄 친 단어들은 모두 파생어로군.

② 수현 : ㄱ ~ ㄷ은 모두 접두사가 붙었군.

③ 대양 : ㄷ의 어근은 ㄱ, ㄴ과는 달리 용언이로군.

④ 홍재 : ㄹ은 어근에 '-아지'라는 접미사가 붙었군.

⑤ 기태 : ㄹ과 ㅁ은 모두 통사적 파생이군.

09. <보기>의 밑줄 친 낱말의 합성 과정을 바르게 이해한 것은?

───────────〈 보기 〉───────────

낱말은 합성어로 형성되는 과정에서 그 형태나 본래의 의미가 바뀌는 경우도 있다.

[예]

ㄱ. 농부들이 <u>논밭</u>(논 + 밭)에서 열심히 일한다.

ㄴ. 해와 달이 된 <u>오누이</u>(오빠 + 누이) 이야기를 읽었다.

ㄷ. 교실 <u>안팎</u>(안 + 밖)을 가리지 않고 깨끗이 청소했다.

ㄹ. 내 동생은 공부는 안 하고 <u>밤낮</u>(밤 + 낮) 놀기만 한다.

ㅁ. 어머니께서 <u>반짇고리</u>(바느질 + 고리)에 바늘을 넣으셨다.

		형 태	의 미
①	ㄱ	바뀜	바뀌지 않음
②	ㄴ	바뀌지 않음	바뀌지 않음
③	ㄷ	바뀌지 않음	바뀜
④	ㄹ	바뀌지 않음	바뀜
⑤	ㅁ	바뀜	바뀜

10. <보기>의 ㉠~㉢에 해당하는 합성어를 바르게 연결한 것은?

───────────〈 보기 〉───────────

두 개 이상의 어근, 또는 어근보다 큰 두 개 이상의 단어를 가지고 또다른 단어를 생성하는 것을 합성법이라고 한다. 이 때 합성되는 두 형태소의 관계도 아주 다양하고 복잡한데, 크게 세 가지로 분류할 수 있다. 먼저 ㉠<u>융합 관계</u>이다. 이는 두 형태소가 완전히 하나로 융합되어 새로운 의미를 창출하게 된 관계를 말한다. 예를 들어 '밤'과 '낮'이 결합하여 만들어진 '밤낮'

(늘)이 그러하다. 다음은 ⓛ종속 관계이다. '앞'과 '치마'가 결합하여 만들어진 '앞치마'처럼 두 형태소가 결합하여 원래의 뜻은 유지하나 어느 한쪽이 다른 한쪽을 수식하는 관계에 있는 합성법이다. 마지막으로 ⓒ대등 관계를 들 수 있다. '부모' 같은 말이 이에 해당하는데, 두 형태소가 각기 본래의 뜻을 유지하며 대등한 관계를 가지는 합성법을 말한다.

	㉠	㉡	㉢
①	손금	안팎	오늘내일
②	책가방	눈사람	밤나무
③	춘추	손수건	이곳저곳
④	책상	오래오래	손발
⑤	앞뒤	구석구석	공부방

11. 밑줄 친 단어가 〈보기〉에서 설명한 '통사적 합성어'에 해당하는 것은?

─〈 보기 〉─

합성어는 어근끼리 결합하여 만들어진 단어를 말한다. 그런데 어근끼리의 결합은, '관형어 + 체언' 혹은 '부사어 + 용언'과 같은 국어의 일반적인 문장 형성 규칙에 따라 이루어지는 경우도 있지만, 어미가 생략되거나 순서가 바뀌는 등 일반적인 규칙과는 일치하지 않는 방법으로 이루어지는 경우도 있다. 전자를 '통사적 합성어'라고 하고, 후자를 비통사적 합성어라고 한다.

① 민정아, **작은집**에 이 떡 좀 가져다 드리고 오너라.
② 오늘은 **늦잠**을 자는 바람에 학교에 지각하고 말았다.
③ 저는 가끔 남은 음식을 볶아서 **덮밥**을 해 먹곤 합니다.
④ 어둠이 깔리기 시작한 창 밖에는 **부슬비**가 내리고 있었다.
⑤ 손잡이가 떨어져 버려서 문을 **여닫기**가 여간 불편한 게 아녜요.

12. <보기>를 통해 알 수 있는 내용으로 적절하지 <u>않은</u> 것은?

―――――――――――――――――――〈 보기 〉―――――――――――――――――――

- 접미사 '-보'가 결합하여 만들어진 단어의 예 꾀보 / 느림보 / 털보 / 먹보 / 울보 / 뚱뚱보
- 접미사 '-쟁이'가 결합하여 만들어진 단어의 예 멋쟁이 / 고집쟁이 / 욕심쟁이 / 심술쟁이 / 말썽쟁이 / 변덕쟁이
- 접미사 '-꾸러기'가 결합하여 만들어진 단어의 예 욕심꾸러기 / 장난꾸러기 / 심술꾸러기 / 말썽꾸러기 / 변덕꾸러기

―――

① <보기>의 접미사 모두 부정적인 의미를 덧붙여 준다.

② '-쟁이'와 '-꾸러기'를 바꾸어 쓸 수 있는 경우가 있다.

③ '-보'는 '-쟁이'나 '-꾸러기'와 달리 품사를 바꾸기도 한다.

④ <보기>에 제시된 단어들은 대상이 지닌 속성을 강조할 때 쓰인다.

⑤ <보기>의 접미사가 결합하여 만들어진 말은 사람을 지칭할 때 쓰인다.

13. 밑줄 친 것 중, <보기>의 ㉠을 설명하기에 알맞은 것은?

―――――――――――――――――――〈 보기 〉―――――――――――――――――――

형태소 가운데는 동일한 의미를 지닌 형태소가 주위의 환경에 따라 달리 실현되는 것이 있는데, 이들을 변이 형태라고 한다. 의미와 기능에는 차이가 없고 다만 음운론적 환경에 따라 규칙적으로 모습이 달라지기 때문에 '음운론적 변이 형태'라고 한다. '막아/먹어'의 연결어미 '-아/어'도 그러한 예이다. 그러나 '솟아라/ 뛰어라/ 오너라'를 비교하면 '오다 '라는 용언의 경우에는 '-아라/어라'가 올 자리에 특이하게 '-너라'가 결합되는데, '오-'라는 형태소만 '-너라'가 선택된 것이다. 이러한 변이 형태를 ㉠'<u>형태론적 변이 형태</u>'라고 한다.

―――

① 너에게도 잘못<u>은</u> 있다.   남은 만두<u>는</u> 포장해 주세요.

② 철수<u>와</u> 영희가 함께 소풍을 갔다.   장미꽃<u>과</u> 국화꽃을 한 다발씩 사왔다.

③ 열심히 노력하<u>여</u> 소망을 이루자.   어제는 잠시도 쉬<u>어</u> 본 적이 없다.

④ 구름<u>의</u> 노을에 젖어 있었다.   털보네<u>가</u> 이사간 곳을 아무도 몰랐다.

⑤ 조금 전에 밥<u>을</u> 먹었다.   차를 타고 여행을 떠났다.

14. ＜보기＞의 내용을 근거로 볼 때, 단어의 구성이 ＜믿음＞과 같은 것은?

─────────〈 보기 〉─────────

파생어는 어근과 접사가 결합한 말이다. 어근에는 여러 가지 품사의 말이 쓰일 수 있다. 가령 '가위질'은 접미사 '-질'이 명사 어근 '가위'에 붙은 말이고, '헛디디다'는 접두사 '헛-'이 동사 어근 '디디-'에, '새까맣다'는 접두사 '새-'가 형용사 어근 '까맣-'에 붙어 만들어진 말이다.

① 길이 　　② 기쁨 　　③ 털보 　　④ 오뚝이 　　⑤ 달리기

---

03 :: 품사

기능이나 의미나 형태에 따라 나눈 것

1. 기능

① 체언 : 명사, 대명사, 수사

　➡ 주어의 기능

② 용언 : 동사, 형용사

　➡ 주어를 서술하는 기능

③ 수식언 : 관형사, 부사

　• 관형사 : 체언을 수식

　• 부사 : 용언을 수식

④ 관계언 : 조사

⑤ 독립언 : 감탄사

2. 형태

① 불변어 : 명사, 대명사, 수사, 관형사, 부사, 조사, 감탄사

② 가변어 : 동사, 형용사, 서술격 조사 '이다'

1) 체언 [명사, 대명사, 수사]

① 명사(의존명사)

② 대명사 : 명사를 대신하여 쓰일 수 있는 단어들의 집합

③ 수사

2) 관계언 [조사]

다른 품사(특히 체언)에 붙어 그말과 다른 말의 문법적 관계를 표시하는 단어들

① 주격조사 : '은, 는, 이, 가'

② 서술격 조사 : '이다' 예) 나는 학생이다.

③ 관형격조사 : '의'

　예) 나의 책, 나의 입학, 주권의 박탈,

④ 부사격 조사 : '에게' '보다'…

⑤ 목적격조사 : '을' '를'

O 점검하고 넘어가자

열을 세어봐.

사과 열 상자 주세요.

공부한 만큼 결과가 나온다.

너도 나만큼 미련하다.

네 마음대로 해라

너대로 살아라

할 수 있다.

씻은 듯이 깨끗하다.

3) 용언[동사, 형용사]

주체를 서술하는 단어들의 집합

① 동사 : 사람이나 동물의 동작, 자연이나 물질의 작용 등 움직임을 나타내는 단어들의 집합

② 형용사 : 주어의 성질이나 상태를 나타내는 단어들의 집합

3. 활용

- 어간(변하지 않는 부분) + 어미(변하는 꼬리 부분)가 다양하게 결합하는 현상

- [어간 –어미]

  어근 + 접사　선어말어미 + 어말어미

  (피동, 사동)　　(높임, 시제)

- 피동, 사동 등 파생접미사는 어간의 일부로 간주함.

  예) 먹다 / 먹**이**다,　　　입다 / 입**히**다,

  　　높다 / 높**이**다,　　　박다 / 박**히**다

- 기본형 : 어간 + 다

1) 규칙적 활용

- 어간과 어미의 결합에서 어간, 어미 모두 형태 변화가 없는 활용

예) 먹[다] + 어->먹어, 먹 + 고->먹고

- 형태 변화가 있어도 보편적 음운규칙으로 설명되는 활용

  ① 모음조화 : 어간에 따라 '아/어' 교체

  　예) 먹어 / 잡아

  ② 규칙적 탈락

  　– 어간 'ㄹ' 탈락

  　예) 울[다] + 는->우는, 울[다] + 오->우오

  　– 어간모음 'ㅡ' 탈락

  　예) 씨[다] + 어->써, 치르[다] + 어->치러

- 어간이 'ㄹ'이나 'ㅡ'로 끝날 경우 이들은 어미와 결합할 때 예외 없이 탈락함.

  예) '울으시고', '날으는'? (표준어가 아니라 방언!)

  ※ 규칙적인 매개모음 '으' 첨가

  　'ㄹ' 이외의 자음으로 끝난 어간 + '으' + 어미

  　예) 가[다] + ㄴ-> 간 / 잡[다] + ㄴ-> 잡은

2) 불규칙 활용

ㅇ 어간의 바뀜

① 'ㅅ' 불규칙 : 어간 끝소리 'ㅅ'이 모음 앞에서 탈락. '짓[다]' + 어 ⇨ '지어'

예) 짓다, 젓다, 붓다/ 낫다 ⇔ 벗다, 빗다, 솟다, 빼앗다 등(규칙용언)

② 'ㅂ' 불규칙 : 어간의 끝소리 'ㅂ'이 모음 앞에서 '오/우'로 바뀜 '돕[다]' + 아 ⇨ 도와

예) 줍다, 눕다, 깁다/

사납다, 괴롭다 ⇔ 뽑다, 잡다, 씹다, 입다, 접다 등(규칙)

※ 어간이 2음절 이상일 때는 무조건 '우'!

사납[다] + 어 ⇨ 사나워

괴롭[다] + 어 ⇨ 괴로워

무겁[다] + 어 ⇨ 무거워

아름답[다] + 어 ⇨ 아름다워

③ 'ㄷ'불규칙 : 어간 끝소리 'ㄷ'이 모음 앞에서 'ㄹ'로 바뀜. '걷[다]' + 어 ⇨ 걸어

　예) 싣다, 붇다, 일컫다 ⇔ 돋다, 닫다, 쏟다 등

④ '르'불규칙 : 어간의 끝소리 '르'가 탈락하면서 'ㄹ, ㄹ'이 덧생김. '흐르[다]' + 어 ⇨흘러

　예) 부르다, 타오르다, 오르다, 가르다, 이르다, 그르다
　　⇔ 치르다, 들르다 등(규칙)

⑤ '우'불규칙 : 오직 '푸다'. '푸[다]' + 어 ⇨ 퍼

　예) '주[다]' + 어 ⇨ 줘(규칙)

○ 어미의 바뀜

① '여'불규칙 : 어미의 첫소리 '-어'가 '-여'로 바뀜. 하[다] + 어 ⇨ 하여

　예) '-하다'로 끝나는 모든 용언 ⇔ 사다, 나다, 파다
　　(규칙)

　　사[다] + 아 -> 사

② '러'불규칙 : 어미의 첫소리 '-어'가 '-러'로 바뀜. '이르[다]' + 어 ⇨ 이르러

　예) 이르다(도착), 푸르다, 누르다

③ '너라'불규칙 : 명령형 어미 '-어라'가 '-너라'로 바뀜. '오[다]' + 아라 ⇨ 오너라

　예) 오다, 나오다, 들어오다 ⇔ 보다, 쏘다, 고다

　　'보[다]' + 아라->보아라

○ 어간과 어미가 모두 바뀜

• 'ㅎ'불규칙 : 어간의 'ㅎ'이 탈락하면서 어미도 모습을 바꿈. 파랗[다] + 아 ⇨ 파래

　예) 누렇다, 빨갛다, 까맣다 등 ⇔ 좋다, 놓다

　　좋[다] + 아->좋아

3) 동사-형용사 구별법

① '-는다 / -ㄴ다' 결합가능 ➡ 동사

② '-는 중이다.' 교체가능 ➡ 동사

③ 명령형, 청유형 가능 ➡ 동사(바람이 분다(O) / 바람아 불자(×) / 바람아 불어라(?) 의인화

• 그러므로 명령형, 청유형으로 판단하기 보다는 '-는다/ㄴ다' 결합여부로 판단하라!!

4) 실수하기 어려운 단어

겁나다.	젊다, 늙다
조용해라	조용하자
건강해라　건강하세요	행복하세요
걸맞는	알맞는

5) 본용언과 보조용언

• 본용언 : 실질적 뜻을 나타내는 용언

• 보조용언 : 문법적 뜻을 더하며 자립성이 희박!

　예) '이 음식 좀 **먹어**(본용언) **보아라**.(보조용언)

○ 구별법(문장 분해가 최선)

① 용언이 2개 이상일 때 앞의 것은 무조건 본

용언!

② 두 번째 이하 용언 중

- 단독으로 서술어가 될 수 없을 때

  예) 사과를 먹고 싶다.

- 단독으로 서술어가 되어도 문장의 본래 의미와 달라질 때

  예) 철수는 그렇게 살아 왔다.

③ 두 번째 이하 용언이 단독으로 서술어가 되어도 의미 변화가 없다면 본용언. 이때는 문장의 이어짐으로 본다.

- 값을 깎아 주었다. = 값을 깎았다(본용언) + 값을 주었다(×) (보조용언)

- 철수가 밥을 먹고 갔다. =철수가 밥을 먹었다 + 철수가 갔다(종속적으로 이어짐)

4. 수식언 : 관형사, 부사

1) 관형사 : 체언 앞에서 체언의 내용을 자세하게 꾸며줌.

○ 종류

① 성상관형사 : 사물의 성질, 상태

② 지시관형사 : 이 사람, 저 사람, 그 사람, 다른 사람 등

③ 수관형사 : 한 사람, 두 접시, 배 세 척, 모든 학생,

○ 관형사 ⊂ 관형어

관형사는 품사의 한 갈래이고 관형어는 문장 성분의 한 갈래임. 관형사는 반드시 관형어가 되지만, 관형어에는 관형사 외에도 동사, 형용사, 서수격 조사, 명사, 대명사, 수사, 체언 + 관형격 조사(의) 등에 관형사형 어미가 붙은 형식이 더 있다.

○ 점검하고 넘어가자

<u>새</u> 책(관형사, 관형어),

<u>예쁜</u> 아기(형용사, 관형어),

그 일을 <u>한</u> 사람(동사, 관형어),

<u>대학생인</u> 오빠(체언 + 서술격 조사, 관형어)

<u>엄마</u> 손(명사, 관형어),

<u>내</u> 책(대명사, 관형어),

책 <u>한</u> 권(수관형사, 관형어),

<u>선생님의</u> 말씀(체언 + 관형격조사, 관형어)

2) 부사 : 주로 용언을 꾸며 주며, 부사, 관형사, 명사, 수사, 대명사를 수식함.

<u>가장</u> 빨리 (부사 수식)

<u>아주</u> 새 옷 (관형사 수식)

<u>바로</u> 뒤에 (명사 수식)

<u>바로</u> 너 (대명사 수식)

<u>오직</u> 하나 (수사 수식)

5. 독립언 : 감탄사

- 놀람, 느낌, 부름, 대답을 직접 나타내며, 다른 성분에 얽매이지 않는 독립성이 있는 말들을 독립언이라 하고 이 소에 감탄사가 있다.

- 문장의 위치가 자유로움.

01. <보기>는 띄어쓰기 사례를 사전에서 조사한 것이다. 이를 바탕으로 추리한 것으로 적절하지 <u>않은</u> 것은?

───────〈 보기 〉───────

어제 ㉠<u>김 사장</u>과 만났다.　　　　자동차가 ㉡<u>쏜살같이</u> 달린다.

㉢<u>구름에 달 가듯이</u> 가는 나그네.　　명주는 ㉣<u>무명만큼</u> 질기지 못하다.

㉤<u>정직한 사람</u>은 결코 손해를 보지 않는다.

① ㉠으로 보아 '박 과장, 이 대리'라고 써야 할 거야.

② ㉡처럼 '쏜살같이'를 붙여 쓰니까, "부모님과같이 가다"의 '부모님과같이'도 붙여 써야 해.

③ ㉢의 사례로 볼 때, '비온 후에 죽순이 돋듯이'의 '돋듯이'도 붙여 써야 해.

④ ㉣로 보아 "나도 너만큼 할 수 있다."의 '너만큼'도 붙여 써야 해.

⑤ ㉤의 사례로 볼 때, '아름다운 꿈, 멋있는 사람'처럼 띄어 쓰는 것이 옳아.

02. 다음 밑줄 친 말이 모두 대명사로만 쓰인 것은?

① 나는 <u>그</u> 이상도 아니고 <u>그</u> 이하도 아니다　　② 형이 <u>이</u> 문제를 <u>그</u> 학생보다 더 잘 푼다.

③ 형은 <u>그것</u>을 <u>이리저리</u> 흔들었다.　　④ 어서 <u>그</u> 가운데 <u>하나</u>를 택하십시오.

⑤ 사과 <u>하나</u>와 사과 <u>한</u> 개는 똑같죠?

03. 다음 밑줄 친 말의 품사를 써보자.

① 그 일을 너<u>만큼</u> 잘 아는 사람이 또 있겠느냐?　　② 나도 할 <u>만큼</u> 했다.

04. 다음 밑줄 친 부분이 보조 용언이 <u>아닌</u> 것은?

① 약속한 날짜에 가지 <u>못하고</u>　　② 철저히 보게 <u>했다</u>.

③ 너의 말을 듣지 <u>아니했더라면</u>　　④ 철수가 공부를 열심히도 <u>하고</u>, 잘도 해.

⑤ 이 음식 좀 먹어 <u>보아라</u>

05. 다음 밑줄 친 것 중 수사로 쓰인 것은 무엇인가?

① 우리는 둘이 가고, 너희는 <u>셋</u>이 갔다.

② <u>하루</u>가 멀다 하고 찾아다녔다.

③ <u>한</u> 학생이 나에게 찾아왔다.

④ 용의자가 <u>세</u> 명으로 좁혀졌다.

⑤ 나는 너를 <u>두</u> 번째 방문하였다.

06. 다음 밑줄 친 부분이 보조용언이 <u>아닌</u> 것은?

〈 보기 〉

1. a. 그와 나는 <u>다른</u> 성격을 갖고 있다.　　b. <u>다른</u> 학생들도 나와 같은 생각을 하고 있다.

2. a. 이것은 <u>철수</u> 책이다.　　b. 이번에 <u>새</u> 책을 많이 샀다.

c. 책상에 <u>새로운</u> 책이 놓여 있다.　　d. 저 분은 이번에 <u>새로</u> 오신 선생님이시다.

3. a. 이 <u>헌</u> 신발은 철수의 것이다.　　b. 저 <u>새</u> 책은 누구의 책이냐?

① 1. a의 '다른'은 형용사의 관형사형이므로 1. b의 관형사 '다른'과 형태는 같아도 기능은 다르다.

② 2. a의 '철수'는 명사로서 뒤에 조사가 붙을 수 있지만, 2. b의 '새'는 관형사로서 뒤에 조사가 붙기 어렵다.

③ 2. c의 '새로운'은 형용사 '새롭다'가 활용한 형태이므로 형태가 바뀌지 않는 관형사와 차이가 있다.

④ 2. d의 '새로'는 용언 '오신'을 꾸미는 부사인데, 수식언이라는 점에서 관형사와 공통점이 있다.

⑤ 3. a의 관형사 '이'는 관형사 '헌'을 꾸미지만, 3. b의 '저'는 체언 '책'을 꾸민다는 점에서 차이가 있다.

07. <보기>의 문장에서 밑줄 친 말들은 관형사이다. <보기>를 바탕으로 관형사에 대해 탐구한 내용으로 옳지 <u>않은</u> 것은?

───────────〈 보기 〉───────────

범인은 <u>온갖</u> 변명을 다 늘어놓았다.   그 <u>두</u> 마리의 개는 국산 진돗개입니다.

우리 고장의 <u>총</u> 유입 인구는 얼마나 증가했을까?

───────────────────────────

① 뒤에 오는 명사들의 의미를 한정하는 역할을 한다.

② 조사나 어미와 결합하지 않고 독립적으로 사용된다.

③ 지시의 의미를 지닌 관형사는 다른 관형사의 앞에 놓인다.

④ 서술성이 있으므로 하나의 절로 독립할 때 서술어로 활용된다.

⑤ 자신이 자신과 꾸미고 있는 말 사이에 다른 성분이 끼어들어도 원래의 기능을 수행한다.

08. <보기1>은 '~에서'에 대한 뜻풀이의 일부이다. <보기2>에서 각각에 해당하는 용례를 찾아 바르게 배열한 것은?

───────────〈 보기 1 〉───────────

ㄱ. 앞말이 근거의 뜻을 갖는 부사어임을 나타내는 격 조사

ㄴ. 체언 뒤에 붙어 앞말이 행동이 이루어지고 있는 처소의 부사어임을 나타내는 격 조사

ㄷ. 앞말이 비교의 기준이 되는 점의 뜻을 갖는 부사어임을 나타내는 격 조사

───────────────────────────

───────────〈 보기 2 〉───────────

a. 고마운 마음<u>에서</u> 드리는 말씀입니다.

b. 어느 학교 동창회<u>에서</u> 있었던 일이다.

c. 우리는 아침에 도서관<u>에서</u> 만나기로 하였다.

d. 그저 조그마한 보탬이라도 되고자 하는 뜻<u>에서</u> 행한 일이다.

e. 죽은 부모가 살아 돌아온들 이<u>에서</u> 더 기쁘지는 않을 것이다.

───────────────────────────

	ㄱ	ㄴ	ㄷ
①	a, b	c	d, e
②	a, c	b, e	d

③　a, d　　　b, c　　　e
④　b, c　　　d, e　　　a
⑤　d, e　　　a　　　b, c

09. 〈보기〉의 예문을 토대로 '-이다'에 대한 탐구 학습을 수행한 결과로 적절하지 <u>않은</u> 것은?

저는 민호의 시험이 걱정<u>입니다</u>.　　　　　영희는 결국 내일 떠날 계획<u>이니</u>?

이 사건의 범인은 바로 그 사람<u>이지</u>?　　　나의 제안에 동감해 준 사람은 그<u>이다</u>.

① 동사나 형용사처럼 여러 형태로 활용을 한다.

② 명사뿐만 아니라 대명사와도 결합할 수 있다.

③ 앞말에서 분리되어 독립적으로 사용되지 않는다.

④ 앞말이 서술어의 기능을 수행할 수 있도록 도와준다.

⑤ 주어 이외의 문장성분을 필수적으로 요구하지 않는다.

10. 〈보기〉의 내용과 관련하여 사전에서 ㉠~㉤에 추가될 수 있는 용례를 찾을 때 적절하지 <u>않은</u> 것은?

'~는 1' [조사]

㉠ 어떤 대상이 다른 것과 대조됨을 나타내는 보조사. 예) 굴은 먹어도 배는 먹지 마라.

㉡ 문장 속에서 어떤 화제임을 나타내는 보조사 예) 나는 용감한 사나이다.

㉢ 강조의 뜻을 나타내는 보조사 예) 아무리 바쁘시더라도 식사는 해야지.

'~는 2' [어미]

㉣ (다른 어미 앞에 붙어) 이야기하는 시점에서 볼 때 사건이나 행위가 현재 일어 남을 나타내는
　　어미 예) 형님께서 이 학교에 근무하시는군요.

'~는 3' [어미]

㉤ 앞말이 관형사 구실을 하게 하고 이야기하는 시점에서 볼 때 사건이나 행위가 현재 일어남을
　　나타내는 어미 예) 그는 종일 바람에 흔들리는 나뭇잎만 보고 있다.

① ㉠ 눈이 많이<u>는</u> 오지 않았다.

② ㉡ 나<u>는</u> 본디 타고 난 산사람이다.

③ ㉢ 주변에 놀러 가더라도 멀리<u>는</u> 가지 마라.

④ ㉣ 적게 먹<u>는</u>다고 무조건 살이 빠지는 것은 아니다.

⑤ ㉤ 강에서 민물 게를 잡아다가<u>는</u> 서로 싸움을 시켰다.

11. <보기>의 과제를 수행하기 위해 필요한 사례들을 찾아보았다. 적절하지 <u>않은</u> 것은?

―――――――――〈 보기 〉―――――――――

다음과 같이 쓰임에 따라 품사를 달리하는 단어들을 모듬별로 탐구하여 보자.

• 나도 참을 만큼 참았다. (명사)　　　　• 나도 그 사람만큼 될 수 있다. (조사)

―――――――――――――――――――――――――――

① 선을 <u>바로</u> 긋다　　　　　　　　그 사람은 <u>바로</u> 떠났다.

② <u>아니</u>! 벌써 갔어?　　　　　　　오늘은 <u>아니</u> 온다더라.

③ 모두 제 <u>잘못</u>입니다.　　　　　　소년은 길을 <u>잘못</u> 들어섰다.

④ 본 <u>대로</u> 말하십시오.　　　　　　선생님 말씀<u>대로</u> 하겠습니다.

⑤ 야구를 좋아하는 사람 <u>다섯</u>이 모였어요.　　야구를 좋아하는 <u>다섯</u> 사람이 모였어요.

12. <보기>를 고려할 때 밑줄 친 부분 중 적절하지 <u>않은</u> 것은?

―――――――――〈 보기 〉―――――――――

제42항 의존 명사는 띄어 쓴다.

제43항 단위를 나타내는 명사는 띄어 쓴다.

　　　　다만, 순서를 나타내는 경우나 숫자와 어울리어 쓰이는 경우에는 붙여 쓸 수 있다.

제45항 두 말을 이어 주거나 열거할 적에 쓰이는 말들은 띄어 쓴다.

―――――――――――――――――――――――――――

① <u>먹을 만큼</u> 먹어라.　　　　　　　② 이 교실이 영어 회화를 위한 <u>제1실습실</u>이다.

③ 학교 수돗가에서 <u>물 한모금</u>을 마셨다.　　④ 김 선생님은 <u>교감 겸 교사</u>이다.

⑤ 학교 오는 길에 <u>토끼 두 마리</u>를 보았다.

13. <보기>의 설명에 해당하는 예로 옳지 <u>않은</u> 것은?

─────────────〈 보기 〉─────────────

어떤 단어나 어간이 형태상의 변화 없이 품사를 달리하여 쓰이는 경우를 '품사의 통용'이라 한다. 이는 결국 동일한 형태의 한 단어가 두 가지 품사로 기능을 수행하는 셈이 된다. 예를 들어. '이는 우리가 생각하던 바입니다.'에서의 '이'와 '**이** 나무는 모양새가 아주 좋다.'에서의 '이' 같은 것이 이러한 예에 해당한다. 앞의 것은 대명사이지만, 뒤의 것은 관형사이다.

───────────────────────────────

① 너는 무슨 <u>잘못</u>을 저질렀니?　　　무엇을 <u>잘못</u> 먹었기에 배가 아프지?

② 네가 본 <u>대로</u> 다 말해 주기 바란다.　　누나 말<u>대로</u> 하면 일이 잘 풀릴 거야.

③ 그의 키는 평균치보다 훨씬 <u>크다</u>.　　이 땅은 비옥하여 식물이 잘 <u>큰다</u>.

④ 남부 지역은 기온이 <u>높아서</u> 농사가 잘 된다.

　　산이 아무리 <u>높아도</u> 하늘에 닿기야 하겠어?

④ 우리 은사님은 <u>평생</u>을 바쳐 교육에 봉사하셨다.

　　저 사람은 <u>평생</u> 놀고먹을 팔자를 타고났다 봐.

14. <보기>를 바탕으로 수식언(修飾言)에 대한 탐구 학습을 수행한 결과로 타당하지 <u>않은</u> 것은?

─────────────〈 보기 〉─────────────

단어들 중에는 다른 말을 수식하는 기능을 하는 말들이 있는데, 이를 수식언이라고 한다. 국어의 수식언에는 관형사와 부사가 있다.

[관형사의 용례]

• <u>새</u> 책의 제목이 무엇이더라?　　　　• <u>그</u> 사람은 따뜻한 마음을 가졌다.

• 연필 <u>다섯</u> 자루를 받았다.　　　　　• <u>저 모든</u> 헌 옷 좀 치워라.

[부사의 용례]

• 초겨울 어둠은 <u>빨리</u>도 찾아온다.　　• 내가 <u>너무</u> 일찍 도착했나?

• <u>설마</u> 그 사람이 거짓말을 했을리가 있겠어요?　　• <u>가장</u> <u>먼저</u> 온 사람이 누구지?

───────────────────────────────

① 관형사는 체언 앞에서 그 체언을 꾸민다.

② 부사는 용언이나 다른 부사를 꾸미기도 한다.

③ 관형사와 달리 부사는 문장 전체를 수식 대상으로 할 수도 있다.

④ 관형사와 부사가 연달아 쓰일 때는 앞 말은 바로 뒤의 말을 수식한다.

⑤ 관형사에는 조사를 붙일 수 없지만, 부사에는 조사를 붙여서 쓸 수 있다.

15. <보기>를 토대로 할 때, 용언의 활용에 관한 설명으로 옳지 <u>않은</u> 것은?

─────────────────────〈 보기 〉─────────────────────

어간에 어미가 붙어 활용할 때 일정한 환경에서 예외 없이 자동적으로 바뀌는 '규칙활용'이 있는가 하면 부분적으로 바뀌는 '불규칙 활용'이 있다. 예외 없이 어간의 특정 음운이 탈락하는 경우, 어미가 자동적으로 교체되는 경우는 전자에 속한다. 후자는 첫째, 어간이 불규칙적으로 활용하는 경우, 둘째, 어미가 불규칙적으로 활용하는 경우, 셋째, 어간과 어미 모두 불규칙적으로 활용하는 경우가 있다.

예) 묻다1(매장하다)-묻다2(질문하다), 흐르다-따르다, 웃다-잇다, 먹다-하다, 좋다-노랗다

──

① '묻다1'은 '묻고, 묻으니, 묻어서…'처럼 규칙적이지만, '묻다2'는 '물어, 물으니…'처럼 불규칙적이다.

② '흐르다'는 '흘러, 흘러서…'처럼 규칙적이지만, '따르다'는 '따라, 따르니…'처럼 불규칙적이다.

③ '웃다'는 '웃고, 웃으니…'처럼 규칙적이지만, '잇다'는 '이어서, 이으니…'처럼 어간이 불규칙적이다.

④ '먹다'에 어미 '-어, 어서, 어라'가 붙을 때와 달리, '하다'는 '하여, 하여서, 하여라…'처럼 어미가 '-여'로 불규칙 활용한다.

⑤ '좋다'는 '좋으니, 좋아서…'처럼 규칙적이지만, '노랗다'는 '노라니…'처럼 어간이 불규칙적이거나 '노래지다'처럼 어간과 어미가 모두 불규칙 활용하기도 한다.

---

04 :: 문장성분

문장 안에서 문장을 구성하면서 일정한 문법적인 기능을 하는 각 부분

① 주성분 : 문장을 이루는 데 골격이 되는 부분 (주어, 목적어, 보어, 서술어)

② 부속성분 : 주로 주성분의 내용을 수식하는 성분 (관형어, 부사어)

③ 독립성분 : 문장에서 다른 성분과 직접적인 관련이 없는 성분 (독립어)

1) 서술어와 주어

가) 서술어

① 서술어의 종류

- '무엇이 어찌하다' : 동사
- '무엇이 어떠하다' : 형용사
- '무엇이 무엇이다' : 체언 + 서술격 조사(-이다)

② 서술어의 자릿수 : 서술어는 그 성격에 따라서 필요로 하는 문장 성분의 개수가 다른데, 이를 서술어의 자릿수라고 한다.

예담이는 <u>예쁘다</u>.	한 자리 서술어 (주어 하나만 필요하므로)
단열이는 상을 <u>받았다</u>. 단열이는 엄마와 <u>닮았다</u>. 물이 얼음이 <u>되었다</u>.	두 자리 서술어 (주어 이외에 목적어나 부사어, 또는 보어를 필수적으로 더 요구하므로)
어머니께서 나에게 선물을 <u>주셨다</u>.	세 자리 서술어 (주어와 목적어, 부사어의 세 가지를 요구하므로)

나) 주어

- 서술어의 주체
- 서술어의 '무엇이, 누가'에 해당되는 말

  예) <u>담징은</u> 흐르는 눈물을 닦는다.

2) 목적어와 보어

가) 목적어

① 개념 : 서술어의 동작 대상이 되는 문장 성분, 타동사가 서술어로 쓰일 때는 목적어가 필요하다.

② 실현 : 체언에 목적격 조사 '을/를'이 붙는 것이 일반적이나, 때로 '을/를'이 생략될 수도 있다. 또 '을/를'이 생략되는 대신에 특정한 의미를 더하여 주는 보조사가 붙기도 한다.

예) 난 과일**만** 좋아해.   난 과일 좋아해.
　　 난 과일**도** 좋아해.

나) 보어

① 개념 : '되다, 아니다'와 같은 서술어를 필요로 하는 문장 성분만을 보어로 인정한다.

② 실현 : 체언에 보격조사 '이/가'가 붙어서 실현된다.

예) 그는 **재수생이** 아니다.   나는 **대학생이** 되었다.

○ 점검하고 넘어가자

물이 <u>얼음이</u> 되다 ➡ 보어

물이 <u>얼음으로</u> 되었다 ➡ 부사어

3) 관형어, 부사어, 독립어

가) 관형어

① 개념 : 체언을 수식, '어떠한'의 역할

② 실현

- 관형사가 그대로 관형어가 되는 것이 기본이나,
- 체언에 관형격 조사 '의'가 결합되어 관형어로 쓰이거나(관형격 조사 '의'가 없이 '체언 + 체언'의 구성으로 나타나기도 한다.),
- 용언의 관형사형 (용언의 어간에 관형사형 어미 '-(으)ㄴ,-는,-(으)ㄹ,-던'이 결합) 으로 나타난다.

아기가 **새** 옷을 입었다.

소녀는 **시골의** 풍경을 좋아한다.

소녀는 **시골** 풍경을 좋아한다.

빵순이는 학교 **가는** 중이다

O 점검하고 넘어가자.

필수 관형어를 제외하고는 서술어의 자릿수에 들어가지 않는다.

예쁜 여자가 좋다

예쁜 것이 좋다

나) 부사어

부속 성분이라는 점-관형어와 공통적, '어떻게'의 역할을 한다.

관형어는 체언만을 수식하는 성분이고, 부사어는 용언, 관형어, 다른 부사어를 수식하고 <u>문장이나 단어를 이어 준다.</u>

O 성분 부사어

① 개념 : 용언, 관형어, 다른 부사어를 수식

② 실현 : 부사어가 그대로 부사어가 되는 것이 기본이나, 체언에 부사격 조사 '에, 에서, 에게, (으) 로'가 결합되어 나타나거나, 용언의 부사형 '이, 게,-(아) 서,-도록'으로 나타난다. 또 보조사가 결합되어 실현되기도 한다.

예) 우리는 대학교에서 만나기로 약속했다.

O 문장 부사어

① 개념 : 문장 전체를 수식 (문장이나 단어를

이어주는 접속 부사어와 '과연, 설마, 모름지기, 확실히, 만일, 설령, 제발, 부디' 같이 말하는 사람의 심리적 태도를 나타내는 부사들, 이러한 부사들은 특별한 말들과 호응 관계를 이루는 경우가 많다.)

과연 너는 멋진 아이구나!

확실히 국어영역은 올릴 수 있어

만일 네가 열심히 안한다면 대학은 점점 멀어져

모름지기 젊은이는 커다란 포부를 가져**야 한다**.

그러나 해결책이 없는 것은 아니다..

O 필수적 부사어와 수의적 부사어

① 개념 : 문장에서 꼭 필요로 하는 부사어를 필수적 부사어, 그렇지 않은 부사어를 수의적 부사어라 한다.

② 실현

㉠ 수의적 부사어 : 파생 부사나(많이, 일찍이) 순수 부사로(꼭) 이루어짐

㉡ 필수적 부사어 : 부사격 조사 '와, 로' 등이 결합되어 이루어짐 ('다르다, 생기다, 같다, 비슷하다, 닮다, 다르다' 같은 두 자리서술어나, '주다, 삼다, 넣다, 두다' 같은 세 자리 서술어는 필수적으로 부사어를 요구한다.)

<u>생략하면 문장의 뜻이 변하거나 비문이 되는 부사어.</u>

그가 너에게 무엇을 주더냐 (세자리 서술어)

네가 편지를 우체통에 넣어라. (세자리 서술어)

할아버지께서 조카를 양자로 삼으셨다. (세자리

서술어)

이것은 실물과 똑같군요. (두자리 서술어)

물이 얼음으로 되었다. (두자리 서술어)

다) 독립어

① 개념 : 문장의 어느 성분과도 직접적인 관련이 없는 문장 성분

② 실현 : 일반적으로 감탄사가 독립어가 되나, 체언에 호격 조사 '-아, -이여'가 결합된 형태로도 나타난다.

4) 문장성분의 자연스러운 호응

① 주어와 서술어의 호응

　예) 명심해야 할 것은 행복은 성적 순이 아니다.

　⇨ ~ 아니라는 것이다.

② 수식어와 피수식어의 호응

　예) 영수는 열심히 학교에서 공부를 한다.

③ 부사어와 서술어의 호응

　예) 그는 반드시 오지 않을 거야.

　어떤 상황에서도 (결코 / 반드시) 포기해서는 안된다.

○ 기억하면 좋아요!

- 결코 / 별로 / 그다지 / 여간 : 부정어와 호응
- 비록 : '~ㄹ지라도 / ~지만 /~더라도 / ~어도'와 호응
- 마땅히, 모름지기 : '~해야 한다'와 호응

5) 부족한 성분 보충하기

① 주어 생략

　예) 본격적인 공사가 언제 시작되고, 언제 개통될지 모른다.

　문학은 다양한 삶의 체험을 보여 주는 예술의 장르로서 문학을 즐길 예술적 본능을 지닌다.

② 목적어 생략

　예) 사람은 남에게 속기도 하고 속이기도 한다.

　바로 앞에서 보니 그는 많이 닮은 것 같았다.

③ 서술어 생략

　예) 단열이는 책이나 음악을 듣는 것을 좋아한다.

④ 부사어 생략

　예) 인간은 환경을 지배하기도 하고, 때로는 순응하면서 산다.

ⅢⅢ 확인문제

01. <보기>에 관한 설명으로 틀린 것은?

────────────〈 보기 〉────────────

ㄱ. 철수는 <u>고등학생이</u> 되었다.　　　　ㄴ. 소녀의 눈동자가 <u>초롱초롱</u> 빛난다.

ㄷ. 어머나, 아기가 <u>물을</u> 엎질렀구나!

① ㄱ의 밑줄 친 부분은 주어이다.　② ㄴ의 밑줄 친 부분은 부사어이다.

③ ㄷ의 밑줄 친 부분은 목적어이다.　④ ㄱ, ㄷ의 밑줄 친 부분은 주성분이다.

⑤ ㄴ의 밑줄 친 부분은 부속성분이다.

02. <보기>의 밑줄 친 말들을 토대로 '관형어'에 대해 탐구한 결과로 적절하지 <u>않은</u> 것은?

─────────〈 보기 〉─────────

ㄱ. <u>이</u> 동화 속 두 주인공은 너무 비현실적이다.

ㄴ. 세상 사람들이 <u>너의</u> 어리석음을 비웃지 않을까?

ㄷ. 얼마 전에 철수가 <u>지은</u> 시가 아주 감동적이더라.

ㄹ. <u>그 소년의 나아갈</u> 길에 대하여 함께 의논해 보자.

ㅁ. 동생은 <u>자신의</u> 모자가 안 보여서 누나 모자를 빌려 쓰고 나갔다.

	자료	탐구 결과
①	ㄱ + ㄹ	여러 개의 관형어가 겹쳐 쓰일 때에는 지시를 나타내는 말이 가장 앞에 사용된다.
②	ㄱ + ㅁ	'-의'가 붙어 관형어가 된 말들 중에는 '-의'를 생략해도 관형어의 기능을 유지할 수 있는 경우가 있다.
③	ㄴ + ㄹ	'-의'가 붙어 만들어진 관형어는 뒷말의 주체로서의 의미를 나타내는 경우가 있다.
④	ㄴ + ㅁ	'-의'가 붙어 형성된 관형어는 문장의 의미가 여러 가지로 해석될 수 있게끔 만들 수 있다.
⑤	ㄷ + ㄹ	관형사형 어미는 과거, 미래 등의 시간의 의미도 나타낼 수 있다.

03. <보기1>은 '관형어'를 학습하기 위해 조사한 내용이다. 이를 토대로 <보기2>의 예를 설명했을 때, 적절하지 <u>않은</u> 것은?

─────────〈 보기 1 〉─────────

• 관형어는 체언을 수식하는 역할을 하며, 다음의 네 가지 방법으로 체언을 수식함

• 관형사가 그대로 관형어가 되는 경우

• 체언에 관형격 조사 '의'가 결합되어 실현되는 경우

- 동사, 형용사 등 용언의 어간에 관형사형 어미 '-(으)ㄴ /-는 /-던 /-(으)ㄹ'이 결합되어 실현되는 경우 (용언이 관형어로 사용될 수 있기 때문에 구나 절도 관형어가 될 수도 있음)
- 관형격 조사 '의'가 없이 '체언 + 체언'의 구성으로 된 경우

㉠ <u>영희의</u> 가방은 색이 바래서 무척이나 낡아 보였다.

㉡ 그는 어제 동생의 생일 선물로 <u>귀여운</u> 인형을 샀다.

㉢ 그는 도시 생활을 하면서도 <u>시골</u> 풍경을 늘 그리워했다.

㉣ 내 친구들은 <u>내가 철수를 만나고 온</u> 사실을 아직 모른다.

㉤ 그녀는 <u>달리는</u> 차 안에서 갑자기 노래를 부르기 시작했다.

① ㉠의 '영희의'는 고유명사에 관형격 조사 '의'가 결합되어 관형어가 된 것이다.
② ㉡의 '귀여운'은 관형사가 관형어로 사용되어 뒤의 명사를 수식하고 있는 것이다.
③ ㉢의 '시골'은 두 체언이 연속될 때 앞의 체언이 관형어가 될 수 있음을 보여 준다.
④ ㉣의 '내가 철수를 만나고 온'은 관형어로서의 역할을 하고 있는 예이다.
⑤ ㉤의 '달리는'은 동사가 관형사형 어미와 결합해 관형어가 된 예에 해당한다.

04. 〈보기〉의 밑줄 친 부분에 해당하는 부사어가 사용된 예로 적절하지 <u>않은</u> 것은?

부사어는 용언을 비롯해 관형사나 다른 부사를 수식하는 부속성분으로 문장에서 반드시 필요한 성분이 아니기 때문에 쓰이지 않아도 문장이 성립되는 경우가 많다. 그러나 <u>부사어들 중에는 문장을 구성하는 데 꼭 필요한 것도 있다.</u> 이를 필수적 부사어라고 한다.

① 단열이는 <u>어머니와</u> 꼭 닮았다.
② 한빈이는 그 누구보다도 <u>멋지게</u> 생겼다.
③ 아버지는 그 아이를 <u>수양딸로</u> 삼으셨다.
④ <u>모름지기</u> 젊은이는 큰 포부를 지녀야 한다.
⑤ <u>자연에</u> 동화되어 사는 시간도 때론 필요하다.

05. 〈보기〉를 참조하여 '서술어의 자릿수'를 판단한 것 중, 옳지 <u>않은</u> 것은?

─────────────〈 보기 〉─────────────

문장 속에서 서술어가 꼭 필요로 하는 성분의 개수를 **서술어의 자릿수**라고 한다. 여기에 해당하는 성분에는 주어, 목적어, 보어, 그리고 필수적 부사어가 있다.

<u>그녀는</u>(주어) **예쁘다**.(서술어)	➡ 한 자리 서술어
<u>새가</u>(주어) 빨리(부사어) **날아간다**.(서술어)	➡ 한 자리 서술어
<u>그는</u>(주어) 연극을(목적어) **보았다**.(서술어)	➡ 두 자리 서술어
<u>물이</u>(주어) 얼음이(보어) **되었다**.(서술어)	➡ 두 자리 서술어
<u>철수는</u>(주어) 부모님께(필수적부사어) 선물을(목적어) **드렸다**.(서술어)	➡ 세 자리 서술어

─────────────────────────────

① 아지랑이가 모락모락 <u>피어올랐다</u>. ➡ 한 자리 서술어
② 그 소년이 무지개를 <u>바라보았다</u>. ➡ 두 자리 서술어
③ 내 동생은 거짓말쟁이가 <u>아니다</u>. ➡ 두 자리 서술어
④ 영국의 날씨는 한국과 <u>다르다</u>. ➡ 세 자리 서술어
⑤ 그가 나에게 친절을 <u>베풀었다</u>. ➡ 세 자리 서술어

06. (보기) 를 참조할 때, 서술어의 자릿수를 잘못 제시한 것은?

─────────────〈 보기 〉─────────────

서술어의 자릿수

문장의 기본 구조를 이루기 위해 서술어가 필수적으로 요구하는 문장성분의 수효를 서술어의 자릿수라고 한다. 서술어는 그 성격에 따라서 필요로 하는 무장 성분의 개수가 다르다. 예를 들어, '그는 연극을 보았다. '의 경우 '보다' 는 두 자리 서술어이고, '할아버지께서 우리들에게 세뱃돈을 주셨다. '의 경우 '주다' 는 세 자리 서술어이다.

─────────────────────────────

① 우정은 마치 보석과도 같단다. ➡ 두 자리 서술어
② 물은 0도 아래에서 얼음이 돼. ➡ 두 자리 서술어
③ 태희의 생각은 나와는 아주 달라. ➡ 세 자리 서술어
④ 수영이가 길가 우체통에 편지를 넣었어. ➡ 세 자리 서술어
⑤ 고모는 우리 막내 동생을 양자로 삼으셨어. ➡ 세 자리 서술어

07. ⟨보기⟩는 문장의 부속 성분과 서술어의 자릿수를 탐구하기 위한 자료이다. 이를 바탕으로 판단한 내용으로 적절하지 <u>않은</u> 것은?

─────────────────⟨ 보기 ⟩─────────────────

부사어는 관형어와 마찬가지로 다른 말을 수식하는 부속 성분이다. 일반적인 경우라면 부사어나 관형어 같은 부속 성분은 문장에서 생략이 가능하다. 그러나 '작은 것이 아름답다. '와 같은 문장처럼 관형어 '작은'을 생략할 수 없는 경우도 있다. 또한 몇몇 서술어는 문장을 구성하는 데 반드시 부사어를 필요로 한다. '그 녀석, 참 귀엽게 생겼네. '에서 '생기다'라는 서술어는 반드시 '-게'라는 부사어가 있어야 문장을 구성할 수 있다.

문장의 기본 구조를 이루기 위해 서술어가 필수적으로 요구하는 문장 성분의 수효를 서술어의 자릿수라고 한다. 서술어는 그 성격에 따라서 필수적으로 요구하는 문장 성분의 개수가 다르다.

[가] 1. 나는 나, 너와는 **많이** 다르다.

  2. 어머니는 그녀에게 학비를 **넉넉히** 주셨다.

  3. 아버지는 **일찍이** 그녀를 수양딸로 삼으셨다.

[나] 1. 나는 나, **너와는** 다르다.

  2. 어머니는 **그녀에게** 학비를 주셨다.

  3. 아버지는 그녀를 **수양딸로** 삼으셨다.

───

① [가]와 [나]의 밑줄 친 성분은 모두 용언을 수식하는 부사어이다.

② [가]와 [나]의 '다르다', '주다', '삼다'는 모두 세 자리 서술어이다.

③ [가]의 밑줄 친 말은 생략할 수 있는데, [나]의 밑줄 친 말은 생략할 수 없다.

④ 예를 들어 '그녀는 뜻밖의 장벽과 마주쳤다.'고 할 때의 '마주치다'는 두 자리 서술어이다.

⑤ 서술어의 자릿수를 따질 때에는 [나]와 같은 필수 성분 중심의 문장을 염두에 두고 판단한다.

08. ⟨보기⟩에 제시된 문장의 서술어에 대한 설명으로 적절하지 <u>않은</u> 것은?

─────────────────⟨ 보기 ⟩─────────────────

[가] 저는 지금 멀리 갑니다.

[나] 난 오늘 낮에 친구와 함께 영화를 봤다.

[다] 엄마는 월요일마다 할아버지께 용돈을 드린다.

[라] 아까 냉동실에 넣은 물이 벌써 얼음이 되었다.

---

① [가]의 '갑니다'는 주어만을 필수적으로 요구하는 한 자리 서술어이다.

② [나]의 '봤다'는 목적어를 필수적으로 요구하는 서술어이다.

③ [나]의 '봤다'와 [라]의 '되었다'는 주어 이외에 다른 성분을 하나 더 꼭 필요로 하는 두 자리 서술어이다.

④ [다]의 '드린다'는 주어와 목적어를 필수적으로 요구하는 두 자리 서술어이다.

⑤ [가]의 '저는'과 [나]의 '난', [다]의 '엄마는', 그리고 [라]의 '물이'는 주어로서 모두 서술어가 필수적으로 요구하는 문장 성분이다.

09. 〈보기〉의 ㉠의 예로만 짝지은 것은?

〈 보기 〉

부사어는 다른 말을 꾸며 주는 성분의 하나이므로 대개 문장을 구성하는 데에 꼭 필요하지는 않다. 그러나 어떤 서술어는 부사어를 반드시 요구하기도 하는데, 이처럼 문장의 성립에 반드시 필요한 부사어를 ㉠**'필수적 부사어'**라 한다. 해당 문장의 서술어가 무엇이냐에 따라 동일한 '체언 + 격조사' 구성의 부사어라도 필수적 부사어일 수도 있고 아닐 수도 있다.

---

① 나는 **삼촌과** 영화를 보았다.　　　　어제 본 것은 **이것과** 꽤 비슷하다.

② 인공위성이 **궤도에서** 이탈하였습니다.　　우리는 **공원에서** 선생님을 만났습니다.

③ 그들은 **몽둥이로** 멧돼지를 잡았다.　　　왕은 그 용감한 기사를 **사위로** 삼았다.

④ 이 지역의 기후는 **벼농사에** 적합하다.　　나는 **오후에** 할머니 댁을 방문했습니다.

⑤ 선생님께서 **지혜에게** 선행상을 주셨다.　　홍길동 씨는 **친구에게** 5만 원을 빌렸다.

05 :: 문장의 짜임새

1. 문장의 짜임새

① 홑문장 : 주어와 서술어의 관계가 한 번만 나타나는 문장.

- 절이 아닌 관형어나 부사어는 아무리 많이 나타나도 홑문장

예) 단열이는 멋지다. 단열이는 공부를 잘한다.

② 겹문장 : 주어와 서술어의 관계가 두 번 이상 나타남.

- 안은문장(다른 문장을 절의 형식으로 안고 있는 문장)과
- 이어진 문장(둘 이상의 홑문장들이 이어진 문장)으로 나뉨

2. 겹문장의 종류

1) 안은 문장

① 명사절을 안은 문장

문장을 명사화함. 명사형 어미 '-(음) ㅁ,-기 / 것' 등이 붙어 만들어진 명사절(안긴문장) 이 안은 문장에서 주어, 목적어, 부사어 등의 기능을 함.

예) **그가 정당했음**이 사실로 밝혀졌다.

　　우리는 **그가 정당했음**을 깨달았다.

　　지금은 **집에 가기**에 이른 시간이다.

② 관형절을 안은 문장

관형사형 어미 '-(으)ㄴ,-는, (으)ㄹ,-던' 등 이 붙어 만들어진 관형절(안긴문장이 안은 문장에서 관형어의 역할을 함.

예) 그는 **우리가 돌아온** 사실을 모른다.

③ 부사절을 안은 문장

- 부사어의 기능을 함.
- '-이, -게, -도록, -(아)서' 등과 결합

예) 그는 우리가 입은 것과 똑같이 입고 있다.

　　그 곳은 그름이 아름답게 장식되었다.

　　예담이는 발에 땀이 나도록 뛰었다.

　　예담이는 아는 것도 없이 잘난 척을 한다.

④ 서술절을 안은 문장

문장의 서술어 기능을 함.

예) 단열이는 몸이 좋다.

　　예담이는 얼굴이 예쁘다

　　단열이는 대학생이 되었다-홑문장

⑤ 인용절을 안은 문장

- 홑문장이 인용절이 되어 전체 문장 속에 안긴 문장이 됨
- 다른 사람의 말을 인용한 것이 절의 형식으로 안김 (통사상으로 서술어를 수식하므로 부사절에 포함시킬 수 있다는 의견이 있다.)

㉠ 직접 인용절

- 개념 : 주어진 문장을 그대로 직접 인용하는 것
- 실현 : 인용격 조사 '라고'가 붙어 이루어진다.

㉡ 간접 인용절

- 개념 : 말하는 사람의 표현으로 바꾸어서 간접 인용한 것
- 실현 : 인용격 조사 '고'가 붙어서 이루어진다. 서술격 조사 '이다'로 끝난 간접 인

03 문법

용절에서는 '이다고'가 아니라 '이라고'로 나타난다.

> 그는 당황한 어조로 "무슨 일이지?"라고 말하였다. ➡ 직접 인용절
> 우리는 인간이 누구나 존귀하다고 믿는다.
> ➡ 간접 인용절
> 그 사람은 자기가 학생이라고 주장하였다.
> ➡ 간접 인용절
>
> • 철수가 "선생님, 어디 가세요"라고 물었다
> • 형은 철수가 학교에 간다고 말하였다.

2) 이어진 문장

① 대등하게 이어진 문장

앞문장의 뒷문장에 대한 의미 관계는 '나열(-고, (으)며, 든지), 대조(-지만, (으)나), 선택 등임.

오늘은 하늘도 맑고 바람도 시원했다. (나열)
봄비가 내렸지만 기분이 우울하지는 않았다. (대조)
사과를 먹든지 배를 먹든지 어서 결정하세요.

② 종속적으로 이어진 문장

앞문장이 뒷문에 대한 의미 관계는 '원인(-아(어)서), 조건(-으면), 의도(-으려고), 배경(-는데), 양보(-ㄹ지라도)' 등임.

비가 와서, 길이 질다. (원인)
손님이 오시거든(오시면) 반갑게 맞이하여라. (조건)
우리는 지리산에 오르려고 아침 일찍 일어났다. (의도)
눈이 올지라도, 내일은 무조건 출발한다.

③ 문장의 이어짐과 단어의 이어짐

• 문장의 이어짐

두개의 홑문장이 접속 조사에 의해 이어짐.
서울과 부산은 인구가 많다
=서울은 인구가 많다 + 부산은 인구가 많다.
철수와 영희는 예담이를 닮았다.
= 철수는 예담이를 닮았다 + 영희는 예담이를 닮았다.
➡ 접속조사에 의한 단어 연결

• 단어의 이어짐

철수와 영희는 매우 닮았다.
= 철수는 매우 닮았다(×) + 영희는 매우 닮았다.(×)

• 구별법

㉠ 두 문장 구별 ⇨ 문장 성립 ➡ 문장 이어짐.
㉡ 이어진 두 성분의 위치 교환 ⇨ 문장 성립 ➡ 단어 이어짐.

||||| 확인문제

01. 다음 문장 중 그 성격이 <u>다른</u> 것은?

① 서울과 부산은 인구가 많다.　　② 정훈이와 현진이는 투수다.

③ 진희는 영어, 독어를 한다.　　④ 형과 동생이 함께 논다.

⑤ 단열이와 예담이는 사랑스럽다.

02. 다음 문장 중 그 성격이 <u>다른</u> 것은?

① 이것은 저것과 다르다. ② 형과 동생이 서로 돕는다.

③ 이것과 저것은 내것이다. ④ 사람과 짐승은 다르다.

⑤ 영석이와 유하는 부부다.

03. 다음 〈보기〉에 대한 설명으로 적절하지 <u>않은</u> 것은?

───────────〈 보기 〉───────────

ㄱ. 백두산은 우리 민족의 영산이다. ㄴ. 우리는 이제 그가 무죄였음을 인정한다.

ㄷ. 형은 학교에 가고, 동생은 집에서 논다. ㄹ. 할머니께서는 인정이 많으시다.

ㅁ. 나는 경민이가 학교에 갔다고 말했다.

① ㄱ은 주어와 서술어의 관계가 한 번만 맺어져 있으므로 홑문장이다.

② ㄴ은 '그가 무죄였다'는 홑문장이 절로 바뀌었으므로 겹문장이다.

③ ㄷ은 '형은 학교에 간다'와 '동생은 놀이터에서 논다'가 이어진 문장이다.

④ ㄹ은 서술어가 하나이고 주어가 하나이므로 홑문장이다.

⑤ ㅁ은 '경민이가 학교에 간다'가 절에 해당하므로 겹문장이다.

04. 다음 〈보기〉에 대한 설명으로 적절하지 <u>않은</u> 것은?

───────────〈 보기 〉───────────

ㄱ. 바람이 불고 비가 온다. ㄴ. 강이 깊어서 아이가 건너기 어렵다.

ㄷ. 내가 좋아하는 꽃은 백합이다. ㄹ. 미수가 친구를 배신했음이 밝혀졌다.

ㅁ. 철수는 봄이 오기를 기다린다.

① ㄱ에서 '바람이 불다'와 '바가 온다'가 어미 '-고'에 의해 대등하게 연결되어 있다.

② ㄴ에서 '강이 깊다'와 '아이가 강을 건너기가 어렵다'가 어미 '-어서'에 의해 종속적으로 연결되어 있다.

③ ㄷ에서 '내가 꽃을 좋아한다'는 관형절로 안긴 문장이다.

④ ㄹ에서 '영희가 친구를 배신했다'가 어미 '-음'에 의해 종속적으로 연결되어 있다.

⑤ ㅁ에서 '봄이 온다는 명사절로 안긴 문장이다.

05. <보기>는 수업의 일부이다. 선생님의 질문에 대한 학생들의 답변으로 적절한 것은?

───────────〈 보기 〉───────────

선생님 : 오늘은 조사 '와/과'가 사용된 문장에 대해 공부해 봅시다. '와/과'가 쓰인 문장 중, 어떤 것은 두 개 이상의 문장으로 나누어지기도 하고 어떤 것은 나누어지지 않기도 합니다. 이 설명을 기준으로 할 때, 다음 문장 중 그 종류가 나머지와 다른 하나는 어느 것일까요? 단, 주어진 문장 외의 다른 상황은 생각하지 않기로 합니다.

가. 철수와 영수는 잠잔다.   나. 철수와 영수는 친하다.

다. 철수와 영수는 싸웠다.   라. 철수와 영수는 마주쳤다.

마. 철수와 영수는 헤어졌다.

───────────────────────────

① 가   ② 나   ③ 다   ④ 라   ⑤ 마

06. 두 문장을 연결하여 겹문장으로 만드는 과제를 수행하였다. 문법적으로 자연스럽지 <u>못한</u> 것은?

① 철수는 토끼를 좋아한다. 토끼가 털이 하얗다. → 철수는 털이 하얀 토끼를 좋아한다.

② 나는 어제 돌아왔다. 나는 그 사실을 그에게 알렸다. → 나는 어제 돌아왔음을 그에게 알렸다.

③ 나는 방학 중 독서를 했다. 나는 방학 중 여가를 선용했다.

     → 나는 방학 중 독서와 여가를 선용했다.

④ 진수는 미혜를 자주 만났다. 진수는 미혜를 좋아하지 않는다.

     → 진수는 미혜를 자주 만났지만, 좋아하지는 않는다.

⑤ 그 나그네는 몹시 지쳤다. 그 나그네는 그만 길바닥에 주저앉고 말았다.

     → 그 나그네는 몹시 지쳐서, 그만 길바닥에 주저앉고 말았다.

07. <보기>의 밑줄 친 부분에 해당하는 사례로 보기 <u>어려운</u> 것은?

───────────〈 보기 〉───────────

사건이나 상태는 기본적으로 주어나 서술어로 표현된다. 주어와 서술어가 한 번 나타나면 홑문장, 두 번 이상 나타나면 겹문장이 된다.

홑문장이 이어져 겹문장이 되는 과정은 크게 두 가지로 나뉜다. 하나는 홑문장과 홑문장이 대

등하거나 종속적으로 이어지는 것이고, 또 하나는 <u>홑문장이 다른 문장 속의 한 문장 성분이 되는 것이다.</u>

---

① 봄이 오면 꽃이 핀다.　② 정아는 얼굴이 예쁘다.

③ 이 책은 내가 읽던 책이다.　④ 다음 주에 가겠다고 하던데요.

⑤ 우리는 그가 정당했음을 깨달았다.

08. <보기>의 밑줄 친 부분에 해당하는 사례로 보기 <u>어려운</u> 것은?

─────────────〈 보기 〉─────────────

ㄱ. 이 책은 글씨가 너무 작다

ㄴ. 그 집에서는 오늘 돌잔치가 있다.

ㄷ. 안개만 걷히면, 비행기가 출발한다.

ㄹ. 호랑이는 죽어서 가죽을 남기지만, 사람은 죽어서 이름을 남긴다.

---

① 위 문장은 모두 주술 관계가 두 번씩 이루어지는 겹문장입니다.

② ㄱ은 다른 문장을 절의 형식으로 안고 있는 겹문장입니다.

③ ㄷ의 앞문장은 조건을 나타내는 것으로, 뒷문장에 종속되어 있습니다.

④ ㄹ의 앞문장과 뒷문장은 서로 대등한 관계에 있습니다.

⑤ ㄷ과 ㄹ은 두 개의 문장이 모여서 이어진 문장이 되었습니다.

09. <보기>를 바탕으로 '안긴 문장'에 대해 발표한 내용이다. 적절하지 <u>않은</u> 것은?

─────────────〈 보기 〉─────────────

ㄱ. 나는 농사가 잘 되기를 진정으로 빌었다.

ㄴ. 나는 네거리에 있는 제과점에 가는 철수를 만났다.

ㄷ. 그는 자금도 없이 사업을 시작했다.

---

① 밑줄 친 부분은 모두 다른 문장 속에 안긴 문장입니다.

② ㄱ, ㄴ, ㄷ의 밑줄 친 부분은 문장 속에서 하는 구실이 다릅니다.

③ ㄴ의 밑줄 친 문장은 문장 속에 또 하나의 문장을 안고 있습니다.

④ ㄴ의 밑줄 친 문장에서 생략된 주어는 각각 '제과점이'와 '철수가'입니다.

⑤ ㄷ의 밑줄 친 부분은 바로 뒤에 이어지는 '사업'을 꾸미고 있습니다.

---

06 :: 피동과 사동

1. 사동표현

- 주동 : 주어 ➡ 직접 동작
- 사동 : 주어 ➡ 다른 대상 ➡ 동작을 하게함

① 파생적 사동

사동 접사 '-이, 히, 리, 기, 우, 구, 추' 결합

➡ 사동사는 타동사!! (목적어 有!)

(선생님께서) (책을 읽) (히) 셨다

② 통사적 사동

- '-게 하다' (선생님께서 책을 읽) 게 했다.
- '[시키다]' (선생님께서 책을 읽) 으라고 시켰다.]

1) 사동문 되기-주동문을 사동문으로!

① 자동사 / 형용사 ➡ 사동문

[얼음이 녹는다]

⇨ 예담이가 / 얼음을 / 녹인다.

(新동작주) **주어···목적어** / 주동사···사동사

[담이 높다]

⇨ 예담이가 / 담을 / 높인다.

(新동작주) **주어···목적어** / 주동사···사동사

② 타동사 -> 사동문

민기가 책을 읽었다.

⇨ 예담이가 / 민기에게 / 책을 / 읽혔다.

(新동작주) **주어···부사어**(에게, 한테, 로 하여

금) / 주동사···사동사

2) 사동문의 두 가지 뜻

① 주어의 직접적 행위(직접사동)

② 주어의 간접적 행위(간접사동)

어머니께서 동생에게 약을 먹이셨다.

⇨ ①어머니가 직접 ②동생이 스스로 먹게 시킴

- 단 통사적 사동문은 간접 사동의 의미만을 가짐.

2. 피동표현

- 능동 : 주어 ➡ 자기 힘으로 동작을 함
- 피동 : 주어 ➡ 자기 힘으로 동작을 못함(남의 행동 ⇨ 주어 동작을 하게 됨)

① 파생적 피동문

피동접사 '-이, 히, 히, 기' 결합(S + 피동)

② 통사적 피동문 : '-어지다', '-되다, -게 되다'

1) 피동문 되기

순경이 도둑을 잡았다.

⇨ 도둑이 / 순경에게 / 잡혔다.

목적어···주어 / 주어···부사어(에게/한테) / 능동사···사동사

2) 사/피동 구별

- 사동(목적어 *必有*)
- 이 / 히 / 리 / 기
- 피동(목적어 *無*)

3. 시험에 자주 출제되는 부분은?

① 이중 피동 : '통사적 피동 /-되다' + '-어 지다'의 이중사용

끊다-> 끊기다-> 끊기 + 어지다 ⇨ 끊겨지다.

② 사동의 남발 : '-시키다'의 오용

내가 친구 한 명 소개시켜 줄게

IIIII 확인문제

01. 다음 문장 중 〈보기〉와 같이 전환하기 <u>어려운</u> 것은?

—————————————〈 보기 〉—————————————

부사어는 다른 말을 꾸며 주는 성분의 하나이므로 대개 문장을 구성하는 데에 꼭 필요하지는 않다. 그러나 어떤 서술어는 부사어를 반드시 요구하기도 하는데, 이처럼 문장의 성립에 반드시 필요한 부사어를 ㉠**'필수적 부사어'** 라 한다. 해당 문장의 서술어가 무엇이냐에 따라 동일한 '체언 + 격조사' 구성의 부사어라도 필수적 부사어일 수도 있고 아닐 수도 있다.

도둑이 순경에게 잡혔다. ➡ 순경이 도둑을 잡았다.
새로운 사실이 밝혀졌다. ➡ (연구진이) 새로운 사실을 밝혔다.

---

① 못이 벽에 단단히 박혔다.
② 온 마을이 해일에 휩쓸렸다.
③ 바위에 커다란 구멍이 뚫렸다.
④ 요즘 날씨가 제법 쌀쌀해졌다.
⑤ 그의 약점이 나에게 잘 보인다.

02. 다음 피동 표현 중, 능동 표현으로 바꿀 수 <u>없는</u> 것은?

① 그 문제가 어떤 수학자에 의해 풀렸다.
② 그 책은 많은 사람에게 읽혔다.
③ 아이가 어머니에게 안겼다.
④ 토끼가 사냥꾼에게 잡혔다.
⑤ 철수가 감기에 걸렸다.

07 :: 높임법

1. 주체 높임법 : 서술의 주체(=주어) > 화자

① '-시'

② 주격조사 : -께서

③ 동사 : 드시다, 잡수시다, 편찮으시다, 주무
시다, 돌아가시다, 계시다

2. 객체 높임법 : 화자 < 문장의 목적어, 부사어

① 부사격 조사 : -께

② 동사 : 여쭈다, 뵙다, 드리다, 모시다

3. 상대 높임법 : 화자가 청자를 높이거나 낮출 때

① 격식체 : 화자와 청자의 관계가 멀거나 공식
적이며 의례적인 자리

② 비격식체 : 화자와 청자가 가까운 사이, 부드
럽고 주관적인 느낌을 줄 때

※ 주체높임 주의 사항!

① 간접주체 높임 : 높임의 대상은 아니더라도
주체가 높여야할 대상과 관련이 있는 신체부
분, 개인적 소유물에 대해 '-시'를 사용하여
간접적으로 높이는 경우

② 압존법 : '화자< 문장주체(주어) <청자'의 경
우 '-시'를 쓰지 않는다.

O 상대 높임법

구분		평서형	의문형	명령형	청유형	감탄형
격식체	하십시오체(아주 높임)	-십니다 -ㅂ니다	-십니까	-십시오	-시지요	-군요
	하오체(예사 높임)	하오(소), 구려	-오	-오, -구려	-ㅂ시다	-구려
	하게체(예사 낮춤)	하네	-나,-는가	-게	-세	-구먼
	해라체(아주 낮춤)	-다	-느냐,-니	-해라	-자	-구나
비격식체	해요체(두루 높임)	-아요	-아요	-아요	-아요	-군요
	해체(두루 낮춤)	-아	-아	-아	-아	-군

||||| 확인문제

01. 할머니께서 귀가 아파. (○, ×)

02. 다른 의견이 계신 분은 안계십니까? (○, ×)

03. 주례 선생님의 말씀이 계시겠습니다. (○, ×)

04. 할아버지 아버지께서 오셨습니다. (○, ×)

♔ 다음 글을 읽고 물음에 답하시오.

─────────────── 〈 보기 〉 ───────────────

㉠ 할아버지께서 시장에 가신다.

㉡ 영수가 어머니께 선물을 드린다.

㉢ 할머니께서 지금 도착하셨어요.

05. 〈보기〉의 ㉠~㉢에서 높임을 받고 있는 인물은?

① ㉠-말하는 이   ㉡-주체   ㉢-주체

② ㉠-듣는 이   ㉡-주체   ㉢-주체

③ ㉠-듣는 이   ㉡-대상   ㉢-듣는 이

④ ㉠-주체   ㉡-듣는 이   ㉢-주체, 듣는 이

⑤ ㉠-주체   ㉡-대상   ㉢-주체, 듣는 이

06. 다음 피동 표현 중, 능동 표현으로 바꿀 수 없는 것은?

─────────────── 〈 보기 〉 ───────────────

아버지 : 예 단열아, 할아버지 뵙지 못하고 떠나게 돼 어떻게 하지? 도착하는 즉시 전화로 경위를
말씀드리겠다고 잘 여쭈어다오.

단열 : 네, 안녕히 다녀오세요.

할아버지 : 아비는 벌써 떠났니? 그래, 아비가 별 얘기 없었니?

단열 : (   )

① 아버지가 도착하는 즉시 전화로 경위를 말씀드리겠다고 했습니다.

② 아버지께서 도착하는 즉시 전화로 경위를 말씀드리겠다라고 했습니다.

③ 아버지가 도착하시는 즉시 전화로 경위를 말씀드리겠다고 하셨습니다.

④ 아버지께서 도착하시는 즉시 전화로 경위를 말씀드리겠다고 하셨습니다.

⑤ 아버지께서 도착하는 즉시 전화로 경위를 말씀드리겠다라고 하셨습니다.

 Memo

04

비 문학

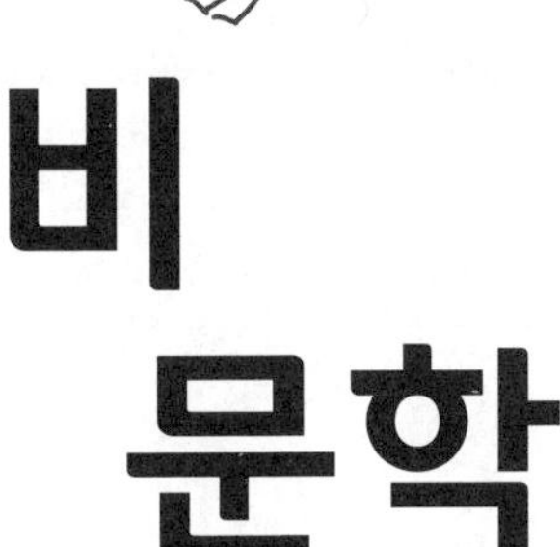

04 비문학

01 :: 비문학 글의 종류

	작 자	독 자(　　)
		설　득
		이　해

02 :: 비문학 – 내용

핵심 정보(글 전체, 가장 ○?)		
대상	중심소재, 제재	① ①
주제		
문제 유형	글 전체, 가장 ○? 제목, 표제 – 부제	② ② ③ ④ ③ ⑤ ④

상세 정보(문단, ○×?)		
대상	문단의 중심 문장	①
주제	문단의 보조 문장	②
문제 유형	문단, ○×?	③ ④ ⑤

동적 서술( )		①
서사		②
서사	예) 15c 16c 17c, 춘하추동, 고대 중세 근대	③
과정		④
인과		⑤

정적 서술( )	
정의	대상의 , , (,)를 서술
예시	예를 들어 서술
비교	대상 간의 점을 서술
대조	대상 간의 점을 서술
분류	에 따라 나누어 서술(=)
분석	에 따라 나누어 서술
비유	대상을 다른 대상에 서술

비문학

👑 다음 글을 읽고 물음에 답하시오.

　　거센 바람이 불고 화재가 잇따르자 정(鄭)나라넓의 재상 자산(子產)에게 측근 인사가 하늘에 제사를 지내라고 요청했지만, 자산은 "천도(天道)는 멀고, 인도(人道)는 가깝다."라며 거절했다. 그가 보기에 인간에게 일어나는 일은 더 이상 하늘의 뜻이 아니었고, 자연 변화 또한 인간의 ㉠화복(禍福)과는 거리가 멀었다. 인간이 자연 변화를 파악하면 얼마든지 재난을 대비할 수 있고, 인간사는 인간 스스로 해결할 문제라 생각한 것이다. 이러한 생각에 기초하여 그는 인간의 문제 해결 범위를 확대했고, 정나라의 현실 문제를 극복하고자 하였다.

　　그가 살았던 정나라는 요충지에 위치한 작은 나라였기 때문에 춘추 초기부터 제후국의 쟁탈 대상이었고, 실제로 다른 나라의 침략을 받기도 하였다. 춘추 중기에는 귀족 간의 정치 투쟁이 벌어져 자산이 ㉡집정(執政)하기 직전까지도 정변이 이어졌다. 따라서 귀족 정치의 위기를 수습하고 부국강병을 통해 강대한 제후국의 지배를 받지 않는 것이 정나라와 자산에게 부여된 과제였다. 그래서 그는 집권과 동시에 귀족에게 집중됐던 정치적, 경제적 특권을 약화시키는 데 초점을 맞춰 개혁을 추진하였다.

　　그는 귀족이 독점하던 토지를 백성들도 소유할 수 있게 하였고, 이것을 문서화하여 세금을 부과하였다. 이에 따라 백성들은 ㉢개간(開墾)을 통해 경작지를 늘려 생산을 증대하였고, 국가는 경작지를 계량하고 등록함으로써 민부(民富)를 국부(國富)로 연결시켰다. 아울러 그는 중간 계급도 정치 득실을 논할 수 있도록 하여 귀족들의 정치 기반을 약화시키는 한편, 중국 역사상 처음으로 형법을 성문화하여 정(鼎)*에 새김으로써 모든 백성이 법을 알고 법에 따라 처신하게 하는 법치의 체계를 세웠다. 성문법 도입은 귀족의 임의적인 법 제정과 집행을 막아 그들의 지배력을 약화시키는 조치였으므로 당시 귀족들은 이 개혁 조치에 반발하였다.

    귀족의 반대를 무릅쓰고 단행한 자산의 개혁 조치에 따라 정나라는 부국강병을 이루었다. 그리고 법을 알려면 글을 알아야 하기 때문에, 성문법 도입은 백성들도 교육을 받을 수 있는 계기가 되는 등 그의 개혁 조치는 이전보다 상대적으로 백성의 ㉣위상(位相)을 높였다. 하지만 그의 개혁은 힘에만 의존하여 다스리는 역치(力治)의 가능성이 ㉤농후(濃厚)하였고, 결국 국가의 엄한 형벌과 과중한 세금 수취로 이어지는 폐단을 낳기도 했다.

<어휘정리>

＊<u>정</u> : 발이 셋이고 귀가 둘 달린 솥.

01. 위 글에서 언급하지 <u>않은</u> 것은?

    ① 자산이 추진한 개혁의 사상적 기초   ② 자산이 추진한 개혁의 시대적 배경

    ③ 자산이 단행한 개혁 조치의 내용   ④ 자산이 단행한 개혁 조치의 영향

    ⑤ 자산이 단행한 개혁에 대한 계승

02. 위 글에서 자산의 개혁에 대한 당시 사람들의 반응으로 보기 <u>어려운</u> 것은?

    ① 백성 : 이전보다 일관성 있는 법 적용을 받겠군.

    ② 백성 : 법을 알기 위해 우리도 글을 배워야겠군.

    ③ 백성 : 주인 없는 땅을 개간하면 내 재산이 될 수 있겠군.

    ④ 귀족 : 백성도 토지를 소유하니 우리 입지가 약화되겠군.

    ⑤ 귀족 : 중간 계급의 정치력 강화에 맞서 법치 전통을 세워야겠군.

03. <보기>의 입장에서 위 글의 자산을 평가한 것으로 가장 적절한 것은?

─〈 보기 〉─

    노자(老子)는, 만물의 생성과 변화는 자연스럽고 무의지적이지만, 스스로의 작용에 의해 극대화된다고 보았다. 인간도 이러한 자연의 원리에 따라 삶을 영위해야 한다고 보아 통치자의 무위(無爲)를 강조하였다. 또한 사회의 도덕, 법률, 제도 등은 모두 인간의 삶을 인위적으로 규정하는 허위라 파악하고, 그것의 해체를 주장하였다.

① 인간의 문제를 스스로 해결하겠다는 시도는 결국 현실 사회를 허위로 가득 차게 할 것이다.

② 자연이 인간의 화복을 주관하지 않는다는 생각은 자연의 의지에 반하는 것이다.

③ 현실주의적 개혁은 궁극적으로 백성들에게 안정과 혜택을 줄 것이다.

④ 사회 제도에 의거하는 정치 개혁은 사회 발전을 극대화할 것이다.

⑤ 사회 규범의 법제화는 자발적인 도덕의 실현으로 이어질 것이다.

04. ㉠~㉤의 사전적 뜻풀이로 바르지 <u>않은</u> 것은?

① ㉠ : 재앙과 복을 아우르는 말.

② ㉡ : 군주가 직접 통치할 수 없을 때에 군주를 대신하여 나라를 다스림.

③ ㉢ : 거친 땅이나 버려진 땅을 일구어 논밭이나 쓸모 있는 땅으로 만듦.

④ ㉣ : 어떤 대상이 다른 대상과의 관계 속에서 가지는 위치나 상태.

⑤ ㉤ : 어떤 경향이나 기색 따위가 뚜렷함.

|||| 비문학 기본편　　　　　　　　　　　　　　　　　　　　2010년 수능

👑 다음 글을 읽고 물음에 답하시오.

채권은 사업에 필요한 자금을 조달하기 위해 발행하는 유가증권으로, 국채나 회사채 등 발행 주체에 따라 그 종류가 다양하다. 채권의 액면 금액, 액면 이자율, 만기일 등의 지급 조건은 채권 발행 시 정해지며, 채권 소유자는 매입 후에 정기적으로 이자액을 받고, 만기일에는 마지막 이자액과 액면 금액을 지급받는다. 이때 이자액은 액면 이자율을 액면 금액에 곱한 것으로 대개 연 단위로 지급된다. 채권은 만기일 전에 거래되기도 하는데, 이때 채권 가격은 현재 가치, 만기, 지급 불능 위험 등 여러 요인에 따라 결정된다.

채권 투자자는 정기적으로 받게 될 이자액과 액면 금액을 각각 현재 시점에서 평가한 값들의 합계인 채권의 현재 가치에서 채권의 매입 가격을 뺀 순수익의 크기를 따진다. 채권 보유로 미래에 받을 수 있는 금액을 현재 가치로 환산하여 평가할 때는 금리를 반영한다. 가령 금리가 연 10%이고, 내년에 지급받게 될 금액이 110원이라면, 110원의 현재 가치는 100원이다. 즉 금리는 현재 가치에 반대 방향으로 영향을 준다. 따라서 금리가 상승하면 채권의 현재 가치가 하락하게 되고 이에 따라 채권의 가격도 하락하게 되는 결과로 이어진다. 이처럼 수시로 변동되는 시중 금리는 현재 가치의 평가 구조상 채권 가격의 변동에 영향을 주는 요인이 된다.

채권의 매입 시점부터 만기일까지의 기간인 만기도 채권의 가격에 영향을 준다. 일반적으로 다른 지급 조건이 동일하다면 만기가 긴 채권일수록 가격은 금리 변화에 더 민감하므로 가격변동의 위험이 크다. 채권은 발행된 이후에는 만기가 점점 짧아지므로 ㉠만기일이 다가올수록 채권 가격은 금리 변화에 덜 민감해진다. 따라서 투자자들은 만기가 긴 채권일수록 높은 순수익을 기대하므로 액면 이자율이 더 높은 채권을 선호한다.

또 액면 금액과 이자액을 약정된 일자에 지급할 수 없는 지급불능 위험도 채권 가격에 영향을 준다. 예를 들어 채권을 발행한 기업의 경영 환경이 악화될 경우, 그 기업은 지급 능력이 떨어질 수 있다. 이런 채권에 투자하는 사람들은 위험을 감수해야 하므로 이에 대한 보상을 요구하게 되고, 이에 따라 채권 가격은 상대적으로 낮게 형성된다.

한편 채권은 서로 대체가 가능한 금융 자산의 하나이기 때문에, 다른 자산 시장의 상황에 따라 가격에 영향을 받기도 한다. 가령 주식 시장이 호황이어서 ㉡주식 투자를 통한 수익이 커지면 상대적으로 채권에 대한 수요가 줄어 채권 가격이 하락할 수도 있다.

05. 위 글의 설명 방식으로 적절하지 <u>않은</u> 것은?

① 채권 가격을 결정하는 데 영향을 미치는 요인을 몇 가지로 나누어 설명하고 있다.
② 채권의 지급 불능 위험과 채권 가격 간의 관계를 설명하기 위해 예를 들고 있다.
③ 유사한 원리를 보이는 현상에 빗대어 채권의 특성을 설명하고 있다.
④ 금리가 채권 가격에 미치는 영향을 인과적으로 설명하고 있다.
⑤ 채권의 의미를 밝히고 그 종류를 들고 있다.

06. 위 글로 미루어 알 수 있는 것은?

① 채권이 발행될 때 정해지는 액면 금액은 채권의 현재 가치에서 이자액을 뺀 것이다.
② 채권의 순수익은 정기적으로 지급될 이자액을 합산하여 현재 가치로 환산한 값이다.

③ 다른 지급 조건이 같다면 채권의 액면 이자율이 높을수록 채권 가격은 하락한다.

④ 지급 불능 위험이 커진 채권을 매입하려는 투자자는 높은 순수익을 기대한다.

⑤ 일반적으로 지급 불능 위험이 낮으면 상대적으로 액면 이자율이 높다.

07. 〈보기〉의 A는 어떤 채권의 가격과 금리 간의 관계를 나타낸 그래프이다. 위 글의 ㉠과 ㉡에 따른 A의 변화 결과를 바르게 예측한 것은?

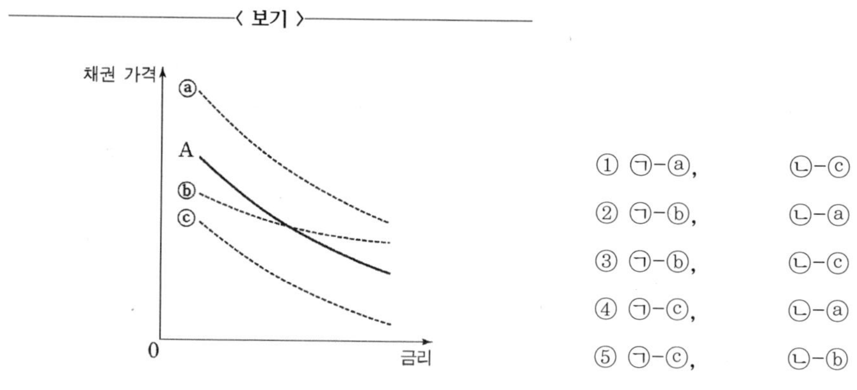

① ㉠-ⓐ,　㉡-ⓒ

② ㉠-ⓑ,　㉡-ⓐ

③ ㉠-ⓑ,　㉡-ⓒ

④ ㉠-ⓒ,　㉡-ⓐ

⑤ ㉠-ⓒ,　㉡-ⓑ

|||| 비문학 기본편　　　　　　　　　　　　　　　　　　　　　　　　　　　2010년 10월

👑 다음 글을 읽고 물음에 답하시오.

(가) 바이러스는 보통 세균의 100분의 1 정도의 크기로 단백질과 핵산만으로 구성되어 있다. 이처럼 바이러스는 세포의 구조를 갖추고 있지 않기 때문에 독립적으로 존재할 때에는 스스로 물질대사를 할 수 없다. 하지만 살아있는 생물에 기생할 때는 숙주* 세포 내의 효소와 에너지 등을 이용하여 물질대사를 하고 증식을 하는 등 생물학적 특성을 보인다. 바이러스가 생존을 위해 다른 생물을 이용하는 데만 그친다면 별 문제가 없겠지만 '기생'이라는 바이러스의 생존 방식은 필연적으로 숙주에게 피해를 입히기 때문에 문제가 된다.

(나) 바이러스는 어떠한 방법으로 숙주에게 피해를 입히는 것일까? 바이러

<어휘정리>

＊**숙주** : 기생 생물에게 영양을 공급하며 생명 활동의 장소를 제공하는 생물.

스는 먼저 자신의 숙주가 되는 미생물, 식물, 동물 등의 세포 표면에 달라붙어 유전 물질을 세포 내로 들여보낸다. 이렇게 세포 내로 들어간 유전 물질은 숙주 세포의 단백질 합성 기구를 이용하여 바이러스 복제에 필요한 효소들을 만들어낸다. 바이러스는 이 효소들을 이용하여 유전 물질을 대량 복제하며, 복제된 유전 물질로부터 바이러스의 단백질 껍질을 합성한다. 이런 방식으로 복제된 바이러스 유전 물질이 단백질 껍질 속으로 들어가는 조립 과정을 거치면 새로운 바이러스가 완성된다. 이때 하나의 숙주 세포에서 복제되는 바이러스 수는 엄청나다.

(다) 이렇게 증식한 바이러스들은 숙주 세포를 뚫고 밖으로 나와 주변의 다른 숙주 세포들로 다시 침투한다. 물론 이때 기존의 숙주 세포는 죽는다. 만일 숙주가 사람이라면, 이런 일련의 과정을 여러 번 거치면서 많은 수의 숙주 세포가 파괴되어 수두, 유행성 눈병, 독감, 에이즈 등 다양한 바이러스성 질병에 걸리게 된다. 바이러스에 의한 질병은 세균에 의한 질병과 달리 치료약이 별로 없다. 바이러스로 인한 질병을 치료하려면 체내에 침투한 바이러스를 제거해야 하는데 숙주 세포를 그대로 둔 채 바이러스만 죽이는 것이 어렵기 때문이다. 이런 이유로 그동안 바이러스는 사람들에게 부정적인 대상으로 인식되어 왔다.

(라) 그러나 최근 유전자 재조합 기술에 대한 관심이 커지면서 바이러스가 사람에게 유익한 일을 할 수 있다는 것이 밝혀졌다. 생물체의 유용한 DNA*를 유전자 운반체에 끼워 넣어 재조합 DNA를 만든 후 대장균과 같은 숙주 세포에 삽입하여 유용한 유전자를 합성하는 것을 유전자 재조합 기술이라고 한다. 이 과정에서 유전자 운반체로 사용되는 것 중의 하나가 바이러스의 일종인 '박테리오파지'이다. 박테리오파지는 세균의 세포 표면에 달라붙은 다음 자신의 유전 물질을 세균 세포 내로 들여보내 대량으로 증식한 뒤 결국 숙주를 파괴하고 나오게 된다.

<어휘정리>
＊DNA : 단백질과 결합하여 세포 안 염색체의 중요 성분을 이루는 유전자 본체.

(마) ○현대 의학은 당뇨병 치료에 필요한 인슐린을 얻기 위해 이런 유전자 재조합 기술을 활용한다. 박테리오파지에 인슐린 합성에 필요한 DNA를 끼워 넣어 이를 대장균에 집어 넣어 복제함으로써 인위적으로 많은 양의 인슐린을 얻어내 인슐린 주사를 만든다. 인슐린 주사는 부족한 인슐린을 보충하는 정도이긴 하지만, 동물에게서 인슐린을 얻어내던 기존의 치료 방식에 비하면 획기적인 발전이라고 할 수 있다. 질병의 주원인이고 숙주 세포를 파괴하는 등 부정적인 존재로만 여겨지던 바이러스가 현대 의학의 중요한 관심사로 부각되고 있는 이유가 바로 여기에 있다.

08. (가)~(마)에 대한 설명으로 적절하지 <u>않은</u> 것은?

① (가) : 바이러스의 생물학적 특성을 제시하고 있다.
② (나) : 바이러스의 복제 과정을 단계적으로 설명하고 있다.
③ (다) : 바이러스가 부정적으로 인식되는 이유를 밝히고 있다.
④ (라) : 바이러스가 유전자 재조합 기술에서 어떻게 활용되는지 소개하고 있다.
⑤ (마) : 바이러스가 지닌 다양한 역할과 기능에 대해 강조하고 있다.

09. <보기>를 참고로 위 글의 내용을 이해할 때 적절하지 <u>않은</u> 것은?

< 보기 >

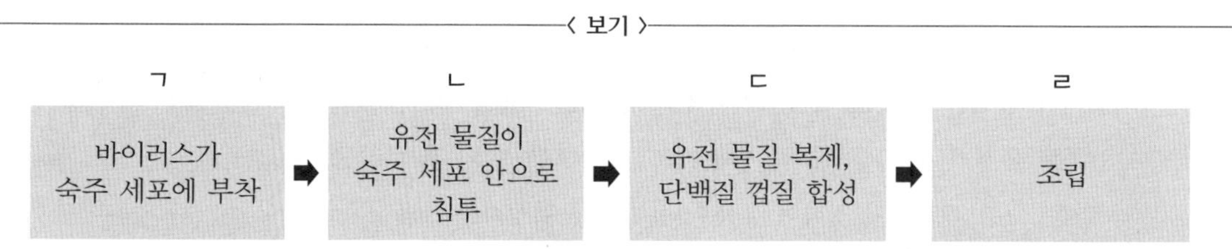

① 유전자 재조합 기술에서 ㄱ~ㄹ에 활용되는 유전자는 의도적으로 만들어진 것이다.
② 유전자 재조합 기술을 활용할 때, ㄴ의 과정까지 바이러스는 유전자 운반체 역할을 한다.
③ ㄴ의 상황을 고려할 때, 바이러스만 제거하는 것이 어렵다는 것을 알 수 있다.
④ ㄷ에서 숙주의 단백질 합성 기구는 바이러스에 힘을 가하여 대량 증식을 일으키게 한다.
⑤ ㄹ은 복제된 바이러스 유전 물질이 단백질 껍질 속으로 들어가는 과정이다.

10. ㉠과 〈보기〉를 관련지어 이해할 때 그 반응으로 가장 적절한 것은?

―――――――――――〈 보기 〉―――――――――――

당뇨병은 인슐린을 합성할 수 있는 췌장의 베타 세포에 유전자 이상이 생겨 인슐린을 충분히 합성해 내지 못하기 때문에 걸리게 되는 병이다. 그러므로 당뇨병에 걸린 환자에게는 이상이 생긴 유전자 대신 인슐린을 원활하게 합성할 수 있는 정상적인 유전자를 췌장의 베타 세포에 주입해 주어야 완전한 치료가 이루어진다.

① 바이러스를 이용한 현대 유전자 재조합 기술은 아직까지 당뇨병을 근본적으로 해결하지 못하고 있군.
② 인슐린 합성의 양을 최대로 늘리는 것이 바이러스를 활용한 당뇨병 치료 연구의 궁극적인 과제로군.
③ 박테리오파지로부터 숙주 세포에 해당하는 췌장의 베타 세포를 보호할 수 있는 방안을 시급히 마련해야겠군.
④ 바이러스를 활용하여 당뇨병 치료의 효과를 얻으려면 인슐린을 합성할 수 있는 또 다른 숙주 세균을 찾아야겠군.
⑤ 당뇨병을 근본적으로 해결하기 위해서는 인슐린을 대량으로 복제할 수 있는 DNA를 재조합하는 것이 급선무로군.

| ⅢⅢ 비문학 기본편 | 2010년 10월 |

👑 다음 글을 읽고 물음에 답하시오.

배가 심하게 흔들리면 많은 어려움을 겪게 된다. 현재 배의 흔들림을 줄이기 위해 많이 쓰이고 있는 장치는 '빌지킬', '안티롤링 탱크', '핀 안정기' 등 세 가지이다.

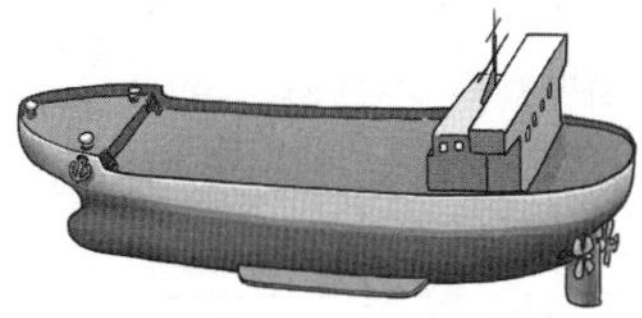

'빌지킬'은 흔들림을 줄이기 위해 가장 많이 쓰이는 장치로 군함뿐만 아니라 많은 배들이 사용하고 있다. 빌지킬은 물에 잠기는 배의 측면에 붙이는 얇은 판을 가리킨다. 빌지킬을 갖춘 배는 얇은 판이 배 양쪽에 하나씩 두 개가 설치되어 있다. 빌지킬이 있으면 배가 왼쪽으로 기울기 시작할 때 왼쪽에 있는 빌지킬로 인해 물과 접촉해서 생기는 마찰 저항이 증가하게 되고, 그로 인해 배는 원 위치로 되돌아가게 되므로 배의 흔들림은 줄어들게 된다.

빌지킬이 배의 크기와 관계없이 두루 사용되는 장치라면 '안티롤링 탱크'는 큰 배들이 주로 사용하는 장치이다. 안티롤링 탱크는 커다란 U자형 관을 배 안쪽에 설치하고 그 안에 물을 채워둠으로써 흔들림을 줄여주는 장치이다. 일반적으로 배가 왼쪽으로 기울면 U자형 관 안에 있는 물도 왼쪽으로 이동하기 시작한다. 하지만 U자형 관을 통해 물이 이동하는 데는 시간이 걸리기 때문에 배의 기울어진 방향과 U자형 관 안의 물의 위치가 항상 일치하진 않는다. 배가 왼쪽으로 기울면 물은 오른쪽에 있고, 배가 오른쪽으로 기울면 물이 왼쪽에 있게 된다. 이렇게 되면 배가 기울어지는 방향과 반대쪽에 있는 물의 무게가 배를 눌러줌으로써 원 위치로 돌리는 역할을 수행한다. 하지만 물이 이동하는 시간 차이를 이용하는 것은 한계가 있어서 배가 기울어지는 방향과 U자형 관 안에 있는 물이 같은 방향에 있게 되면 오히려 배가 뒤집어질 수도 있다. 이런 문제를 없애기 위해서 최근에 설치되는 안티롤링 탱크는 펌프를 이용하여 U자형 관 안에 있는 물의 양과 움직임을 인위적으로 ㉠맞추어 배가 흔들리는 것을 줄이고 있다.

빌지킬과 안티롤링 탱크가 오랫동안 사용되어 온 장치라면 최근에 개발된 장치는 '핀 안정기'이다. 배 양쪽에 비행기 날개 모양으로 달려있는 장치가 핀 안정기이다. 물체가 움직일 때 압력이 높은 곳에서 낮은 곳으로 수직으로 작용하는 힘을 양력이라 부르는데 핀 안정기는 날개의 움직임에 의해 발생하는 양력을 이용한다.

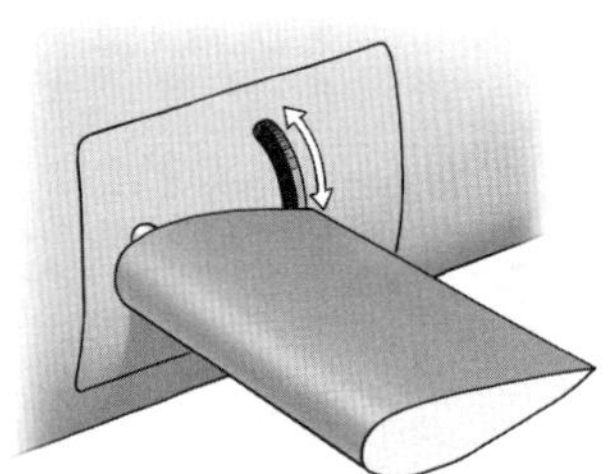

그림에서 보듯 핀 안정기의 앞쪽은 배에 고정되어 있지만 뒤쪽은 위아래로 움직일 수 있다. 배의 앞쪽에서 바라볼 때 배가 왼쪽으로 기울면 왼쪽 핀 안정기의 뒤쪽은 아래로 움직이고, 오른쪽 핀 안정기의 뒤쪽은 위로 움직인다. 그러면 왼쪽 핀 안정기 아래쪽의 물의 흐름은 느려지고 위쪽은 빨라지면서 핀 안정기 아래쪽의 압력이 위쪽보다 높아진다. 이 압력차로 인해 왼쪽 핀 안정기에서는 위로 양력이 작용하고, 반대로 오른쪽 핀 안정기에서는 양력이 아래쪽으로 작용하여 배의 흔들림을 줄일 수 있다.

11. 위 글의 내용과 일치하지 <u>않는</u> 것은?

① 빌지킬은 양력을, 핀 안정기는 마찰 저항을 이용한다.

② 빌지킬은 가장 많이 사용되는 흔들림 방지 장치이다.

③ 안티롤링 탱크는 규모가 큰 배들이 사용하는 장치이다.

④ 흔들림 방지 장치 중에 핀 안정기는 최근에 개발된 것이다.

⑤ 안티롤링 탱크는 U자형 관 안의 물이 이동하는 시간을 이용한다.

12. 위 글을 읽은 사람이 〈보기〉에 대해 보인 반응으로 가장 적절한 것은?

─────────〈 보기 〉─────────

파도의 움직임에 따라 배의 흔들림이 시작되자 선장은 선원을 모두 갑판 위로 모이도록 했다. 선장은 선원들에게 배가 오른쪽으로 기울기 시작하면 모두 왼쪽으로 이동하고, 왼쪽으로 기울기 시작하면 오른쪽으로 이동하도록 지시했다.

① 빌지킬이 있었다면 선원들의 움직임은 아무런 효과가 없었겠군.

② 선원들의 움직임이 양력을 발생시켜 배의 흔들림이 줄어들었겠군.

③ 핀 안정기의 역할을 했던 선원들로 인해 배의 속도가 빨라졌겠군.

④ 선원들을 양쪽으로 동시에 고르게 분산시켰다면 배가 뒤집어질 수 있었겠군.

⑤ 선원들이 U자형 관 안의 물과 같은 역할을 하기 때문에 배의 흔들림이 줄어들었겠군.

13. 〈보기〉의 ⓐ와 ⓑ는 배의 앞쪽에서 바라본 핀 안정기를 그린 것이다. 배가 (가) 방향으로 기울 때 원 위치로 되돌리기 위한 핀 안정기의 움직임으로 가장 적절한 것은?

─────────〈 보기 〉─────────

(가)   (나)

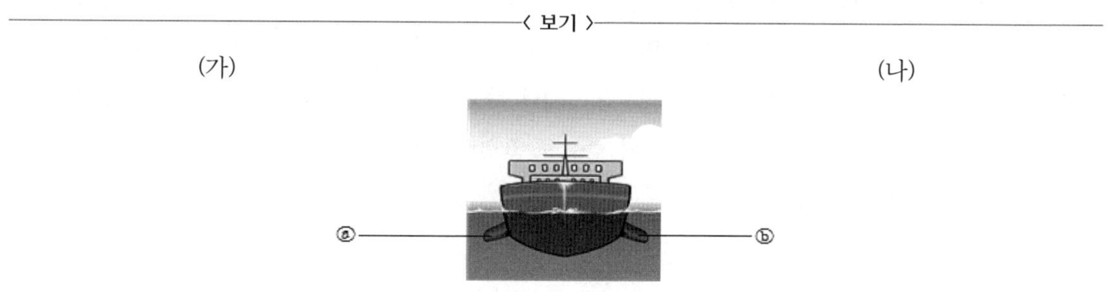

① ⓐ와 ⓑ의 뒤쪽은 모두 위로 움직인다.

② ⓐ와 ⓑ의 뒤쪽은 모두 아래로 움직인다.

③ ⓐ의 뒤쪽은 아래로 움직이고, ⓑ의 뒤쪽은 위로 움직인다.

④ ⓐ의 뒤쪽은 위로 움직이고, ⓑ의 뒤쪽은 아래로 움직인다.

⑤ⓐ의 뒤쪽은 위와 아래로 계속 움직이고, ⓑ의 뒤쪽은 움직이지 않는다.

14. 문맥상 ㉠과 바꿔 쓸 수 있는 것은?

① 조절(調節)하여   ② 조성(造成)하여   ③ 조율(調律)하여

④ 조종(操縱)하여   ⑤ 조치(措置)하여

♛ 다음 글을 읽고 물음에 답하시오.

㉠전통적인 철학적 미학은 세계관, 인간관, 정치적 이념과 같은 심오한 정신적 내용의 미적 형상화를 예술의 소명으로 본다. 반면 현대의 ㉡체계 이론 미학은 내용적 구속성에서 벗어난 예술을 진정한 예술로 여긴다. 이는 예술이 미적 유희를 통제하는 모든 외적 연관에서 벗어나 하나의 자기 연관적 체계로 확립되어 온 과정을 관찰하고 분석함으로써 얻은 결론이다. 이 이론은 자율성을 참된 예술의 조건으로 보는 이들이 선호할 만하다. 그렇다면 현대의 새로운 예술 장르인 뮤지컬은 어떻게 진술될 수 있을까?

뮤지컬은 여러 가지 형식적 요소로 구성되는데, 이것들은 내용, 즉 작품의 줄거리나 주제를 실질적으로 구현하는 역할을 한다. 전통적인 철학적 미학에 따르면 참된 예술은 훌륭한 내용과 훌륭한 형식이 유기적으로 조화될 때 달성된다. 이러한 고전적 기준을 수용할 때, 훌륭한 뮤지컬 작품은 어느 한 요소라도 ⓐ소홀히 한다면 만들어지기 어렵다. 뮤지컬은 기본적으로 극적 서사를 지니기에 훌륭한 극본이 요구되고, 그 내용이 노래와 춤으로 표현되기에 음악과 무용도 핵심이 되며, 이것들의 효과는 무대 장치, 의상과 소품 등을 통해 배가되기 때문이다.

그런데 찬사를 받는 뮤지컬 중에는 전통적 기준의 충족과는 거리가 먼 사례가 적지 않다. 가령

A. L. 웨버는 대표작 〈캐츠〉의 일차적 목표를 다양한 형식의 볼거리와 들을 거리로 관객을 즐겁게 하는 데 두었다. 〈캐츠〉는 고양이들을 주인공으로 한 T. S. 엘리엇의 우화집에서 소재를 빌렸지만, 이 작품의 핵심은 내용의 충실한 전달에 있는 것이 아니라 어떤 기발한 무대에서 얼마나 다채롭고 완성도 있는 춤과 노래가 펼쳐지는가에 있다. 뮤지컬을 '레뷰(revue)', 즉 버라이어티쇼로 바라보는 최근의 관점은 바로 이 점에 근거한다.

체계 이론 미학의 기준을 끌어들일 때, 레뷰로서의 뮤지컬은 예술로서의 예술의 한 범례로 꼽힐 수 있다. 물론 이러한 유형의 미학이 완전히 주류로 확립된 것은 아니다. 전통적인 철학적 미학도 여전히 지지를 얻는 예술관의 하나이기 때문이다. 이 입장에 준거할 때 체계 이론 미학의 예술관은 예술을 명예롭게 하는 숭고한 가치 지향성을 아예 포기하는 형식 지상주의적 예술관으로 해석될 수 있다.

15. ㉠과 ㉡에 대한 이해로 적절한 것은?

① ㉠은 내용적 요소와 형식적 요소를 모두 중시한다.
② ㉡은 자율적 예술의 탄생을 주도적으로 이끈 이론이다.
③ ㉠과 ㉡이 적용되는 예술 장르는 서로 다르다.
④ ㉡은 ㉠을 대체할 수 있는 새로운 주류 이론이다.
⑤ ㉡은 ㉠에 비해 더 진지한 정신적 가치를 지향한다.

16. 〈캐츠〉에 대한 감상 중 최근의 관점에 가장 가까운 것은?

① 멋진 춤과 노래가 어우러진 공연이 충분한 볼거리를 제공했기 때문에, 원작과 관계없이 만족했어요.
② 감독이 고양이들의 등장 장면에 채택한 연출 방식이 작품의 주제 구현을 오히려 방해해서 실망했어요.
③ 늙은 암고양이의 회한이 담긴 노래의 가사는 들을 때마다 소외된 사람들에 대한 연민을 불러일으켜요.
④ 기발한 조명과 의상이 사용된 것을 보고, 원작의 심오한 주제에 걸맞은 연출 방식이구나 하며 감탄했어요.
⑤ 의인화된 고양이들의 삶과 내면이 노래들 속에 녹아들어 있어서, 인간을 진지하게 성찰하는 기회가 되었어요.

17. 위 글을 바탕으로 <보기>의 ㉮와 ㉯를 이해한 것으로 적절한 것은?

―――――――< 보기 >―――――――

종합 예술의 기원인 ㉮그리스 비극은 형식적 측면에서 높은 수준에 이르렀을 뿐만 아니라, 세계와 삶에 대한 당대인들의 인식을 이끌었다. 반면 ㉯근대의 오페라는 그 발전 과정에서 점차 아리아 위주로 편성됨으로써, 심오한 지적·도덕적 관심이 아니라 음악 내적 요소에 지배되는 경향을 띠었다.

① ㉮는 즐거움의 제공을, ㉯는 교훈의 제공을 목표로 삼고 있군.
② ㉮는 자기 연관적이지만, ㉯는 외적 연관에 의해 지배되는군.
③ ㉮는 정신적 내용의 미적 형상화를, ㉯는 미적 유희를 추구하는군.
④ ㉮와 ㉯는 모두 고전적 기준에 따라 높이 평가될 수 있군.
⑤ ㉮와 ㉯는 모두 각각의 시대에 걸맞은 '레뷰'라고 볼 수 있군.

18. 문맥상 ⓐ와 바꾸어 쓰기에 가장 적절한 것은?

① 멸시(蔑視)한다면   ② 천시(賤視)한다면   ③ 등한시(等閑視)한다면
④ 문제시(問題視)한다면   ⑤ 이단시(異端視)한다면

||||| 비문학 응용편   2010년 10월

♛ 다음 글을 읽고 물음에 답하시오.

감각과 지각은 어떠한 의미를 갖고 있는가? 그리고 어떻게 우리는 감각을 지각으로 바꿔 놓는가? 감각은 그 자체로서는 단지 자극에 대한 의식에 지나지 않는다. 경험의 시작 단계로 그것 자체로는 아직 인식이 아니다. 그런데 여러 가지 감각이 공간과 시간 속에서 어떤 대상-예컨대 사과-의 둘레에 모였다고 하자. 코의 후각, 혀의 미각, 망막의 시각, 형태를 알아내는 손가락과 손의 촉각을 이 사물의 둘레에 모이게 하자. 그러면 이제 자극에 대한 의식보다는 오히려 특수한 대상에 대한 의식이 생긴다. 다시 말하면 지각이 생긴다. 감각이 인식으로 옮겨 간 것이다.

그러면 이러한 이행은 자동적인가? 여러 가지 감각이 저절로 모여서 질서를 갖추고 지각이 되는가? 경험주의자들은 그렇다고 대답한다. 그러나 칸트는 그렇지 않다고 말한다. 여러 가지 감각은

피부와 눈과 귀와 혀로부터 뇌에 이르는 무수한 신경을 통해 전달된다. 이렇게 전달되는 감각들은 그냥 놓아두면 끝까지 오합지졸이며 혼돈의 '다양'에 지나지 않는다. 전선의 무수한 지점으로부터 한 장군에게 보내는 보고들이 아무런 도움 없이 저절로 이해되어 명령으로 변하기를 바라는 것과 같은 상황이다. 이 오합지졸, 곧 감각을 받아들일 뿐만 아니라 이 감각을 취사선택해서 의미 있는 것으로 만들고 지휘하고 조정하는 힘이 있다.

칸트는 우선 모든 보고가 반드시 접수되는 것이 아니라는 사실에 주목한다. 현재의 목적에 알맞은 지각으로 형성될 수 있는 감각만이 선택된다는 것이다. 시계가 똑딱거리고 있어도 들리지 않다가 우리의 목적에 시계 소리가 필요한 경우에는 즉시 그 시계 소리가 전보다 커진 것도 아닌데 들리게 된다. 감각은 심부름꾼으로서 우리가 부르기를 기다리고 있고, 우리가 필요로 하지 않는 한 찾아오지 않는다. 그러므로 이 심부름꾼을 선택하고 부리는 사람, 즉 그들의 주인이 반드시 필요한 것이다.

칸트는 두 가지 인식의 틀, 곧 ㉠공간과 시간을 통해 감각이라는 자료를 정리한다고 생각했다. 장군이 제출된 보고를 발신 장소와 작성 시간에 따라 정리하듯이 우리는 여러 가지 감각을 공간과 시간 속에 배열하고 여러 가지 감각을 여기의 이 대상, 저기의 저 대상, 현재 또는 과거에 귀속시킨다. 이 때 공간과 시간은 지각된 사물이 아니라 지각의 방식, 감각을 의미 있는 것으로 만드는 인식의 틀이다. 이미 정돈되었거나 앞으로 정돈될 모든 경험은 공간과 시간을 포함하고 또 전제하고 있기 때문에 공간과 시간은 경험에 좌우되지 않는다. 그리고 공간과 시간이 경험에 좌우되지 않기 때문에 공간 및 시간의 법칙은 절대적이고 필연적이고 불변한다. 이렇게 해서 칸트는 경험주의자들과 달리 우리가 경험을 파악하는 방식 자체에 경험에 좌우되지 않는 것, 즉 인식 주체가 있음을 밝혔다.

01. 위 글의 서술 전략과 관련이 <u>없는</u> 것은?

① 개념의 변화 과정을 통해 주장을 강화한다.
② 비유적 진술을 활용하여 화제의 이해를 돕는다.
③ 구체적 사례를 제시하여 견해의 타당성을 높인다.
④ 묻고 답하는 방식을 활용하여 독자의 관심을 환기한다.
⑤ 대상에 대한 접근을 단계별로 진행하여 논점을 분명히 한다.

02. <보기>에 대해 칸트의 입장에서 제기할 수 있는 비판으로 가장 적절한 것은?

< 보기 >

인간의 모든 지식은 경험과 감각을 통해 획득된다. 태어났을 때의 인간의 정신은 백지(tabula rasa)이고, 여기에 감각적 경험이 다양한 방법으로 글씨를 써서 마침내 감각으로부터 기억이 생기고 기억으로부터 관념이 생긴다.

---

① 당신은 지각이 도리어 경험과 감각에 영향을 준다는 사실을 간과하고 말았군요.

② 당신은 관념이 형성되기 위해서 다양한 감각이 전제되어야 한다는 사실을 잊었군요.

③ 당신은 인간에게 경험이나 감각을 지휘하고 조정하는 힘이 있다는 사실을 놓치고 말았군요.

④ 당신의 말과 달리 기억에서 관념이 생기고, 관념에서 기억이 생긴다는 사실을 알았으면 합니다.

⑤ 인간은 성장하면서 경험과 감각을 정돈하는 능력이 서서히 계발된다는 사실을 알았으면 합니다.

03. ㉠에 대한 설명으로 적절하지 <u>않은</u> 것은?

① 경험의 내용에 좌우되지 않는다.

② 절대적이고 필연적이고 불변한다.

③ 지각된 내용을 분류하고 정리한다.

④ 특정한 대상에 대한 의식을 가능하게 한다.

⑤ 감각을 의미 있는 것으로 만드는 인식의 틀이다.

|||| 비문학 응용편 — 2010년 10월

👑 다음 글을 읽고 물음에 답하시오.

시장이나 백화점에 가 보면 같은 품목의 상품을 파는 가게들이 모여 있는 것을 볼 수 있다. 일반적으로 이렇게 가게가 모여 있으면 경쟁이 치열해져 상품의 판매량이 줄어들 것이라고 생각하기 쉽다. 하지만 실제로는 그렇지 않다. 가게들이 모여 있으면 상품을 더 많이 팔 수 있어 오히려 이익이다. 그렇다면 모여 있는 가게가 단독으로 있는 가게보다 어떻게 더 많은 상품을 팔 수 있는 것일까?

상품에 대한 정보 없이 상품을 구입하는 것은 손해를 발생시킬 수 있기 때문에 합리적인 소비자라면 정보를 바탕으로 상품을 구입하려 한다. 그래서 소비자들은 비용을 들여 정보를 탐색하고, 이 정보를 통해 편익을 얻는다. 여기서 말하는 편익이란 탐색 행위를 통해 같은 상품을 싼 가격에 사거나, 같은 값에 질이 더 좋은 상품을 구입하여 얻은 이익을 말한다. 그런데 문제는 정보를 탐색하는 행위에는 비용이 들기 때문에 적정량의 정보 탐색 수준을 결정해야 한다는 것이다.

어떤 사람이 컴퓨터를 살 때, 1만 원의 비용으로 1단위의 정보를 탐색해서 처음에 구입하려고 했던 가격보다 3만 원 싸게 구입했다고 하자. 소비자는 1단위의 정보를 탐색하여 2만 원의 이익을 얻은 셈이다. 컴퓨터에 대해 정보가 전혀 없던 소비자가 정보를 처음 얻게 되었으므로 이때의 이익은 크다. 그런데 이 소비자가 또 1단위의 정보를 추가로 탐색했다고 하면 이번에는 상황이 좀 달라진다. 왜냐하면 정보를 더 얻을수록 상품에 대해 더 잘 알게 되므로 현재 정보보다 유용한 정보를 얻는 데 드는 탐색 비용은 더 늘어나는데 반해, 그에 따르는 추가 이익은 줄어들기 때문이다. 그래서 두 번째 정보를 탐색할 때 비용은 1만 원에서 2만 원으로 증가하고 절약하는 돈은 3만 원에서 2만 원으로 줄어들게 된다. ㉠이렇게 되면 소비자는 더 이상의 정보 탐색 행위를 하지 않을 것이다.

이렇게 정보 한 단위를 더 탐색하여 추가로 얻을 수 있는 이익을 '한계 편익'이라고 하고, 이때 추가로 지출되는 비용을 '한계 비용'이라 한다. 따라서 소비자의 적절한 정보 탐색 행위의 수준은 한계 편익과 한계 비용이 같아지는 점에서 결정되는 것이다.

소비자는 정보 탐색 행위를 할 때 같은 비용으로 많은 정보를 얻을 수 있는 장소나 방법을 찾으려 노력할 것이다. 따라서 소비자의 입장에서는 같은 품목의 상품을 파는 가게가 모여 있는 곳이 같은 정보 탐색 비용으로 상품에 대한 정보를 더 많이 얻을 수 있기 때문에 이런 곳을 선호하게 된다. 결과적으로 ⓐ힘을 많이 들이지 않고 정보를 얻으려는 소비자들이 몰리게 되어 시장과 백화점이 상품을 더 많이 팔 수 있는 것이다.

04. 위 글의 서술 방식에 대한 설명으로 적절한 것은?

① 사례 분석을 통해 특정 현상을 설명하고 있다.
② 특정 현상과 관련된 사례의 의의를 밝히고 있다.
③ 기존의 이론과 대비되는 사례로 특정 현상을 설명하고 있다.
④ 사례를 바탕으로 특정 현상이 갖고 있는 문제점을 밝히고 있다.
⑤ 사례를 바탕으로 특정 현상과 대비되는 관점을 소개하고 있다.

05. 위 글을 바탕으로 〈보기〉와 같이 그래프로 그렸다. 이를 이해한 내용으로 적절하지 <u>않은</u> 것은?

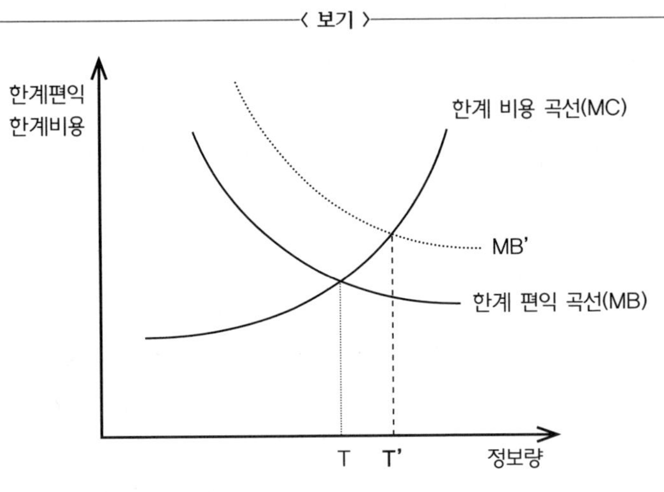

① 탐색 행위로 얻은 정보량이 T′일 때의 한계 편익은 정보량이 T일 때의 한계 편익보다 작다.

② T보다 적은 정보량을 지닌 소비자는 정보량이 T가 될 때까지 탐색 행위를 계속할 것이다.

③ 한계 편익 곡선 MB가 MB′로 이동하면 동일한 정보량으로 더 많은 한계 편익을 얻게 될 것이다.

④ 단독 가게를 이용하던 소비자가 백화점을 이용하게 되면 한계 비용 곡선 MC는 왼쪽 위로 이동하게 된다.

⑤ 동일한 비용으로 더 가치 있는 정보를 얻을 수 있게 되면 한계 편익 곡선 MB는 오른쪽 위로 이동하게 된다.

06. ㉠의 이유로 가장 적절한 것은?

① 정보 탐색을 계속하면 한계 편익이 늘어나기 때문이다.

② 정보 탐색을 계속하면 한계 비용이 줄어들기 때문이다.

③ 정보가 상품에 대한 정확한 판단의 근거가 될 수 없기 때문이다.

④ 정보를 추가 탐색하면 정보 과잉의 문제점이 발생하기 때문이다.

⑤ 정보 추가를 위한 비용이 추가 정보로 얻는 이익보다 커지기 때문이다.

07. 밑줄 친 부분 중, @와 의미가 가장 유사한 것은?

① 별 힘을 쓰지 않고서도 직장을 쉽게 구할 수 있었다.

② 충동을 누른 힘이 서서히 고통으로 바뀌었다.

③ 이성적으로 판단하는 힘을 길러야 한다.

④ 힘만 가지고는 장롱을 옮길 수 없다.

⑤ 선생님의 말씀이 내게 힘이 되었다.

|||| 비문학 응용편   2010년 9월

👑 다음 글을 읽고 물음에 답하시오.

> 17세기에 수립된 ㉠뉴턴의 역학 체계는 3차원 공간에서 일어나는 물체의 운동을 취급하였는데 공간 좌표인 ■, 젓, 졍는 모두 시간에 따라 변하는 것으로 간주하였다. 뉴턴에게 시간은 공간과 무관한 독립적이고 절대적인 것이었다. 즉, 시간은 시작도 끝도 없는 영원한 것으로, 우주가 생겨나고 사라지는 것과 아무 관계없이 항상 같은 방향으로 흘러간다. 시간은 빨라지지도 느려지지도 않는 물리량이며 모든 우주에서 동일한 빠르기로 흐르는 실체인 것이다. 이러한 뉴턴의 절대 시간 개념은 19세기 말까지 물리학자들에게 당연한 것으로 받아들여졌다.
>
> 하지만 20세기에 들어 시간의 절대성 개념은 ㉡아인슈타인에 의해 근본적으로 거부되었다. 그는 빛의 속도가 진공에서 항상 일정하다는 사실을 기초로 하여 상대성 이론을 수립하였다. 이 이론에 의하면 시간은 상대적인 개념이 되어, 빠르게 움직이는 물체에서는 시간이 느리게 간다. 광속을 값라 하고 물체의 속도를 젓라고 할 때 시간은 $\dfrac{1}{\sqrt{1-(젓/값)^2}}$ 배 팽창한다. 즉, 광속의 50%의 속도로 달리는 물체에서는 시간이 약 1.15 배 팽창하고, 광속의 99%로 달리는 물체에서는 7.09 배 정도 팽창한다. ∥가 ∞에 비하여 아주 작을 경우에는 시간 팽창 현상이 거의 감지되지 않지만 젓가 값에 접근하면 팽창률은 급격하게 커진다.
>
> 아인슈타인에게 시간과 공간은 더 이상 별개의 물리량이 아니라 서로 긴밀하게 연관되어 함께 변하는 상대적인 양이다. 따라서 운동장을 질주하는 사람과 교실에서 가만히 바깥 풍경을 보고 있는 사람에게 시간의 흐름은 다르다. 속도가 빨라지면 시간 팽창이 일어나 시간이 그만큼 천천히 흐르는 시간 지연이 생긴다.

08. '시간 팽창'의 예로 적절한 것은?

① 움직이는 사람의 시계 바늘은 가만히 있는 사람의 시계 바늘보다 빨리 움직인다.

② 초고속 우주선을 타고 여행할 때, 지구에 정지해 있을 때보다 천천히 늙는다.

③ 사고로 갇혀 있는 조난자는 갇히기 전보다 시간이 느리게 간다고 느낀다.

④ 좋아하는 사람과 같이 있을 때, 평소보다 시간이 빨리 간다고 느낀다.

⑤ 수백만 년 전에 일어난 별의 폭발 장면이 지금 지구에서 관측된다.

09. ㉡의 입장에서 ㉠의 생각을 비판한 것으로 가장 적절한 것은?

① 시간은 모든 공간에서 동일하게 흐르는 것이 아니므로 절대적이지 않다.

② 상대 시간 개념으로는 시간에 따라 계속 변하는 물체의 운동을 설명할 수 없다.

③ 시간은 인간이 만들어 낸 개념이므로 우주를 시작도 끝도 없는 영원한 것으로 보아서는 안 된다.

④ 시간과 공간은 긴밀하게 연관되어 있지만 독립적으로 존재할 수 있으므로 이 둘의 관련성에만 주목하면 안 된다.

⑤ 물체의 속도가 광속에 가까워지면 시간이 반대로 흐를 수 있으므로 시간이 항상 같은 방향으로 흐르는 것은 아니다.

IIIII 비문학 기본편	2010년 10월

👑 다음 글을 읽고 물음에 답하시오.

우리는 생활에서 각종 유해 가스에 노출될 수 있다. 인간은 후각이나 호흡 기관을 통해 위험 가스의 존재를 인지할 수는 있으나, 그 종류를 감각으로 판별하기는 어려우며, 미세한 농도의 감지는 더욱 불가능하다. 따라서 가스의 종류나 농도 등을 감지할 수 있는 고성능 가스 센서를 사용하는 것이 위험가스로 인한 사고를 미연에 방지할 수 있는 길이다.

가스 센서란 특정 가스를 감지하여 그것을 적당한 전기 신호로 변환하는 장치의 총칭이다. 각종 가스 센서 가운데 산화물 반도체 물질을 이용한 저항형 센서는 감지 속도가 빠르고 안정성이 높으며 휴대용 장치에 적

용할 수 있도록 소형화가용이하기 때문에 널리 사용되고 있다. 센서 장치에서 ⊙<u>안정성이 높다</u>는 것은 시간이 지남에 따라 반복 측정하여도 동일조건 하에서는 센서의 출력이 거의 일정하다는 뜻이다.

저항형 가스 센서는 두께가 수백 나노미터(10^{-9}m)에서 수 마이크로미터(10^{-6}m)인 산화물 반도체 물질이 두 전극 사이를 연결하는 방식으로 되어 있다. 가스가 센서에 다다르면 시간이 지남에 따라 산화물 반도체 물질에 흡착*되는 가스의 양이 늘어나다가 흡착된 가스의 양이 일정하게 유지되는 정상 상태(定常狀態)에 도달하여 일정한 저항값을 나타내게 된다. 정상 상태에 도달하는 동안 이산화질소와 같은 산화 가스는 산화물 반도체로부터 전자를 받으면서 흡착하여 산화물 반도체의 저항값을 증가시킨다. 반면에 일산화탄소와 같은 환원 가스는 산화물 반도체 물질에 전자를 주면서 흡착하여 산화물 반도체의 저항값을 감소시킨다. 이러한 저항값 변화로부터 가스를 감지하고 농도를 산출하는 것이 센서의 작동 원리이다.

저항형 가스 센서의 성능을 평가하는 주된 요소는 응답 감도, 응답 시간, 회복 시간이다. 응답 감도는 특정 가스가 존재할 때 가스 센서의 저항이 얼마나 민감하게 변하는가에 대한정도이며, 일정하게 유지되는 정상 상태 저항값(R_s)과 특정 가스 없이 공기 중에서 측정된 저항값(R_{air})으로부터 도출된다. 이는 R_s와 R_{air}의 차이를 R_{air}로 나누어 백분율로 나타낸 것으로, 이 값이 클수록 가스 센서는 감도가 좋다고 할 수 있다. 또한 가스 센서가 특정 가스를 얼마나 빨리 감지하고 반응하느냐의 척도인 응답 시간은 응답 감도 값의 50% 혹은 90% 값에 도달하는 데 걸리는 시간으로 정의된다. 한편, 센서는 반복적으로 사용해야 하기 때문에 산화물 반도체 물질에 정상 상태로 흡착돼 있는 가스를 가능한 한 빠른 시간 내에 탈착*시켜 처음 상태로 되돌려야 한다. 따라서 흡착된 가스가 공기중에서 탈착되는 데 필요한 시간인 회복 시간 역시 가스 센서의 성능을 평가하는 중요한 요소로 꼽힌다.

<어휘정리>
* **흡착** : 고체 표면에 기체나 액체가 달라붙는 현상.
* **탈착** : 흡착된 물질이 고체 표면으로부터 떨어지는 현상.

10. 위 글의 내용과 일치하는 것은?

① 산화물 반도체 물질은 가스 흡착 시 전자를 주거나 받을 수 있다.

② 인간은 후각을 이용하여 유해 가스 농도를 수치로 나타낼 수 있다.

③ 회복 시간이 길어야 산화물 반도체 가스 센서를 오래 사용할 수 있다.

④ 산화물 반도체 물질에 흡착되는 가스의 양은 시간이 지남에 따라 계속 늘어난다.

⑤ 저항형 가스 센서는 가스의 탈착 전후에 변화한 저항값으로부터 가스를 감지한다.

11. ㉠에 해당하는 예로 가장 적절한 것은?

① 어제 잠자리에 들기 전 음악을 듣고 마음의 안정을 찾았다.

② 체육 시간에 안정적인 자세로 물구나무를 서서 박수를 받았다.

③ 모형 항공기가 처음에는 맞바람에 요동쳤으나 곧 안정되어 활강하였다.

④ 자세를 여러 가지로 바꾸어 가며 공을 던졌으나 50m 이상 날아가지 않았다.

⑤ 매일 아침 운동장을 열 바퀴 걸은 직후 맥박을 재어 보니 항상 분당 128~130회였다.

12. 위 글을 바탕으로 〈보기〉와 같이 그래프로 그렸다. 이를 이해한 내용으로 적절하지 <u>않은</u> 것은?

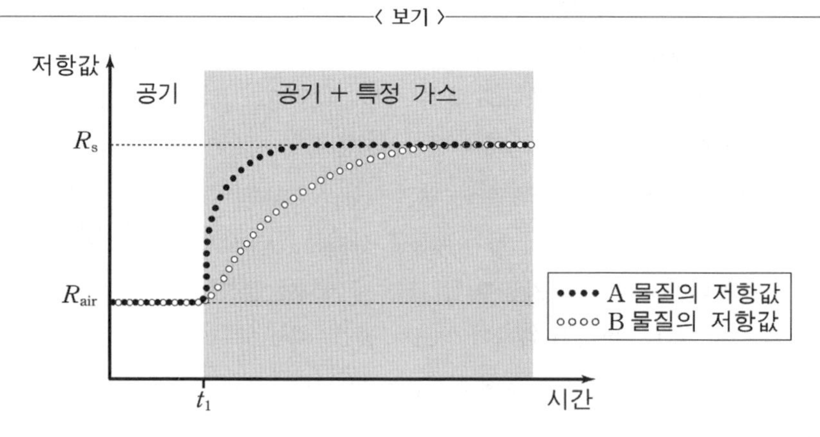

① 실험에 사용된 가스는 산화 가스이다.

② 응답 감도는 A를 이용한 센서와 B를 이용한 센서가 같다.

③ 응답 시간은 A를 이용한 센서와 B를 이용한 센서가 같다.

④ 특정 가스가 흡착하기 전에는 공기 중에서 A와 B의 저항값이 같다.

⑤ t_1 직후부터 정상 상태에 도달하기 직전까지는 A의 저항값이 B의 저항값보다 크다.

👑 다음 글을 읽고 물음에 답하시오.

고대부터 현대에 이르는 오랜 세월 동안, 서양의 예술가들은 '자연'을 소재로 예술 작품을 창작해 왔다. 그들이 다룬 자연은 산, 강, 바다와 같은 풍경뿐만 아니라, 동·식물의 개별적 형상, 인간의 신체, 자연의 질서 등을 모두 포괄한다. 서양에서는 여러 예술 사조와 예술 이론이 등장했는데, 이는 자연을 바라보는 예술가들의 다양한 시각과 관련이 있다.

그리스 시대부터 19세기 전반까지 자연을 대상으로 삼은 대표적 사조로 고전주의와 낭만주의가 있다. 두 사조의 관심은 '자연의 모방'에 있었지만, 자연을 모방하려는 목적과 방법, 또 모방하려는 자연의 종류가 달랐다. 고전주의의 핵심 이론은 '아름다운 자연의 모방'으로, ⓐ고전주의자들이 주로 모방의 대상으로 삼은 것은 우리 안의 자연 즉, 인간의 신체였다. 그들은 자연의 모방을 통해 궁극적으로 미적 이상에 도달할 수 있다고 믿었다. 그런데 그들이 자연을 있는 그대로 모방한 것은 아니다. 그들은 모든 자연은 아름다움과 결함을 동시에 지니고 있다고 판단했기 때문에, 아름다운 부분은 모방하고 결함 있는 부분은 수정하여 이상적인 아름다움을 표현하려고 했다.

예술에서 모방의 대상으로 우리 밖의 자연 즉, 풍경이 인간을 제치고 예술의 주요한 대상으로 떠오른 것은 18세기에 시작된 낭만주의 시대에 이르러서이다. ⓑ낭만주의자들은 자연을 원초적이고 거대한 힘을 지니고 완전무결한 것으로 인식한 반면에, 인간은 왜소하고 미약한 존재로 인식했다. 심지어 낭만주의자들은 인간의 힘을 압도하는 자연에 대해 두려움을 느끼기까지 하였다. 그들은 자연을 있는 그대로 모방하기보다는 자연의 위대성을 강조하기 위해 자연을 마치 살아 움직이는 것처럼 역동적으로 형상화했다.

19세기 중반을 기점으로 서양 사회는 농경 사회에서 벗어나 본격적인 공업 사회로 진입하는데, 이때 등장한 예술 사조가 ⓒ모더니즘이다. 이 시대의 예술가들은 변화하는 시대의 흐름에 따라 자연에 대한 새로운 시각을 보여 주었다. 고전주의자들과 낭만주의자들은 적어도 이론적으로는 자연을 모방한다고 말해왔다. 그러나 기술의 진보에 대한 신념을 지니고 있었던 모더니즘 예술가들은 더 이상 자연을 모방의 대상으로 여기지 않았다. 그들은 인간의 손이 닿지 않은 자연은 본질적으로 결함이 있으며, 그런 자연을 정복해야 한다고 생각했다. 그들에게 자연보다 더 아름다운 대상은 인간이 힘으로 만들어 놓은 것이었다. 모더니즘 예술가들은 자연을 예술의 소재로 삼았지만, 인간 정신의 위대함을 보여주기 위해 자연을 현실과 다른 모습으로 표현하였다.

1차, 2차 세계 대전의 비극을 경험한 서양의 현대 예술가들은 자연의 인간화를 주장한 모더니즘 예술가들의 자연관에 반기를 들었다. 특히 ⓓ생태 예술가들은 과학과 기술 문명으로 인해 황폐해진 세상을 치유하기 위해 자연으로 돌아가자고 주장했다. 그들은 인간의 이성적 사고로는 자연의 모습을 온전히 파악할 수 없다고 보았고, ㉠자연을 모방하는 예술을 통해 인간과 자연이 평화롭게 관계 맺는 방법을 모색했다. 그런데 생태 예술가들이 말하는 모방이란 자연을 있는 그대로 재현하려는 것이 아니라, 자연이 지닌 가치와 정신 등을 닮으려는 실천적 모방이다. 인공의 산물이지만 마치 자연의 산물로 보일 정도로 자연과 완벽하게 조화를 이루게 하는 것이 진정한 예술이라고 생각한 것이다.

13. 위 글의 중심 내용을 이끌어 내기 위한 질문으로 가장 적절한 것은?

① 서양 예술의 미적 범주는 어디까지인가?
② 서양 예술을 이끌어 온 사조는 무엇일까?
③ 서양 예술가들은 왜 자연을 모방하려고 했을까?
④ 서양 예술가들의 자연관은 어떻게 변화해 왔을까?
⑤ 서양 예술에서 자연과 예술은 어떻게 대립되어 왔는가?

14. ㉠에 해당하는 예로 가장 적절한 것은?

〈 보기 〉

조지프 말로드 윌리엄 터너, 〈바람 부는 날〉
낭만주의 화가인 터너가 그린 이 작품은 먹구름이 모여드는 하늘을 배경으로, 격랑이 일고 있는 바다에 위태롭게 떠 있는 배를 묘사하고 있다.

① 자연의 결함을 수정하여 이상적인 아름다움을 느끼도록 표현했구나.

② 인간에 비해 거대한 힘을 지닌 자연에 대한 경외감을 드러내려 했구나.

③ 주관을 배제하고 인간과 자연의 모습을 있는 그대로 묘사하려 했구나.

④ 자연에 맞서 싸우는 인간의 강인한 모습을 역동적으로 나타내려 했구나.

⑤ 자연을 소재로 삼아 자유로운 정신을 지닌 인간의 위대함을 형상화하려 했구나.

15. ⓐ~ⓓ에 대한 설명으로 적절하지 <u>않은</u> 것은?

① ⓐ는 ⓑ와 달리 자연에는 결함이 있다고 판단했다.

② ⓐ와 ⓑ는 ⓓ와 달리 자연이 예술 작품보다 더 아름답다고 생각했다.

③ ⓑ는 ⓒ와 달리 자연이 인간의 힘을 압도한다고 생각했다.

④ ⓒ는 ⓐ, ⓑ와 달리 인공적인 것을 자연보다 더 아름답다고 생각했다.

⑤ ⓓ는 ⓒ와 달리 인간과 자연의 조화를 추구했다.

16. 생태 예술가가 ㉠을 설명하기 위해 활용할 자료로 가장 적절한 것은?

① 남성의 몸을 본떠 만들었다는 '도리스(Doric) 건축 양식'은 기둥과 기둥 사이의 간격을 기둥 반지름의 네 배로, 기둥의 높이는 열네 배로 설정했다.

② 프랑스의 '베르사이유 궁전'의 정원에는 수 km에 걸쳐 직선으로 뻗어 있는 길옆으로 잘 다듬어진 나무들과 조각상들이 기하학적으로 배열되어 있다.

③ 벨기에의 건축가 오르타는 건물의 곳곳에 식물 형태를 닮은 장식을 변주하여 사용하였다. 기둥은 꽃봉오리를, 실내 계단 난간은 넝쿨 줄기를 본떠 만들었다.

④ 빌라 사보아는 땅을 건축에서 해방시키자며 건물을 공중에 띄우고 건물을 지지하는 기둥만 땅과 접하게 하여 비게 된 건물 밑의 땅을 정원으로 활용한 건물을 지었다.

⑤ 사막 지대인 미국 산타페의 '어도비 건축물'은 주변에서 쉽게 구할 수 있는 모래와 진흙으로 만든 갈색 벽돌을 사용하여, 자연에 해를 끼치지 않으면서도 자연 풍경과 조화를 이룬다.

 비문학

☗ 다음 글을 읽고 물음에 답하시오.

전통적 공리주의는 세 가지 요소에 기초하여 성립하는 대표적 윤리 이론이다. 첫째, 공리주의는 행동의 윤리적 가치가 행동의 결과에 의존한다는 결과주의이다. 행동은 전적으로 예상되는 결과에 의해서 선하거나 악한 것으로 판단된다. 둘째, 행동의 결과를 평가할 때의 유일한 기준은 바로 행동의 결과가 산출할, 계산 가능한 '행복의 양'이다. 이에 ⓐ따르면 불행과 대비하여 행복의 양을 많이 산출할수록 선한 행동이 되며, 가장 선한 행동은 최대 다수의 최대 행복을 산출하는 것이다. 셋째, 행동을 하기 전 발생할 행복의 양을 계산할 때 개개인의 행복을 모두 동일하게 중요한 것으로 간주하므로 어느 누구의 행복도 다른 누구의 행복보다 더 중요하지는 않다. 그래서 두 사람의 행복을 비교할 때 오로지 그 둘에게 산출될 행복의 양들만을 고려한다. 이는 공리주의가 전형적인 공평주의라는 사실을 보여 준다.

이러한 공리주의에 대하여 반공리주의자가 제기하는 가장 심각한 문제는 공리주의가 때때로 정의의 개념을 배제하는 결과를 초래한다는 것이다. 그는 위의 세 요소들을 실천하는 공리주의자인 민우가 집단 A와 집단 B 간의 갈등이 심각하게 진행되고 있는 나라를 방문했다고 가정한다. 민우는 집단 A의 한 사람이 집단 B의 한 사람을 심하게 폭행하는 장면을 우연히 목격하게 되었다. 민우가 만약 진실을 증언하면 두 집단의 갈등을 더 악화시켜 유혈 사태를 야기할 수 있지만, 집단 B의 무고한 한 사람을 지목하여 거짓 증언을 하면 집단간의 충돌을 막을 수 있다. 증언하지 않을 때 생기는 불확실성은 더 위험하다. ㉠이 상황에서 전통적 공리주의자인 민우는 어떤 행동을 할 것인가?

> A
>
> 이와 같은 정의 배제 상황에 대한 공리주의자들의 몇 가지 대응 중 가장 주목할 만한 하나는 공리주의 또한 정의의 개념을 포함할 수 있다는 것이다. 이것은 진실을 증언하는 사회와 그렇지 않은 사회를 먼저 가정하고 과연 어느 사회가 결과적으로 더 많은 행복을 산출하는 사회인가를 검토하는 것이다. 장기적인 관점에서 전자의 사회가 더 많은 행복을 산출하기 때문에 좋은 사회라는 결론이 도출된다. 그래서 행복을 더 많이 산출하는 진실을 증언함으로써 정의를 바로 세우는 규칙을 만들고 그에 따라 행동하도록 개인의 행동을 제약한다. 이와 같은 대응을 하는 공리주의자들을 규칙 공리주의자라고 한다.

17. <보기>의 '갑'의 행동을 전통적 공리주의의 관점에서 선하다고 평가할 때, 그 이유로 적절하지 <u>않은</u> 것은?

────────────────〈 보기 〉────────────────

'갑'은 몸살로 집에 누워 있는 친구를 간호하러 가던 중, 교통사고로 심각하게 다친 운전자를 목격했다. '갑'은 도와야 한다는 생각에 그를 급히 응급실로 옮겨서 다행히도 목숨을 구할 수 있었다. 그러나 '갑'은 친구를 간호할 수는 없었다.

──

① '갑'은 전체의 행복의 양을 증가시키는 쪽으로 행동했군.
② '갑'은 다친 사람을 도우면 자신만이 행복해진다고 판단했겠군.
③ '갑'은 친한 사람이라고 해서 그 사람의 행복이 더 가치 있다고 판단하지 않았겠군.
④ '갑'은 몸살 환자보다 다친 사람을 돕는 것이 더 많은 행복을 산출한다고 판단했겠군.
⑤ '갑'은 자신의 행동이 결과적으로 선할 것이라는 판단에 따라 누구를 도울지를 결정했겠군.

18. ㉠에 대해 반공리주의자가 예상하는 답으로 가장 적절한 것은?

① 피해자를 적극적으로 설득하여 가해자를 용서하도록 할 것이다.
② 증언의 결과가 미칠 파장을 우려하여 묵비권을 행사할 것이다.
③ B 집단의 무고한 한 사람을 범인으로 지목할 것이다.
④ 가해자와 피해자를 적극적으로 화해시킬 것이다.
⑤ 가해자에 관한 진실을 증언할 것이다.

19. 위 글을 바탕으로 <보기>와 같이 그래프로 그렸다. 이를 이해한 내용으로 적절하지 <u>않은</u> 것은?

────────────────〈 보기 〉────────────────

의무론자는 어떤 경우에도 항상 거짓말을 하지 않아야 한다고 주장한다. 거짓말을 하지 않아야 하는 이유는 거짓말을 하지 않을 때 좋은 결과가 산출되어서가 아니라, 거짓말을 하지 않는 것이 조건 없이 따라야 하는 절대적인 규칙이기 때문이다.

──

① 규칙 공리주의자는 규칙을 무조건적으로 따라야 한다고 했어.
② 의무론자는 예상되는 결과에 따라 진실을 말해야 한다고 했어.
③ 의무론자와 규칙 공리주의자는 모두 결과의 중요성을 강조했어.

④ 의무론자는 규칙의 절대성을, 규칙 공리주의자는 정의의 배제를 강조했어.

⑤ 의무론자는 결과와 무관하게, 규칙 공리주의자는 결과에 의존하여 정의를 강조했어.

20. 밑줄 친 부분이 ⓐ와 가장 가까운 뜻으로 쓰인 것은?

① 어머니 말씀을 <u>따르면</u> 항상 좋은 일이 생긴다.

② 누구라도 나를 잘 <u>따르면</u> 귀여워할 수밖에 없다.

③ 누구나 남들이 하는 대로 <u>따르면</u> 비슷한 결과가 나온다.

④ 네가 어머니의 음식 솜씨를 <u>따르면</u> 좋은 요리사가 될 거다.

⑤ 이러한 원칙에 <u>따르면</u> 그 사람에게는 상을 주는 것이 맞다.

|||| 비문학 기본편   2010년 10월

👑 다음 글을 읽고 물음에 답하시오.

일반적으로 환율*의 상승은 경상 수지*를 개선하는 것으로 알려져 있다. 이를테면 국내 기업은 수출에서 벌어들인 외화를 국내로 들여와 원화로 바꾸기 때문에, 환율이 상승한 경우에는 외국에서 우리 상품의 외화 표시 가격을 다소 낮추어도 수출량이 늘어나면 수출액이 증가한다. 동시에 수입 상품의 원화 표시 가격은 상승하여 수입품을 덜 소비하므로 수입액은 감소한다. 그런데 이와 같이 환율 상승이 항상 경상 수지를 개선할 것 같지만 반드시 그런 것은 아니다.

환율이 올라도 단기적으로는 경상 수지가 오히려 악화되었다가 점차 개선되는 현상이 있는데, 이를 그래프로 표현하면 J자 형태가 되므로 'J커브 현상'이라 한다. J커브 현상에서 경상 수지가 악화되는 원인 중 하나로, 환율이 오른 비율만큼 수입 상품의 가격이 오르지 않는 것을 꼽을 수 있다. 이는 환율상승 후 상당 기간 동안 외국 기업이 매출 감소를 우려해 상품의 원화 표시 가격을 바로 올리지 않기 때문이다. 또한 소비자들의 수입 상품 소비가 가격 변화에 따라 줄어들기까지는 상당 기간이 소요된다.

<어휘정리>

* **환율** : 외화 1단위와 교환되는 원화의 양.

* **경상 수지** : 상품(재화와 서비스 포함)의 수출액에서 수입액을 뺀 결과. 수출액이 수입액보다 클 때는 흑자, 작을 때는 적자로 구분함.

그뿐만 아니라 국내 기업이 수출 상품의 외화 표시 가격을 낮추더라도 외국 소비자가 이를 인식하고 소비를 늘리기까지는 다소 시간이 걸린다. 그러나 J커브의 형태가 보여 주듯이, 당초에 올랐던 환율이 지속되는 상황에서 어느 정도 시간이 지나 상품의 가격 및 물량의 조정이 제대로 이루어진다면 경상 수지가 개선된다.

한편, J커브 현상과는 별도로 환율 상승 후에 얼마의 기간이 지나더라도 경상 수지의 개선을 이루지 못하는 경우도 있다. 첫째, 상품의 가격 조정이 일어나도 국내외의 상품 수요가 가격에 어떻게 반응하는가 하는 수요 구조에 따라 경상 수지는 개선되지 못하기도 한다. 수출량이 증가하고 수입량이 감소하더라도, ㉠경상 수지가 그다지 개선되지 않거나 오히려 악화될 수도 있다는 것이다. 둘째, 장기적인 차원에서 ㉡수출 기업이 환율 상승에만 의존하여 품질 개선이나 원가 절감 등의 노력을 계속하지 않는다면 경쟁력을 잃어 경상 수지를 악화시킬 수도 있다.

우리나라의 경우 환율은 외환 시장에서 결정되나, 정책 당국이 필요에 따라 간접적으로 외환 시장에 개입하는 환율 정책을 구사한다. 경상 수지가 적자 상태라면 일반적으로 고환율 정책이 선호된다. 그러나 이상에서 언급한 환율과 경상 수지 간의 복잡한 관계 때문에 환율 정책은 신중하게 검토되어야 한다.

21. 위 글에서 다루지 <u>않은</u> 내용은?

① 환율 상승에 따르는 수입 상품의 가격 변화
② 경상 수지 개선을 위한 고환율 정책의 필연성
③ 가격 변화에 대한 외국 소비자의 지체된 반응
④ 국내외 수요 구조가 경상 수지에 미치는 영향
⑤ 환율 상승이 경상 수지에 미치는 영향에 대한 일반적인 기대

22. 위 글을 바탕으로 <보기>의 J커브 그래프를 해석한 내용으로 옳은 것만을 있는 대로 고른 것은?

―〈 보기 〉―

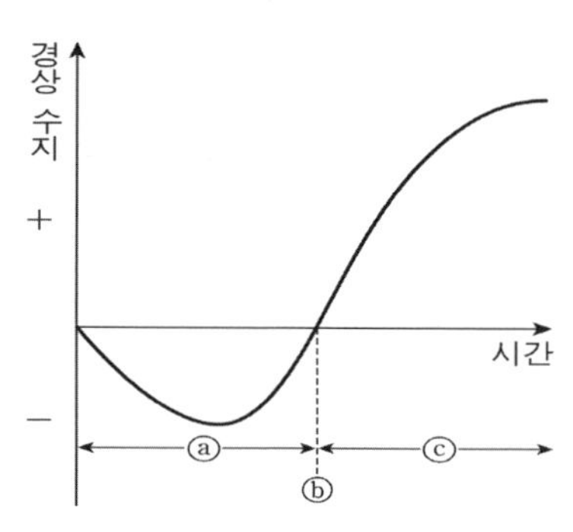

ㄱ. 수입 상품 가격의 상승 비율이 환율 상승 비율에 가까울수록 ⓐ의 골이 얕아진다.

ㄴ. 수출 기업의 품질 및 원가 경쟁력이 강화될수록 ⓐ 구간이 넓어진다.

ㄷ. ⓑ를 기점으로 하여 환율이 상승하게 된다.

ㄹ. ⓒ는 환율 상승을 통해 경상 수지 개선 효과가 나타나는 구간이다.

① ㄱ, ㄷ   ② ㄱ, ㄹ   ③ ㄴ, ㄷ   ④ ㄱ, ㄴ, ㄹ   ⑤ ㄴ, ㄷ, ㄹ

23. ㉠의 이유로 가장 적절한 것은?

① 환율이 상승하면 국내외 상품의 수요 구조에 따라 수출 상품의 가격 조정이 선행될 수 있다.

② 환율이 상승하더라도 국내외 기업은 환율이 얼마나 안정적인지 관찰한 후 가격을 조정한다.

③ 환율이 상승하더라도 경우에 따라서는 국내외 상품 수요가 가격에 민감하지 않을 수 있다.

④ 가격의 조정이 신속하게 이루어질수록 국내외 상품 수요는 가격에 민감하게 반응한다.

⑤ 국내외 상품 수요가 가격에 얼마나 민감한지는 경상 수지의 개선 여부와는 무관하다.

24. ㉡에 대해 <보기>처럼 이해한다고 할 때, 밑줄 친 곳에 들어갈 말로 가장 적절한 것은?

―〈 보기 〉―

__________________더니, 수출 기업이 환율 상승만 믿고 경쟁력을 제고하기 위한 방책을 강구하지 않는다는 말이군.

① 감나무 밑에 누워 홍시 떨어지기를 바란다   ② 소도 비빌 언덕이 있어야 비빈다

③ 가난 구제는 나라님도 어렵다   ④ 원숭이도 나무에서 떨어진다

⑤ 말 타면 경마 잡히고 싶다

👑 **다음 글을 읽고 물음에 답하시오.**

모든 사막은 뜨겁고 세찬 모래 폭풍이 불어대는 ⓐ불모지일까? 사막 중에는 열대 사막도 있지만, 고지대나 대륙의 내부에 있는 사막과 같이 여름은 덥지만 겨울은 추운 온대 사막도 있다. 일반적으로 사막은 연 강수량이 250mm 이하인 지역을 말하는데, 대부분 저위도와 중위도에 분포한다.

저위도의 사막은 북회귀선이나 남회귀선이 지나는 곳에 위치하는데, 이 지역은 지구의 ⓑ대기 대순환에 의해 반영구적인 고기압대가 형성되어 덥고 건조한 기후를 만들어낸다. 북회귀선에 위치한 사하라 사막, 아라비아 사막과 같은 열대 사막은 이러한 요인으로 형성되었다.

중위도 지역에 위치한 미국 서부의 그레이트솔트레이크 사막과 중국 서부의 타클라마칸 사막의 형성 과정은 이와 다르다. 그레이트솔트레이크 사막은 시에라네바다 산맥이 해양에서 유입되는 ⓒ습윤한 공기의 수분 이동을 차단하여 형성되었다. 이는 수분을 함유한 공기가 높은 산맥을 넘어 반대쪽에 도달할 때 수분을 잃게 되어 건조해지기 때문이다. 한편, 타클라마칸 사막은 히말라야 산맥에 의해 해양과 차단되어 있을 뿐만 아니라 대륙의 한가운데에 위치하고 있다는 조건 때문에 형성되었다. 대륙 내부로의 이동 과정에서 생기는 공기 중의 수분 손실도 사막 형성의 한 원인인 것이다. 이와 같이 사막은 대기 대순환, 지형적 특성, 지리적 위치 등의 요인에 의해 형성된다.

[A] 흥미로운 것은 타클라마칸 사막과 인접한 티베트 고원의 건조 지역에서 열대 습윤 환경에서 ⓓ서식하던 신제3기*의 생물 화석이 발견되었다는 점이다. 이로부터 과학자들은 이 지역이 한때는 저지대의 습윤한 지역이었으며, 지각 변동의 영향을 받았을 것이라는 ㉠가설을 세웠다. 기존의 지각 변동 이론에 따르면, 히말라야

<어휘정리>

＊**신제3기** : 신생대 제3기 후반.

산맥은 북쪽으로 이동하는 인도 대륙이 유라시아 대륙과 충돌하면서 ⓔ융기하였다고 알려져 있는데, 티베트 고원에서 발견된 생물 화석은 이 이론에 잘 들어맞는 듯 보였다. 과학자들은 화석의 탄소 동위원소 분석뿐만 아니라 퇴적 지층에 대한 고지자기(古地磁氣)* 측정 결과를 통해, 이 지역이 히말라야 산맥의 형성과 함께 융기하였다는 결론을 내리게 되었다. 따라서 티베트 고원에 인접한 타클라마칸 사막의 형성에는 근원적으로 히말라야 산맥의 형성이라는 지각 변동이 관련되어 있다.

호주 대륙의 사막들도 이와 유사한 측면이 있다. 약 5천만 년 전 남극 대륙에서 분리된 호주 대륙은 지각 변동에 의해 북쪽으로 이동하여 남회귀선 부근의 저위도에 위치하게 되었는데, ⓛ그 후 사막의 형성이 시작된 것으로 이해할 수 있다.

<어휘정리>

* **고지자기** : 과거 지구 자기장.

---

25. 위 글로 미루어 알 수 <u>없는</u> 것은?

① 지각 변동은 일부 사막의 형성에 중요한 역할을 하였다.
② 타클라마칸 사막은 여름에는 덥고 겨울에는 추운 온대 사막이다.
③ 시에라네바다 산맥은 그레이트솔트레이크 사막 형성에 영향을 주었다.
④ 지구상에 분포하는 대부분의 사막은 북반구 중위도 지역에 위치한다.
⑤ 타클라마칸 사막의 형성에는 지형적 특성뿐만 아니라 지리적 위치도 중요하게 작용하였다.

---

26. [A]에서 사용된 ㉠의 검증 방법을 <보기>에서 모두 고른 것은?

─────────────────〈 보기 〉─────────────────

ㄱ. 추가적인 증거를 통해 보강한다.　　ㄴ. 적용 가능한 새로운 현상을 찾아본다.
ㄷ. 경쟁 가설보다 설명력이 있는지 비교한다.　　ㄹ. 기존 이론에 부합하는지 여부를 검토한다.

───

① ㄱ, ㄴ　　　② ㄱ, ㄷ　　　③ ㄱ, ㄹ　　　④ ㄴ, ㄷ　　　⑤ ㄴ, ㄹ

27. 위 글로 미루어 볼 때, ㉡의 과정과 가장 관련이 깊은 요인은?

① 대기 대순환   ② 대륙의 크기   ③ 산맥의 높이

④ 해수의 온도   ⑤ 해양과의 거리

28. ⓐ~ⓔ의 뜻풀이가 바르지 <u>않은</u> 것은?

① ⓐ : 식물이 자라지 못하는 메마른 땅.   ② ⓑ : 천체의 표면을 둘러싼 기체.

③ ⓒ : 습기가 많은 느낌이 있음.   ④ ⓓ : 길러서 번식하게 함.

⑤ ⓔ : 솟아올라 높아짐.

<table>
<tr><td>IIIII 비문학 응용편</td><td>2010년 6월</td></tr>
</table>

♔ 다음 글을 읽고 물음에 답하시오.

> 자동차의 에너지 효율은 연료량 대비 운행 거리의 비율인 연비로 나타내며, 이는 자동차의 성능을 평가하는 중요한 잣대이다. 이러한 자동차의 연비는 엔진의 동력이 어떤 조건에서 발생되느냐에 따라 큰 차이를 보인다.
>
> 엔진의 동력은 흡기, 압축, 폭발, 배기의 4 행정을 순차적으로 거쳐 생산된다. 흡기 행정에서는 흡기 밸브를 열고 피스톤을 상사점에서 하사점으로 이동시킨다. 이때 실린더 내부 압력이 대기압보다 낮아져 공기가 유입되는데, 흡입되는 공기에 연료를 분사하여 공기와 함께 연료를 섞어 넣는다. 압축 행정에서는 ㉠<u>실린더를 밀폐시키고 피스톤을 다시 상사점으로 밀어 공기와 연료의 혼합 기체를 압축한다.</u> 폭발 행정에서는 피스톤이 상사점에 이를 즈음에 점화 플러그에 불꽃을 일으켜 압축된 혼합 기체를 연소시킨다. 압축된 혼합 기체가 폭발적으로 연소되면서 실린더 내부 압력이 급격히 높아지고, 외부 대기압과의 압력 차이에 의해 피스톤이 하사점으로 밀리면서 동력이 발생한다. 배기 행정에서는 배기 밸브가 열리고 남아 있는 압력에 의해 연소 가스가 외부로 급격히 빠져나간다. 피스톤이 다시 상사점으로 움직이면 흡기 때와는 반대로 부피가 줄면서 대기압보
>
> 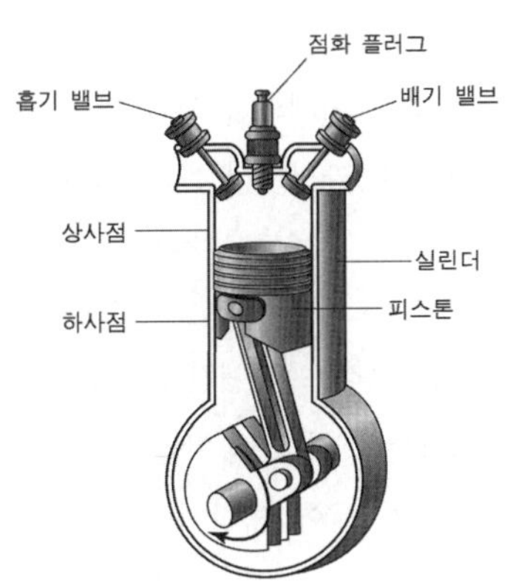
>

다 내부 압력이 높아지므로 잔류 가스가 모두 배출된다.

　이러한 엔진의 동력 발생 주기에서 흡입되는 공기와 분사되는 연료의 혼합비를 어떻게 유지해 주느냐에 따라 자동차의 연비가 크게 달라진다. 일정 질량의 연료를 완전 연소시키는 데 필요한 산소의 질량은 일정하다. 한편 실린더 안에서 피스톤의 이동으로 흡입될 수 있는 공기의 부피는 정해져 있으므로, 공기의 밀도가 변하지 않으면 한 주기 동안 완전 연소 가능한 연료량의 최대치는 일정하다. 즉 최대 출력을 얻을 수 있는 공기와 연료의 적정한 혼합비는 이론적으로는 일정하다. 혼합비가 적절하지 않으면 출력이 떨어지면서 유해 가스의 배출량이 늘어나는데, 적정 혼합비보다 혼합 기체에 포함된 연료의 비율이 높아지면 산소가 부족하여 일산화탄소, 탄화수소가 증가한다. 반대로 연료의 비율이 낮아지면 공기 과잉으로 질소산화물이 늘어나고 배기가스에 산소가 잔류한다.

　이론과 달리 실제 환경에서의 적정 혼합비는 상황에 따라 조금씩 달라진다. 이는 대기압, 엔진의 회전수 등 여러 요인에 의해 실린더에 흡입되는 공기의 질량이 변하기 때문이다. 따라서 자동차의 연비를 향상시키려면 엔진의 운행 상태를 실시간으로 감지하여 혼합비를 지속적으로 제어해야 한다.

29. 위 글의 내용과 일치하지 <u>않는</u> 것은?

① 4 행정의 동력 발생 주기를 완료하면 피스톤은 실린더를 2회 왕복한 것이 된다.
② 자동차 엔진은 실린더 내부에서 가스가 외부로 배출되는 단계에서 동력을 얻는다.
③ 엔진의 운행 상태를 실시간으로 점검하고 제어하면 자동차의 에너지 효율이 높아진다.
④ 혼합 기체의 흡입과 연소 가스의 배출은 실린더 내부와 외부의 압력 차에 의해 발생한다.
⑤ 실제 환경에서 엔진의 회전수는 혼합 기체의 적정 혼합비에 영향을 주는 요인 중 하나이다.

30. 다음 그래프는 엔진이 작동할 때의 실린더 내부 압력과 피스톤의 위치 및 이동 방향을 나타낸 것이다. 위 글의 ㉠에 해당하는 구간은?

① ㉮　　② ㉯
③ ㉰　　④ ㉱
⑤ ㉲

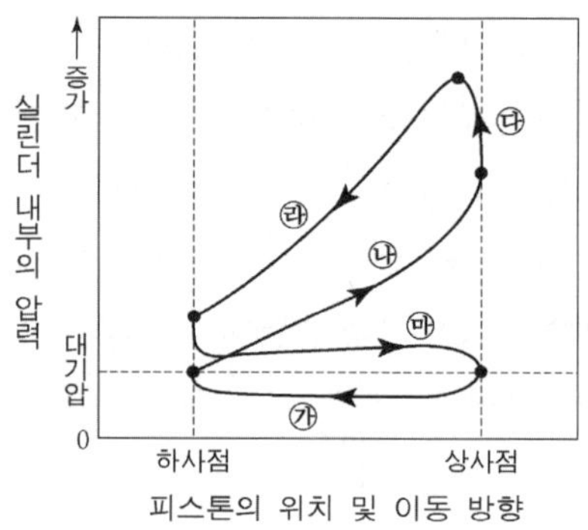

31. <보기>의 밑줄 친 부분에 해당하는 것은?

───────────────〈 보기 〉───────────────

해발 고도가 5,000 m 정도인 고원 지역에서는 대기압과 공기의 밀도가 해수면 인접 지역에 비해 절반 정도로 줄어든다. 이로 인해 해수면 인접 지역에서 에너지 효율이 최고가 되도록, 한 주기 동안 분사되는 연료량을 고정시킨 자동차를 고원 지역에서 운행하면 여러 가지 현상이 나타난다. 그러므로 오늘날의 자동차 엔진은 흡입 공기의 압력을 감지하여 공기와 연료의 혼합비가 적절하게 유지되도록 설계한다.

① 탄화수소의 발생량이 증가한다.　　② 엔진의 에너지 효율이 높아진다.
③ 배기가스의 배출 속도가 느려진다.　④ 배기가스에서 잔류 산소가 검출된다.
⑤ 동일 양의 연료에서 얻는 출력이 커진다.

♛ 다음 글을 읽고 물음에 답하시오.

(가) 음악사학자들은 서양 음악의 기원을 고대 그리스 음악에서 찾는다. 그러나 고대 그리스인들이 향유하던 음악이 실제로 어떠했는지는 분명치 않다. 그 이유는 음악적 실체를 밝힐 문헌 자료가 충분치 않고, 현존하는 자료의 대부분이 음악 그 자체보다는 이론이 어떠했는지의 정보에 편중되어 있기 때문이다. 한 가지 분명한 사실은 그들에게 음악은 기예 영역이라기보다 학문적 영역이었다는 점인데, 이는 고대 그리스 음악 이론에 내재한 수학적인 사고에서 쉽게 찾아볼 수 있다.

(나) 음악에서 수학적인 관계를 처음으로 밝혀낸 학자는 바로 고대 그리스의 수학자 피타고라스이다. ㉠"만물은 수(數)로 이루어져 있다."라고 한 그의 주장을 뒷받침하는 대표적인 분야가 곧 음악이었다. 피타고라스는 ㉡하프를 직접 연주하면서 소리를 분석하여, ㉢하프에서 나오는 소리가 가장 듣기 좋게 조화를 이루는 경우에 하프 현의 길이가 ㉣간단한 정수비를 나타낸다는 사실을 밝혀냈다. 도와 한 옥타브 위의 도'는 2 : 1, 도와 솔의 5도는 3 : 2, 솔과 그 위 도'의 4도는 4 : 3의 비를 이룬다는 것 등이 그것인데, ㉤5도에 기초한 피타고라스 음률이 곧 오늘날 우리가 음정이라 하는 것의 기원이며, 음향학의 출발이기도 하다.

(다) 음악을 수학의 눈으로 이해하려는 시도만 있었던 것은 아니었다. 최초의 음악 이론가로 알려져 있는 아리스토제누스는 피타고라스의 음악관을 비판하며 실제적 측면에서 음악을 바라본다. 그는 '감각적 지각'이 수적 비율보다 음악을 판단하는 데에 더 근본적이라 주장하며, 이를 미적 체험의 바탕으로 삼았다. 예를 들어 5도를 아름답다고 들었을 때, 그것이 왜 아름답게 들리는지를 수리적 추리를 통해 이해하려고 했던 피타고라스와는 달리, 아리스토제누스는 귀로 지각된 소리를 근거로 음악의 아름다움을 판단한다.

(라) 아리스토제누스는 경험적이고 현상론적인 입장에서 오늘날 서양 음악의 기초가 되는 리듬과 멜로디에 관한 이론을 제시하고 당시 통용되던 음악 현상들을 실제적으로 정리하였다. 논리보다는 경험을 중시하는 그의 학문 성향은 음악주의자 라고 불리는 후대의 많은 이론가들에게 받아들여졌으며, 음악을 수학적으로 풀이하려는 피타고라스주의자들에게는 비판받았다.

(마) 고대 그리스 음악 이론의 두 전통은 논리이냐 경험이냐의 대조적인 사유의 두 축을 이루며, 서양 음악 이론의 맥을 형성하였다. 이 두 전통에 배어 있는 대립적 성향은 비단 이론뿐 아니라, 창작·연주·감상에 이르는 다양한 음악 활동을 평가하는 잣대로 자리매김하여 오늘에 이르고 있다.

32. 위 글의 서술 방식에 대한 설명으로 적절한 것은?

① (가) : 비유적 진술을 통해 화제를 소개하고 있다.
② (나) : 주제와 관련된 핵심적인 용어의 개념을 정의하고 있다.
③ (다) : 관점의 차이를 부각하며 다른 견해를 소개하고 있다.
④ (라) : 앞 단락의 내용과 대조되는 사실을 제시하여 모순을 지적하고 있다.
⑤ (마) : 상반된 견해를 절충하는 방식으로 내용을 정리하고 있다.

33. 〈보기〉를 읽고 ㉠~㉤에 대해 추론한 내용으로 적절하지 <u>않은</u> 것은?

─── 〈 보기 〉───

중세의 음악 이론가 보이티우스는 음악을 세 종류로 분류하였다. 가장 높은 단계의 ㉮<u>뮤지카 문다나</u>는 천체나 지구가 만들어 내는 음악으로 대우주의 수(數)적 조화를 의미한다. 그 다음 단계인 ㉯<u>뮤지카 휴마나</u>는 우주 질서의 영향을 받는 육체와 영혼 및 그들의 조화를 일컫는 말이다. 이 두 단계의 음악이 귀로 들을 수 없는 정신적 상태를 뜻한다면, 세 번째 단계인 ㉰<u>뮤지카 인스트루멘탈리스</u>는 인간의 목소리를 포함한 악기들의 물리적인 소리들이 음향학적 원칙들 속에서 조화를 이루는 상태를 말한다.

---

① ㉠의 생각은 ㉮로 전승되었군.
② ㉡의 행위에 의해 ㉯가 나타난다고 볼 수 있겠군.
③ ㉢이 구현되는 것은 ㉯의 차원이겠군.
④ ㉣이 음향학의 기반이 되는 것은 ㉰의 차원이겠군.
⑤ ㉤을 구현하면 ㉰가 되겠군.

34. 음악주의자 의 태도에 가장 가까운 것은?

① 첼리스트 카잘스는 연주 전, 악곡을 논리적으로 분석하며 음악의 구성 원리를 파악하였다.
② 음악 애호가 영수는 음악을 감상할 때 음악 요소들 간의 수리적 관계를 탐구하였다.
③ 성악가 수희는 독창회 준비 과정에서 음반을 들으며 악곡의 분위기를 익혔다.
④ 음악 이론가 베빗은 베베른의 음악에서 대칭 관계를 체계적으로 밝혀냈다.
⑤ 작곡가 노노는 악곡 설계 과정에서 피보나치수열을 적용하였다.

35. 〈보기〉의 밑줄 친 부분에 해당하는 것은?

─〈 보기 〉─

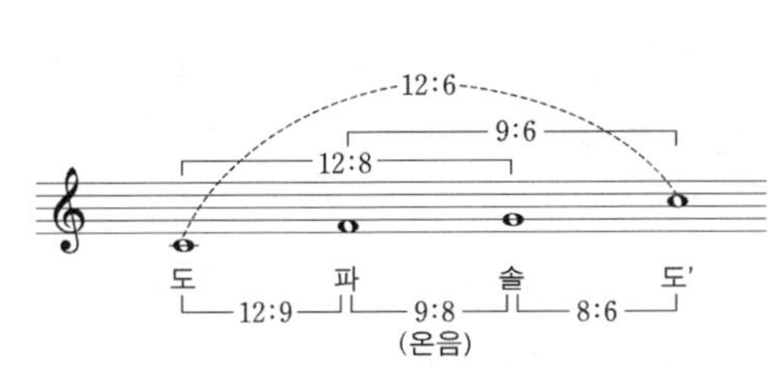

첼로를 전공하는 윤지는 음향학 시간에 배운 음정의 원리를 C현에 적용하고 있다. 윤지는 도가 소리 나는 이 C현을 12등분하여, 확장된 비례식 12 : 9 : 8 : 6 을 가지고 옥타브 안에 존재하는 5도, 4도, 온음 사이의 복합적인 관계를 다음과 같이 확인하였다.

---

① [도-솔]과 [파-도']의 음정은 같겠군.
② 옥타브는 5도와 4도의 결합으로 설명할 수 있겠군.

③ 옥타브는 두 개의 4도와 한 개의 온음으로 구성되겠군.

④ 현 길이의 비가 12 : 8인 두 현을 켜면 4도가 소리 나겠군.

⑤ 현 길이의 비 9 : 8은 5도와 4도의 차이인 온음에 해당하겠군.

👑 다음 글을 읽고 물음에 답하시오.

유럽인들에게 쫓겨 강제로 거주지를 옮겨야만 했던 케냐의 마사이 족은 새로운 정착지에 원래 살던 곳의 지명을 그대로 붙였다. 이와 비슷하게 유럽인들 역시 신대륙에 정착하면서 유럽의 지명들을 붙였다. 그들은 왜 새로운 곳에 예전의 지명을 붙였을까? 그것은 '공간'을 '장소'로 만든 것이라고 할 수 있다.

실증주의적 관점에 따르면 공간은 단순히 물리적으로 위치하고 있는 것으로, 인간이 머릿속에서 기하학적으로 ⓐ측량하고 재단할 수 있는 것이다. 이러한 개념에서 공간은 인간이 활동하는 배경으로만 여겨지거나 인간의 활동과는 무관한 것으로 여겨졌다.

그러나 인본주의적 관점에 따르면 각각의 공간들은 다른 공간들과 구별되는 자연적·인문적인 특징을 가지고 있고, 이러한 특징으로 ⓑ구성된 곳을 장소라고 한다. 공간이 보편적이고 일반적인 속성을 담고 있는 개념이라면, 장소는 특수하고 예외적인 속성을 담고 있는 개념이다. 즉 장소는 주관적이고 개성적이며 독특한 것을 담고 있는 곳이다. 인간은 일상생활 속의 공간에서 발생하는 다양한 현상들을 경험하고, 이를 해석하며, 의미를 ⓒ부여한다. 이러한 일상적 경험을 통해 물리적인 '공간'이 인간의 감정이 이입된 상징적 '장소'로 바뀌는 것이다. 예를 들면 우리가 일상적으로 지나다니는 가로수 길이 그곳과 관련을 맺고 있지 않은 사람에게는 지나가는 '공간'이지만, 헤어진 연인과의 기억을 갖고 있는 사람에게는 추억의 '장소'가 되는 것이다.

인간에게 장소는 그곳의 실제적인 쓰임새보다 훨씬 더 깊은 의미를 갖는다. 이는 자신들의 장소를 파괴하려는 외부의 힘에 ⓓ대항하는 개인이나 집단의 행동에서 명백하게 드러난다. 또 어떤 장소를 동경하거나 향수병을 겪는 사람들을 통해서도 알 수 있다. 결국 모든 사람은 태어나고, 자라고, 지금도 살고 있는 또는 특히 감동적인 경험을 가졌던 장소와 깊은 관련을 맺고 있으며 그 장소를 의식하고 있는 것이다. 즉 인간답다는 것은 의미 있는 장소로 ⓔ충만한 세상에서 산다는 것이며, 인간이 세계를 경험하는 심오하고도 복잡한 곳이 바로 장소라는 것이다.

이렇게 장소는 개인이나 집단에게 안정감을 주고 정체성을 갖게 한다. 따라서 의미 있는 장소를 경험하고, 창조하고, 유지하는 방법을 잃지 않는 것이 중요하다. 그런데 지금 이런 방법들이 사라지고 있는 탓에 ⓐ몰장소성(沒場所性)이 확산되고 있다. 즉 장소가 지닌 독특하고 다양한 경험과 정체성이 약화되는 현상이 확산되고 있는 것이다. 특징적인 장소들을 훼손하는 현상과 규격화된 경관 만들기 현상이 그것인데 이런 몰장소화는 인간의 정체성을 흔드는 일이다. 몰장소성은 결국 뿌리를 잘라 내고, 다양성을 획일성으로, 구체적 장소를 개념적 공간으로 바꾸어 버리는 것이기 때문이다.

36. 마사이 족과 유럽인들이 새로운 곳에 예전의 지명을 붙인 이유로 적절하지 <u>않은</u> 것은?

① 자신들의 정체성을 유지하기 위해서이다.
② 고향에 대한 그리움을 달래기 위해서이다.
③ 새로운 곳에 대한 낯섦을 덜기 위해서이다.
④ 새로 정착한 곳에서 빨리 안정감을 얻기 위해서이다.
⑤ 자신들을 쫓아낸 이들에게 저항감을 보이기 위해서이다.

37. 위 글을 바탕으로 〈보기〉의 내용을 이해한 것으로 적절한 것은?

───────────────〈 보기 〉───────────────

오스트레일리아의 중앙에는 울루루(Uluru)라고 불리는 세계 최대의 단일 바위가 있다. 울루루 에는 수많은 관광객들이 방문한다. 관광객들은 원하면 이 바위에 올라가 볼 수도 있는데, 등반 로 입구에 가면 다음과 같은 팻말들이 붙어 있다.

울루루에 올라가도 좋습니다. 그러나 바람이 세게 불거나 비가 오면 올라가지 마십시오. 올라 가다가 떨어지거나 미끄러져서 죽거나 다칠 수도 있기 때문입니다. – 울루루 국립공원관리공단
당신들은 이 바위에 올라갈 수 있습니다. 그렇지만 우리에게는 이 바위가 신성한 존재입니다. 그래서 우리는 울루루가 보호되고 존경받기를 바라며 올라가지 않기를 바랍니다. – 울루루 원주민

──

① 울루루에 가보고 싶어서 준비를 하고 있는 사람에게 울루루는 '공간'일 것이다.
② 울루루에 관광객들이 등반하지 않기를 바라는 원주민에게 울루루는 '장소'일 것이다.

③ 살 곳을 찾아다니다가 우연히 울루루에 도착한 원주민에게 울루루는 '장소'일 것이다.

④ 울루루에 올라가다가 떨어져 다친 기억이 남은 관광객에게 울루루는 '공간'일 것이다.

⑤ 자연 현상을 이유로 울루루에 올라가지 못하게 하는 국립공원관리공단에게는 울루루가 '장소'일 것이다.

38. <보기>에서 ㉠이 드러난 사례가 <u>아닌</u> 것끼리 짝지어진 것은?

───────────〈 보기 〉───────────

㉮ ○○시는 △△동을 한옥 보존 지구로 지정하였다.

㉯ ○○시는 간판의 모양과 규격, 디자인을 통일시켰다.

㉰ ○○시는 행정의 효율성 때문에 □□시에 통합되었다.

㉱ ○○시는 특정 거리에 있는 옛 건물의 외관과 틀은 그대로 두고 내부만 현대식으로 수리할 수 있도록 하였다.

───────────────────────────────

① ㉮, ㉰　　② ㉮, ㉱　　③ ㉯, ㉰　　④ ㉯, ㉱　　⑤ ㉰, ㉱

39. 문맥상 ⓐ~ⓔ를 바꿔 쓸 수 있는 것으로 적절하지 <u>않은</u> 것은?

① ⓐ : 헤아리고　　② ⓑ : 이루어진　　③ ⓒ : 붙인다

④ ⓓ : 맞서는　　⑤ ⓔ : 가득찬

IIII 비문학 응용편	2010년 6월

♛ 다음 글을 읽고 물음에 답하시오.

> 광고에서 소비자의 눈길을 확실하게 사로잡을 수 있는 요소는 유명인 모델이다. 일부 유명인들은 여러 상품의 광고에 중복하여 출연하고 있는데, 이는 광고계에서 관행으로 되어 있고, 소비자들도 이를 당연하게 여기고 있다. 그러나 유명인의 중복 출연은 과연 높은 광고 효과를 보장할 수 있을까? 유명인이 중복 출연하는 광고의 효과를 점검해 볼 필요가 있다.

어떤 모델이든지 상품의 특성에 적합한 이미지를 갖는 인물이어야 광고 효과가 제대로 나타날 수 있다. 예를 들어, 자동차, 카메라, 공기 청정기, 치약과 같은 상품의 경우에는 자체의 성능이나 효능이 중요하므로 대체로 전문성과 신뢰성을 갖춘 모델이 적합하다. 이와 달리 상품이 주는 감성적인 느낌이 중요한 보석, 초콜릿, 여행 등과 같은 상품은 매력성과 친근성을 갖춘 모델이 잘 어울린다. 그런데 유명인이 그들의 이미지에 상관없이 여러 유형의 상품 광고에 출연하면 모델의 이미지와 상품의 특성이 어울리지 않는 경우가 많아 광고 효과가 나타나지 않을 수 있다.

유명인의 중복 출연이 소비자가 모델을 상품과 연결시켜 기억하기 어렵게 한다는 점도 광고 효과에 부정적인 영향을 미친다. 유명인의 이미지가 여러 상품으로 분산되면 광고 모델과 상품 간의 결합력이 약해질 것이다. 이는 유명인 광고 모델의 긍정적인 이미지를 광고 상품에 전이하여 얻을 수 있는 광고 효과를 기대하기 어렵게 만든다.

또한 유명인의 중복 출연 광고는 광고 메시지에 대한 신뢰를 얻기 힘들다. 유명인 광고 모델이 여러 광고에 중복하여 출연하면, 그 모델이 경제적인 이익만을 추구한다는 이미지가 소비자에게 강하게 각인된다. 그러면 소비자들은 유명인 광고 모델의 진실성을 의심하게 되어 광고 메시지가 객관성을 결여하고 있다고 생각하게 될 것이다.

유명인 모델의 광고 효과를 높이기 위해서는 유명인이 자신과 잘 어울리는 한 상품의 광고에만 지속적으로 ㉠나오는 것이 좋다. 이렇게 할 경우 상품의 인지도가 높아지고, 상품을 기억하기 쉬워지며, 광고 메시지에 대한 신뢰도가 제고된다. 유명인의 유명세가 상품에 전이되고 소비자가 유명인이 진실하다고 믿게 되기 때문이다.

여러 광고에 중복 출연하는 유명인이 많아질수록 외견상으로는 중복 출연이 광고 매출을 증대시켜 광고 산업이 활성화되는 것으로 보일 수 있다. 하지만 모델의 중복 출연으로 광고 효과가 제대로 나타나지 않으면 광고비가 과다 지출되어 결국 광고주와 소비자의 경제적인 부담으로 이어진다. 유명인을 비롯한 광고 모델의 적절한 선정이 요구되는 이유가 여기에 있다.

40. 위 글의 논지 전개 방식으로 가장 적절한 것은?

① 현상의 원인을 분석하여 다양한 해결책을 제시하고 있다.

② 유사한 사례를 비교하여 공통점과 차이점을 부각하고 있다.

③ 자료를 활용하여 이론을 정립한 후 구체적 사례에 적용하고 있다.

④ 대립되는 이론을 절충하여 새로운 이론의 가능성을 탐색하고 있다.

⑤ 통념에 대한 의문을 제기하고 근거를 들어가며 주장을 펼치고 있다.

41. 위 글의 글쓴이의 입장에 따라 〈보기〉의 유명인 모델이 등장하는 광고의 효과를 예상해 본 것으로 적절하지 <u>않은</u> 것은?

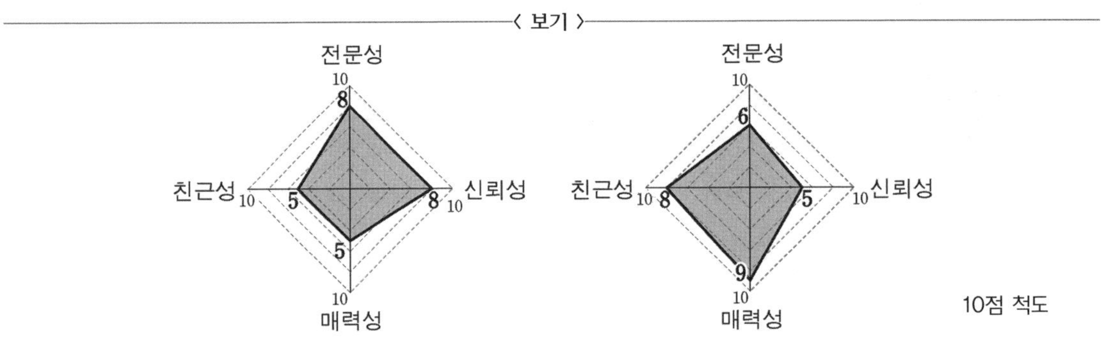

① 모델 A가 특정 카메라 광고에 계속해서 등장할 때 긍정적인 광고 효과를 기대할 수 있다.

② 모델 A가 자동차, 보석 광고 등에 중복 등장할 때 기대했던 만큼 광고 효과가 나타나지 않을 수 있다.

③ 모델 B가 치약 광고와 여행 광고에 등장할 때 두 광고 모두에서 긍정적인 광고 효과를 기대할 수 있다.

④ 초콜릿 광고의 경우 모델 A보다 모델 B가 등장할 때 더 큰 광고 효과를 기대할 수 있다.

⑤ 공기 청정기 광고의 경우 모델 B보다 모델 A가 등장할 때 더 큰 광고 효과를 기대할 수 있다.

42. 위 글의 핵심 주장에 대한 반론의 근거로 가장 적절한 것은?

① 신문, 잡지, 텔레비전 등 광고를 전달하는 매체가 광고하는 상품의 특성에 적합해야 광고 효과가 극대화된다는 연구 결과가 있다.

② 유명인을 등장시킨 광고의 효과가 기대 이하이어서 광고 횟수를 지속적으로 늘렸으나 광고 효과의 상승으로 이어지지 않은 사례가 있다.

③ 유명인 광고 모델이 현실에서의 비리나 추문으로 부정적인 이미지를 갖게 되면 광고하는 상품의 매출에도 영향을 미치는 사례가 있다.

④ 광고를 많이 하는 특정 상품에 대해 유명인 모델이 등장하는 광고와 일반인 모델이 등장하는 광고를 동시에 할 경우 광고의 효과가 커졌다는 사례가 있다.

⑤ 특정 상품과 관련하여 유명인이 등장하는 광고를 자주 하면, 그 유명인이 등장하는 다른 상품들의 광고는 상대적으로 광고 횟수가 적어도 효과는 커진다는 연구 결과가 있다.

43. 밑줄 친 단어의 문맥적 의미가 ㉠과 가장 가까운 것은?

① 어제 신문에 그 기사가 나왔다.
② 맑은 날보다 흐린 날에 사진이 잘 나온다.
③ 하루 종일 찾던 지갑이 세탁물 속에서 나왔다.
④ 수도에서 녹물이 나오는 바람에 빨래를 못 했다.
⑤ 며칠 전 씨를 뿌린 곳에서 싹이 나오기 시작했다.

♛ 다음 글을 읽고 물음에 답하시오.

현재 의학계에서 최고의 관심을 갖고 있는 과제는 노화와 암이다. 최근 과학자들은 세포의 노화와 관련된 것으로서 DNA의 양끝 부분인 텔로미어를 지목했고, 텔로미어를 만드는 효소인 텔로머라아제의 기능을 응용하면 노화와 암에 대한 신약이나 새로운 치료 방법을 개발할 수 있을 것으로 기대하고 있다.

텔로미어에 대해 알기 위해서는 먼저 DNA의 구조와 복제 과정을 알아야 한다. DNA는 긴 사슬의 형태로 이어져 있는 핵산들의 가닥 2개가 나선 모양으로 결합한 구조를 보이고 있다. 이 핵산들에는 각각 아데닌(A), 구아닌(G), 시토신(C), 티민(T) 같은 염기가 하나씩 들어 있다. 한쪽 가닥의 아데닌이 있는 핵산은 다른 가닥의 티민이 있는 핵산과, 구아닌이 있는 핵산은 시토신이 있는 핵산과 상보적으로 결합하는데, 이들 염기의 배열 순서가 유전 정보다.

DNA가 복제될 때는 나선 구조의 한쪽 끝이 열리면서 두 가닥이 서로 벌어진다. DNA를 합성하는 효소들은 벌어진 두 가닥을 지나가면서 배열된 염기 순서에 맞춰 상보적인 염기를 가진 핵산으로 새로운 DNA 사슬을 짠다. 문제는 DNA 사슬을 복제할 때 끝부분의 핵산이 복제되지 않는다는 것이다. 복제 효소는 복제 대상인 핵산을 지나서 다음 핵산에 도달할 때 지나온 핵산을 복제한다. 따라서 끝에 있는 핵산은 다음 핵산이 없으므로 효소가 지나갈 수 없고, 따라서 복제가 되지 않는다. 이런 이유로 복제가 될 때마다 DNA 사슬 끝부분의 핵산이 사라지고, 사라지는 부분에 있는 유전 정보들은 손실된다.

DNA는 진화를 거치면서 양끝에 유전 정보가 들어 있지 않은 짧은 길이의 사슬을 붙이는 방법으로 문제를 해결했는데, 이 짧은 사슬이 바로 텔로미어(telomere)다. 생물은 각 종마다 텔로미어의 염기서열과 길이가 서로 다르다. 사람 염색체에 있는 텔로미어는 염기서열 TAGGG가 반복되는 구조이다. 이러한 텔로미어가 유전 정보가 들어 있는 사슬 부분에 덧붙어 있으면 복제 효소가 통과할 수 있게 되어, 정보의 손실을 예방할 수 있다. 물론 텔로미어도 세포분열(DNA 복제)이 반복될수록 그 길이가 짧아진다. 텔로미어라 해도 마지막 핵산이 복제되지 않는 것은 마찬가지이기 때문이다.

세포분열의 횟수는 조직에 따라 정해져 있으며, 그 횟수는 텔로미어의 길이에 따라 결정된다. 텔로미어가 어느 정도의 길이(노화점) 이하로 짧아지면 노화 현상이 생기고 결국 세포가 죽는다.

하지만 모든 세포에서 텔로미어가 줄어드는 것은 아니다. 암세포의 텔로미어는 세포가 분열해도 줄어들지 않는다. 즉 분열 횟수가 증가해도 노화 현상이 생기지 않고, 무제한으로 증식한다. 이런 현상은 텔로미어를 만드는 효소인 텔로머라아제가 활성화되어 있기 때문에 발생한다. 텔로머라아제는 텔로미어를 합성한 뒤 DNA 끝에 붙여서 텔로미어 전체의 길이를 늘린다. 이 효소는 모든 세포에 있지만, 정상인의 경우 대부분의 일반 세포에서는 활성화되어 있지 않다. 난자를 만드는 전구세포와 혈액세포를 만드는 조혈모세포 같은, 세포분열이 활발해야 하는 일부 세포에서만 활성화되어 있다.

과학자들은 텔로머라아제의 기능 조절 방법을 밝혀, 텔로미어를 짧아지게 하거나 짧아지지 않게 할 수 있기를 기대한다. 전자는 암 치료와, 후자는 노화 방지와 관련이 있다. 암세포 정복과 장수(長壽)의 꿈을 동시에 이룰 수 있게 되는 것이다.

44. 위 글의 표제와 부제로 가장 적절한 것은?

① 텔로미어란 무엇인가 – DNA 구조의 규명을 중심으로

② DNA 관련 질병 치료의 신기원 – 텔로미어의 효율적 생성 기술을 중심으로

③ 노화와 암 치료의 열쇠 – 텔로미어와 텔로머라아제의 역할을 중심으로

④ 수명 연장의 꿈을 실현하기 위한 노력 – 텔로미어와 텔로머라아제 관련 기술을 중심으로

⑤ 텔로미어는 DNA의 수호자 – 유전 정보 보존을 위한 방법 마련을 중심으로

45. <보기>의 진술 중에서 텔로미어에 대한 것을 바르게 짝지은 것은?

───────────〈 보기 〉───────────

ㄱ. DNA의 일부분이다.　　　　　　　　ㄴ. DNA의 길이를 늘린다.

ㄷ. 유전 정보의 손실을 예방한다.　　　　ㄹ. 세포분열의 횟수를 늘려 준다.

ㅁ. 세포분열이 거듭될수록 길이가 짧아진다.

───────────────────────────────

① ㄱ, ㄴ, ㄷ　　　② ㄱ, ㄴ, ㄹ　　　③ ㄱ, ㄷ, ㅁ　　　④ ㄴ, ㄷ, ㅁ　　　⑤ ㄴ, ㄹ, ㅁ

46. 위 글에서 영감을 얻은 작가가 <보기>의 영화를 제작했다고 할 때, 영화 속 상황을 추리한 것으로 적절하지 <u>않은</u> 것은?

───────────〈 보기 〉───────────

영화 '벤자민 버튼의 시간은 거꾸로 간다'는 늙은 상태로 태어나 아기가 돼 죽음을 맞는다는 상상력으로 관심을 모았다.

검버섯이 핀 피부, 안경 없이는 볼 수 없는 나쁜 시력. 1918년 미국 뉴올리언스에서 태어난 아이 (벤자민 버튼)는 외모가 노인 같았다. 벤자민의 괴상한 외모에 놀란 아버지는 '노인 아이'를 한 양로원 앞에 버린다. 그의 나이 12살. 해가 지날수록 자신이 젊어진다는 것을 발견할 때쯤 벤자민은 할머니를 찾으러 양로원에 온 6살 꼬마 데이지를 만난다. 만나고 헤어지기를 수차례. 벤자민과 데이지는 마침내 함께하게 되지만 그는 날마다 어려지고 데이지는 늙어만 간다.

───────────────────────────────

① 첼리스트 카잘스는 연주 전, 악곡을 논리적으로 분석하며 음악의 구성 원리를 파악하였다.

② 음악 애호가 영수는 음악을 감상할 때 음악 요소들 간의 수리적 관계를 탐구하였다.

③ 성악가 수희는 독창회 준비 과정에서 음반을 들으며 악곡의 분위기를 익혔다.

④ 음악 이론가 베빗은 베베른의 음악에서 대칭 관계를 체계적으로 밝혀냈다.

⑤ 작곡가 노노는 악곡 설계 과정에서 피보나치수열을 적용하였다.

♛ 다음 글을 읽고 물음에 답하시오.

19세기 중반 인쇄공인 해리슨은 활자를 세척하던 중 에테르가 증발하면서 손이 차가워지는 데 착안하여, 이를 냉매로 한 냉장고를 개발하였다. 냉장고는 이처럼 액체 상태의 냉매가 기체가 되면서 주위로부터 열을 빼앗는 원리를 이용한 것이다. 반대로 기체 상태의 냉매가 다시 액체로 바뀔 때는 열을 방출한다. 냉장고 뒤에 있는 파이프들은 이 열을 식히는 장치이다. 그래서 냉장고에는 냉매와 파이프, 그리고 모터가 반드시 필요하다. 그런데 요즘에 일반 냉장고와는 달리 이런 장치가 없는 냉장고가 인기를 ㉠끌고 있다. 대신 이 냉장고에는 '열전반도체'가 있다.

열전반도체는 전자(음전하)가 많은 N형 반도체와 정공(양전하)이 많은 P형 반도체를 붙여 만든 것이다. 열전반도체에 전류를 흘려보내면 N형 반도체에 있는 전자는 전원의 양극(+)으로, P형 반도체에 있는 정공은 음극(−)으로 이동하게 된다. 그런데 전자나 정공이 이동하는 데는 에너지가 필요하다. 그래서 N형 반도체와 P형 반도체가 접합된 부분에서 열을 흡수한 다음에, 다른 접합 부분에서 열을 방출하게 된다. 그러면 한쪽 접합부는 차갑고, 다른 한쪽 접합부는 뜨겁게 된다. 이러한 방법을 이용한 냉동을 열전 냉동이라 한다. 이것은 서로 다른 두 종류의 금속을 연결한 후에 전류를 흐르게 하면 두 금속의 접합부에서 열이 발생하거나 흡수되는 '펠티에 효과'를 이용한 것이다.

예를 들어 옆의 그림에서처럼 열전반도체에 전류를 흘려보내면 N형 반도체의 전자는 ㉮ 부근에서 ㉰쪽으로 이동하게 된다. 왜냐하면 전자는 전류의 반대 방향인 전원의 양극 쪽으로 이동하기 때문이다. 반면에 P형 반도체에 있는 정공은 ㉯부근에서 ㉱쪽으로 이동하게 된다. 왜

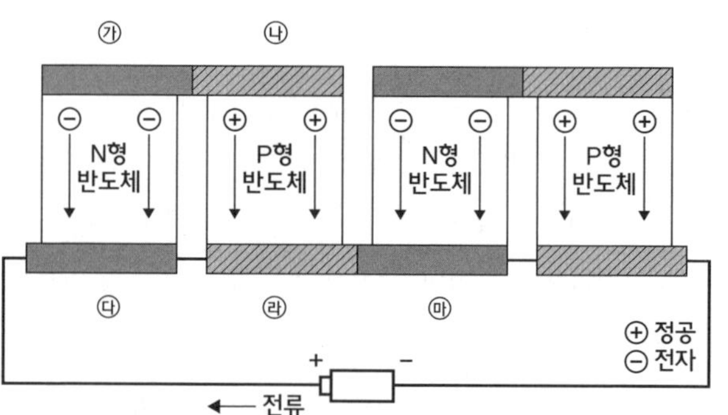

냐하면 정공은 전원의 음극 쪽으로 이동하기 때문이다. 그래서 N형 반도체와 P형 반도체의 접합부 ㉮와 ㉯는 열을 빼앗겨 차갑게 되는 반면에, 다른 접합부인 ㉰와 ㉱는 뜨겁게 된다.

한편 온도차를 이용하면 열전반도체로 전기를 생산할 수도 있다. 열전반도체의 한쪽에 열을 가해 다른 쪽과 온도 차를 만들면 고온부에 있는 전자 및 정공은 저온부에 있는 것보다 높은 에너지를 갖게 된다. 전자와 정공은 온도가 낮은 저온부로 이동하게 된다. 그러면 전자의 이동과 반대 방향으로 전류가 흐르게 된다. 이처럼 열전반도체를 이용하여 전류를 얻는 발전을 열전 발전이라 한다. 이때 발생하는 전류는 온도차와 비례한다. 이것은 서로 다른 금속을 연결한 후 접합부에 가열하면 전류가 발생하는 '제벡 효과'를 이용한 것이다.

펠티에 효과나 제벡 효과를 열전현상이라고 하는데, 이 열전현상은 1800년대에 발견되었으나 효율이 낮아 별로 이용되지 않았다. 그러다가 열전반도체의 개발로 효율이 비약적으로 높아지면서 활발히 연구되고 있다. 열전반도체는 기존 시스템에 비해 여러 장점이 있다. 우선 온도의 유지나 조절을 정확히 할 수 있다. 또한 열전반도체를 이용한 시스템은 진동이나 소음이 거의 없을 뿐만 아니라, 부품이 적어 작게 만들 수도 있다. 게다가 오염 물질을 배출하지 않아 환경 친화적이기 때문에 앞으로 그 활용도는 더욱 커질 것이다.

47. 위 글의 내용과 일치하지 <u>않는</u> 것은?

① 일반 냉장고에는 냉매가 반드시 있어야 한다.
② 전자가 이동하기 위해서는 에너지가 필요하다.
③ 펠티에 효과나 제벡 효과를 열전현상이라고 한다.
④ 열전 냉동은 열전반도체를 이용하여 냉동하는 방법이다.
⑤ 열전현상은 열전반도체의 효율을 향상시키는 데 도움이 된다.

48. ⟨보기⟩의 진술 중에서 텔로미어에 대한 것을 바르게 짝지은 것은?

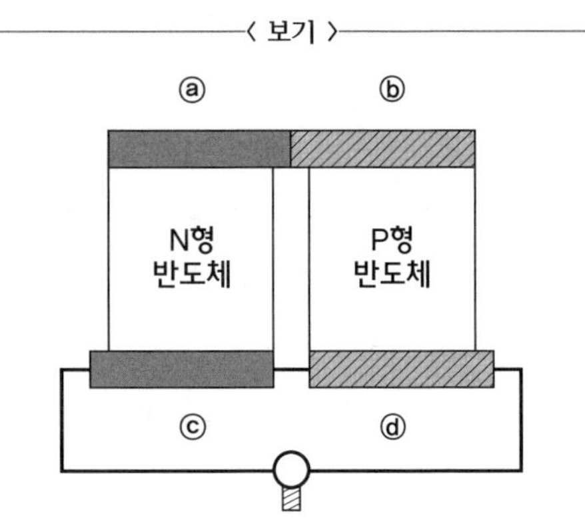

① ⓒ와 ⓓ에 열을 가하면 전류는 'ⓒ → ⓐ → ⓑ → ⓓ'로 흐른다.

② ⓑ에 열을 가하면 P형 반도체에 있는 정공이 ⓓ의 방향으로 이동한다.

③ ⓐ、ⓑ의 온도와 ⓒ、ⓓ의 온도의 차가 클수록 발생하는 전류도 커진다.

④ ⓐ에 열을 가하면 그 부근에 있는 N형 반도체의 전자가 ⓒ 부근에 있는 전자보다 높은 에너지를 갖게 된다.

⑤ ⓓ에 열을 가하면 그 부근에 있는 P형 반도체의 정공이 ⓑ 부근에 있는 정공보다 높은 에너지를 갖게 된다.

49. '펠티에 효과'를 이용하여 만들 수 있는 제품으로 보기 <u>어려운</u> 것은?

① 정확한 온도를 유지해 주는 약보온기

② 가지고 다닐 수 있게 작게 만든 휴대용 냉장고

③ 냉수와 온수의 기능을 동시에 갖춘 냉온 정수기

④ 여름에는 시원하고 겨울에는 따뜻한 자동차 시트

⑤ 열을 전류로 바꾸어 온도를 표시해 주는 전자 온도계

50. ㉠과 문맥적 의미가 가장 유사한 것은?

① 홍섭이는 자동차를 <u>끌고</u> 고향에 갔다.

② 경태는 긴 청바지를 질질 <u>끌고</u> 다녔다.

③ 명규는 상길이를 <u>끌고</u> 식당에 들어갔다.

④ 승현이는 일을 끝내지 않고 미적미적 <u>끌었다</u>.

⑤ 덕주는 잘생긴 외모 때문에 남들의 눈길을 <u>끌었다</u>.

👑　다음 글을 읽고 물음에 답하시오.

　　회화적 재현이 성립하려면, 즉 하나의 그림이 어떤 대상의 그림이 되기 위해서는 그림과 대상이 닮아야 할까? 입체주의의 도래를 알리는 <아비뇽의 아가씨들>을 그리기 한 해 전, 피카소는 시인인 스타인을 그린 적이 있었는데, 완성된 그림을 보고 사람들은 놀라움을 금치 못했다. **스타인의 초상화**가 그녀를 닮지 않았던 것이다. 이에 대해 피카소는 “앞으로 닮게 될 것이다.”라고 말했다고 한다. 이 에피소드는 미술사의 차원과 철학적 차원에서 회화적 재현에 대해 생각해 볼 계기를 제공한다.

　　우선 어떻게 닮지 않은 그림이 대상의 재현일 수 있는지를 알아보기 위해서는 당시 피카소와 브라크가 중심이 되었던 입체주의의 예술적 실험과 그것을 가능케 한 미술사의 흐름을 고려해 보아야 한다. 르네상스 시대의 화가들은 원근법을 사용하여 **‘세상을 향한 창’**과 같은 사실적인 그림을 그렸다. 현대회화를 출발시켰다고 평가되는 인상주의자들이 의식적으로 추구한 것도 이러한 사실성이었다. 그들은 모든 대상을 빛이 반사되는 물체로 간주하고 망막에 맺힌 대로 그리는 것을 회화의 목표로 삼았다. 따라서 빛을 받는 대상이면 무엇이든 주제가 될 수 있었고, 대상의 고유한 색 같은 것은 부정되었다. 햇빛의 조건에 따라 다르게 그려진 모네의 낟가리 연작이 그 예이다.

　　그러나 세잔의 생각은 달랐다. “모네는 눈뿐이다.”라고 평했던 그는 그림의 사실성이란 우연적 인상으로서의 사물의 외관보다는 ‘그 사물임’을 드러낼 수 있는 본질이나 실재에 더 다가감으로써 얻게 되는 것이라고 생각하였다. 세잔이 그린 과일 그릇이나 사과를 보면 대부분의 형태는 실물보다 훨씬 단순하게 그려져 있고, 모네의 그림에서는 볼 수 없었던 부자연스러운 윤곽선이 둘러져 있으며, 원근법조차도 정확하지 않다. 이는 어느 한순간 망막에 비친 우연한 사과의 모습 대신 사과라는 존재를 더 잘 드러낼 수 있는 모습을 포착하려 했던 세잔의 문제의식을 보여주는 것이다.

　　이를 계승하여 한 발 더 나아간 것이 바로 입체주의이다. 입체주의는 대상의 실재를 드러내기 위해 여러 시점에서 본 대상을 한 화면에 결합하는 방식을 택했다. 비록 스타인의 초상화는 본격적인 입체주의 그림은 아니지만, 세잔에서 입체주의로 이어지는 실재의 재현이라는 관심이 반영된 작품으로 볼 수 있는 것이다.

하지만 여전히 의문인 것은 '닮게 될 것'이라는 말의 의미이다. 실제로 세월이 지난 후 피카소의 예언대로 사람들은 결국 스타인의 초상화가 그녀를 닮았다는 것을 발견하게 되었다고 한다. 어떻게 그럴 수 있었을까? 이를 설명하려면 회화적 재현에 대한 철학적 차원의 논의가 필요한데, 곰브리치와 굿맨의 이론이 주목할 만하다.

이들은 대상을 '있는 그대로' 보는 '**순수한 눈**' 같은 것은 없으며, 따라서 객관적인 사실성이란 없고, 사실적인 그림이란 결국 한 문화나 개인에게 익숙한 재현 체계를 따른 그림일 뿐이라고 주장한다. ㉠이 이론에 따르면 지각은 우리가 속한 관습과 문화, 믿음 체계, 배경 지식의 영향을 받아 구성된다고 한다. 예를 들어 우리가 작가와 작품에 대해 사전 지식을 가지고 있다면 이러한 믿음은 그 작품을 어떻게 지각하느냐에까지도 영향을 준다는 것이다. 이것이 사실이라면, 피카소의 경우에 대해서도, '이 그림이 피카소가 그린 스타인의 초상'이라는 우리의 지식이 종국에는 그림과 실물 사이의 닮음을 발견하는 방식으로 우리의 지각을 형성해 냈을 것이라는 설명이 가능하다. 사실성이라는 것이 과연 재현 체계에 따라 상대적인지는 논쟁의 여지가 많지만 피카소의 수수께끼 같은 답변과 자신감 속에는 회화적 재현의 본성에 대한 이러한 통찰이 깔려 있었다고도 볼 수 있다.

51. 스타인의 초상화와 관련된 피카소의 의도를 이해한 것으로 적절한 것은?

① 어느 한순간의 스타인의 외양이 아니라 그녀의 본질을 재현하려 했다.

② 현재의 모습이 아니라 훗날 변하게 될 스타인의 모습을 나타내려 했다.

③ 고전적인 미의 기준에 맞추어 스타인을 이상화된 모습으로 나타내려 했다.

④ 눈으로 관찰할 수 있는 스타인의 모습을 가감 없이 정확히 모사하려 했다.

⑤ 정지된 모습이 아니라 역동적으로 움직이는 스타인의 모습을 재현하려 했다.

52. 위 글을 바탕으로 〈보기〉를 바르게 이해한 것은?

〈 보기 〉

모네(1891)

〈늦여름 아침의 낟가리〉

세잔(1899)

〈사과와 오렌지〉

피카소(1907)

〈아비뇽의 아가씨들〉

① (가)와 (나)는 모두 뚜렷한 윤곽선이 특징인 그림이군.

② (나)와 (다)는 모두 대상이 빛에 따라 달라지는 모습을 그린 그림이군.

③ (가)와 달리 (나)는 원근법이 잘 지켜지지 않고 있는 그림이군.

④ (가)와 달리 (다)는 사물의 고유색을 인정하지 않고 있는 그림이군.

⑤ (가), (나), (다)는 모두 '세상을 향한 창'이 되고자 하는 목표에서 나온 그림이군.

53. 곰브리치와 굿맨이 인상주의자들에게 할 수 있는 말로 가장 적절한 것은?

① 망막에 맺힌 상은 오히려 '순수한 눈'을 왜곡할 수 있다.

② 객관적인 사실성은 의식적인 노력의 결과라기보다는 우연의 산물이다.

③ 망막에 맺힌 상을 그대로 그린다고 하더라도 객관적인 사실성은 얻을 수 없다.

④ 대상의 숨어 있는 실재를 지각하기 위해서는 눈 이외의 감각 기관이 필요하다.

⑤ 인상주의의 재현 체계는 다른 유파의 재현 체계에 비해 사실성을 얻기가 어렵다.

54. ㉠을 뒷받침하는 근거로 적절한 것은?

① 서양 사람이라도 동양의 수묵화나 사군자화를 감상하는 데 어려움이 없다.

② 그림에 재현된 대상이 무엇인지 알아보는 능력은 서로 다른 문화에 속한 사람들 간에도 크게 다
르지 않다.

③ 대상의 그림자까지 묘사한 그림이 그렇지 않은 그림보다 공간감과 깊이를 더 사실적으로 나타낼 수 있듯이 재현 체계는 발전할 수 있다.

④ 그림에서 대상을 알아보는 능력은 선천적이어서 생후 일정 기간 그림을 보지 않고 자란 아이들도 처음 그림을 대하자마자 자신들이 알고 있는 대상을 그림에서 알아본다.

⑤ 나무를 그린 소묘 속의 불분명한 연필 자국은 나무를 보게 될 것이라는 우리의 사전 지식으로 인해 나무로 보이고, 소 떼 그림에 있는 비슷한 연필 자국은 소로 보인다.

👑 다음 글을 읽고 물음에 답하시오.

조선 성리학자들은 '세계를 어떻게 바라보고, 자신이 추구하는 삶을 어떻게 실현할 것인가' 하는 문제와 관련하여 지(知)와 행(行)에 깊은 관심을 기울였다. 그들은 특히 도덕적 실천과 결부하여 지와 행의 문제를 다루었는데, 그 기본적인 입장은 '지행병진(知行竝進)'이었다. 그들은 지와 행이 서로 선후(先後)가 되어 돕고 의지하면서 번갈아 앞으로 나아가는 '상자호진(相資互進)' 관계에 있다고 생각했다. 또한 만물의 이치가 마음에 본래 갖추어져 있다고 여기고 도덕적 수양을 통해 그 이치를 찾고자 하였다.

18세기에 들어 일부 실학자들은 지행론에 대해 새롭게 접근하였다. 홍대용은 지와 행의 병진을 전제하면서도, 도덕적 수양 외에 사회적 실천의 측면에서 행을 바라보았다. 그는 이용후생의 중요성을 강조하여 민생을 풍요롭게 하는 데 관심을 기울였다. 그에게 지는 도덕 법칙만이 아닌 실용적인 지식을 포함하는 것이었으며, 행이 지보다 더욱 중요한 것이었다.

19세기 학자 최한기는 본격적으로 지행론을 변화시켰다. 그는 행을 생리 반응, 감각 활동, 윤리 행동을 포함하는 일체의 경험으로 이해하고, 지를 경험을 통해 얻어지는 객관적인 지식으로 규정하였다. 그는 선천적인 지식이 따로 없고 모든 지식이 경험을 통해 산출된다고 보아 '선행후지(先行後知)'를 제시하고, 행이 지보다 우선적인 것임을 강조하였다.

최한기에게 지와 행의 대상은 인간. 사회. 자연을 포괄하는 것이다. 그는 행을 통한 지의 형성, 그 지에 의한 새로운 행, 그리고 그 행에 의한 기존 지의 검증이라는 이전과는 차별화된 지식론을 제시하였다. 그가 경험으로서의 행을 중시한 것은 자연 세계에는 일정한 원리인 물리(物理)가 있지만 인간

세계의 원리인 사리(事理)는 일정하지 않다고 보았기 때문이다. 그래서 그는 자연을 탐구하여 물리를 인식함으로써 사리가 성립되고, 이 사리에서 인간의 도덕인 인도(人道)가 나온다고 보았다.

이러한 서로 다른 지행론은 그들의 학문 목표와 관련이 있다. 도덕적 수양을 무엇보다 중시했던 성리학자들과 달리, 실학자들은 피폐한 사회 현실을 개혁하고자 하는 학문적 문제의식을 가지고 있었다. 특히 최한기가 행을 앞세운 것은 변화하는 세계의 본질을 경험적으로 파악하여 격변하는 시대에 대처하려는 것이었다.

55. 위 글의 제목으로 가장 적절한 것은?

① 선행후지의 현대적 의의   ② 지와 행의 개념과 그 한계

③ 도덕규범의 실천과 지행론   ④ 지행론의 변화와 그 배경

⑤ 삶에서의 인식과 실천의 문제

56. 위 글을 통해 이끌어 낸 내용으로 가장 적절한 것은?

① 성리학자들은 만물의 이치가 외부 세계로부터 온다고 생각했다.

② 홍대용은 지의 대상을 실용적 측면까지 확대했다.

③ 홍대용과 최한기는 행보다 지를 우선시했다.

④ 최한기는 학문의 목적을 도덕적 수양에서 찾았다.

⑤ 최한기는 선천적 지식과 경험적 지식이 있다고 보았다.

57. 〈보기〉는 언어를 습득하는 과정에 대한 설명 중 하나이다. '최한기'의 입장에서 〈보기〉를 평가한 것으로 가장 적절한 것은?

―――――――――――――――〈 보기 〉―――――――――――――――

언어 지식이 전혀 없이 태어난 아기는 성장하면서 몇 개의 단어만을 사용하여 불완전한 형태로 자신의 의사를 표현하다가, 다양한 시행착오를 반복하는 과정을 거쳐 완전한 형태의 언어 표현을 구사할 수 있게 된다.

① 다양한 시행착오는 행에 의한 기존 지식의 검증을 말하는 것이군.
② 언어를 습득하는 과정은 지에 의해 행이 완성되는 것을 보여 주는군.
③ 완전한 형태로 언어를 표현한다는 것은 마음에 내재한 이치를 깨닫는 것이군.
④ 아이가 배운 말을 표현하려는 것은 주관적인 지식을 행하려는 것으로 볼 수 있군.
⑤ 불완전한 언어 표현이 완전하게 되는 것은 인도를 통하여 사리를 얻는 과정으로 볼 수 있군.

ⅠⅠⅠⅠ 비문학 응용편	2010년 3월

♛ 다음 글을 읽고 물음에 답하시오.

모든 사람들은 불가피하게 위험에 빠질 가능성을 안고 살아간다. 그래서 개인들은 스스로 위험에 대비하려 하며, 시장은 이를 포착하여 알맞은 상품을 제공한다. 생명보험, 암보험 등의 각종 보험 상품이 바로 그것이다. 그러나 개인의 자발적 선택에 의해 가입하는 민간 보험 상품만으로 개인들이 위험에 완전히 대처했다고 할 수는 없다.

개인들은 자신의 소득을 현재의 욕구를 위한 소비와 미래의 욕구를 위한 저축으로 적절히 배분해야 한다. 그러나 인간은 미래의 욕구보다는 현재의 욕구를 과대평가하는 본능적 성향을 가지고 있다. 또 행운의 확률을 과대평가하고 불행의 확률을 과소평가하는 불합리한 존재이다. 그래서 위험에 대비하기 위해 저축을 하기보다는 현재의 욕구를 위해 소득의 대부분을 지출해 버리는 개인이 나타나게 된다. 이들은 위험에 직면하게 되면 대비책이 없어 무너지게 되고 이는 곧 사회적 문제가 된다. 그래서 국가는 사람들에게 전형적으로 나타나는 사회적 위험에 대비하도록 강제하는 것이다. 그 제도가 사회보험이다. 이것은 개인의 선택에 관계없이 의무적으로 가입해야 하는 강제보험인데 국민건강보험, 국민연금, 고용보험, 산업재해보험 등이 여기에 해당한다.

그런데 이 강제에 대해 문제를 제기하는 사람들도 있다. 그 이유 중의 하나가 자신이 상대적으로 보험료를 많이 낸다고 생각하는 것이다. 사회보험은 본인의 총액소득에 일정한 비율을 곱해서 보험료를 정하기 때문에 고소득자는 보험료가 높게 책정된다. 그렇다고 해서 연금 지급액이 동일한 비율로 상승하지는 않는다. 그래서 고소득자에게는 사회보험이 민간 보험보다 수익률이 낮을 수 있다. 또 같은 혜택을 받는 국민건강보험료도 고소득자가 보험료를 더 내야 한다. 이처럼 사회보험에서 고소득자는 상대적 손실을 입게 되고 저소득자는 혜택을 보게 된다. 그러나 이러한 점에서 공동체 구성원 사이의 사회적 연대라는 사회보험의 성격이 잘 드러나고 강제성이 정당화될 수 있다.

사회보험은 보험시장에 대한 국가의 부당한 개입이라고 주장하는 사람이 있다. 그런데 이 주장을 고용보험에 적용해 보면 타당성이 없음을 분명히 알 수 있다. 일반적으로 민간의 보험 상품이 공급되기 위해서는 보험금 지급 대상 위험이 암이나 교통사고와 같이 상호 독립적이어야 한다. 그러나 실업은 외환 위기 때 경험한 것처럼 다른 사람의 실업이 증가할수록 나의 실업 확률도 커지는 상호 의존적 성격이 강하기 때문에 민간 보험회사들은 고용보험상품을 제공하려 하지 않는다. 또 국민연금이나 국민건강보험 역시 국가가 추구하는 공익성을 우선시해야 하기 때문에 상업적 이익을 추구하는 민간 보험사에 맡길 수는 없다. 그러므로 사회보험은 국가가 주도할 수밖에 없는 것이다.

국가는 개인들이 위험에 대처할 수 있는 안전망을 마련해야 한다. 국가는 그 장치로서 사회보험 제도를 도입하였고, 이는 어느 정도의 강제성을 가질 수밖에 없다.

58. 위 글의 내용과 일치하지 <u>않는</u> 것은?

① 민간 보험은 개인의 선택에 의해 가입이 성립된다.
② 사회보험은 국민들에게 균일한 금전적 이익을 주는 보험이다.
③ 사람들이 불행의 확률을 과소평가하면 위험에 빠질 가능성이 있다.
④ 국가는 위험으로부터 국민들을 보호하기 위해 안전망을 마련하고 있다.
⑤ 사람들은 노후생활자금 부족, 질병, 실업, 산업재해 등의 위험에 빠질 가능성을 가지고 살아간다.

59. 위 글과 관련하여 <보기>에 대해 설명한 내용이 적절하지 <u>않은</u> 것은?

───────────────〈 보기 〉───────────────

다른 회사들이 연쇄적으로 부도가 나는 바람에 10년 동안 다니던 S씨의 회사도 역시 부도가 났다. 이후 일용직 근로자가 되어 과도한 육체적 노동에 시달리던 S씨는 결국 병이 나고 말았다. 그래서 국가가 운영하는 무료 병원에서 치료를 받았으나 몸이 완치되지 않았다. 그러나 S씨는 국가에서 지원하는 생계비를 받았기 때문에 살아갈 수 있었다.

─────────────────────────────────────

① S씨의 실직은 사람들에게 일어날 수 있는 전형적인 사회적 위험이라고 볼 수 있다.
② S씨가 국가에서 운영하는 병원에서 치료받은 것은 사회보험의 일종이라 할 수 있다.
③ S씨와 같은 실직자를 위해서 민간 보험회사는 고용보험상품을 제공하려고 할 것이다.

④ S씨의 실업은 상호 독립적이라기보다는 상호 의존적 성격에서 비롯되었다고 볼 수 있다.

⑤ S씨가 병원 치료 이후 생활할 수 있었던 것은 국가가 마련한 사회 안전망 때문이라고 할 수 있다.

60. 위 글을 읽은 독자가 〈보기〉의 뉴스를 보고 보인 반응으로 적절하지 <u>않은</u> 것은?

─────────────〈 보기 〉─────────────

국민연금 상습체납자 명단을 공개하는 법 개정이 추진됩니다. □□당 △△△ 의원은 국민연금 보험료를 고의로 미납하는 고액·상습 체납자의 명단을 공개하도록 하는 내용의 국민연금법 개정안을 국회에 제출했습니다. 고액·상습 체납자의 기준은 6개월 이상 체납 금액이 사업장의 경우 1억 원, 지역 가입자는 천만 원 이상으로 정했습니다. - ○○○ **뉴스** -

① 〈보기〉의 법이 적용될 대상자는 저소득자들은 아니군.

② 국가가 체납자들에게 가입자로서의 의무 이행을 강제하려 하는군.

③ 국가가 민간 보험에 가입한 고소득자를 사회보험으로 유도하고 있군.

④ 〈보기〉의 상습 체납자는 사회보험 제도에 협조하지 않고 있는 셈이군.

⑤ 〈보기〉의 상습 체납자는 공동체 구성원 사이의 사회적 연대 의식이 부족하겠군.

|||| 비문학 응용편	2009년 수능

♛ 다음 글을 읽고 물음에 답하시오.

(가) 일반적으로 동식물에서 종(種)이란 '같은 개체끼리 교배하여 자손을 남길 수 있는' 또는 '외양으로 구분이 가능한' 집단을 뜻한다. 그렇다면 세균처럼 한 개체가 둘로 분열하여 번식하며 외양의 특징도 많지 않은 미생물에서는 종을 어떤 기준으로 구분할까?

(나) 미생물의 종 구분에는 외양과 생리적 특성을 이용한 방법이 사용되기도 한다. 하지만 이러한 특성들은 미생물이 어떻게 배양되는지에 따라 변할 수 있으며, 모든 미생물에 적용될 만한 공통적 요소가 되기도 어렵다. 이런 문제를 극복하기 위해 오늘날 미생물 종의 구분에는 주로 유전적 특성을 이용하고 있다. 미생물의 유전체는 DNA로 이루어진 많은 유전자로 구성되는데, 특정 유전자를 비교함으로써 미생물들 간의 유전적 관계를 알 수 있다. 종의 구분에는 서로 간의 차이를 잘 나타내 주는 유전자를 이용한다. 유전자 비교를 통해 미생물들이 유전적으

로 얼마나 가깝고 먼지를 확인할 수 있는데, 이를 '유전 거리'라 한다. 유전 거리가 가까울수록 같은 종으로 묶일 가능성이 커진다.

(다) 하지만 유전자 비교로 확인한 유전 거리만으로는 두 미생물이 같은 종에 속하는지를 명확히 판별하기 어렵다. 특정 유전자가 해당 미생물의 전체적인 유전적 특성을 대변하지는 못하기 때문이다.

(라) 이러한 문제를 보완하기 위한 것이 미생물들 간의 유전체 유사도를 측정하는 방법이다. 유전체 유사도를 정확히 측정하기 위해서는 모든 유전자를 대상으로 유전적 관계를 살펴야 하지만, 수많은 유전자를 모두 비교하는 것은 현실적으로 어렵다. 따라서 유전체의 특성을 화학적으로 비교하는 방법이 주로 사용되고 있다. 이렇게 얻어진 유전체 유사도는 종의 경계를 확정하는 데 유용한 기준을 제공한다.

그림에서 각 점은 두 미생물 사이의 유전 거리와 유전체 유사도 간의 관계를 나타낸다. 그림을 보면, 두 미생물의 유전 거리가 가깝다고 해서 유전체 유사도가 반드시 높은 것은 아님을 알 수 있다. 반면, 유전체 유사도가 70% 이상일 경우 유전 거리는 일정 수준(L) 미만이 되는 것을 볼 수 있다. 이러한 관계로부터 '서로 유전 거리가

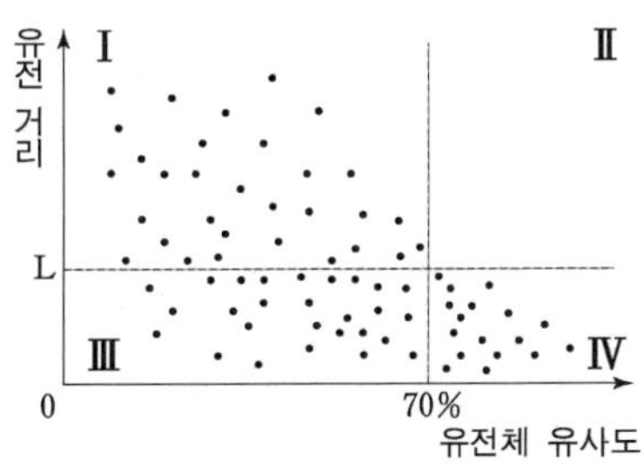

가까우며 70% 이상의 유전체 유사도를 보이는 미생물 집단'이라고 하는 미생물 종의 정의가 도출된다.

(마) 유전적 특성을 이용한 미생물의 종 구분은 학술적 연구 외에도 의학이나 미생물 산업 분야에서 중요하게 활용되고 있다. 향후 유전체 분석 기술이 더욱 발전하면 미생물의 종을 보다 정밀하게 구분할 수 있을 것이다.

61. 〈보기〉는 위 글의 전개 과정을 정리한 것이다. (나)~(라)에 해당하는 것은?

─────────────────────〈 보기 〉─────────────────────

(가) 문제 제시 ➡ (나) ➡ (다) ➡ (라) ➡ (마) 논의 정리

	(나)	(다)	(라)
①	해결 방법	해결 방법의 한계	보완 방법
②	주장 제시	예상 반론 제시	반론 비판
③	개념 설명	사례 제시	개념 재정립
④	가설 제시	설 검증	이론 도출
⑤	관점 확인	근거 제시	사례 설명

62. 위 글을 통해 알 수 있는 것은?

① 종 구분에 사용되는 유전자는 무작위로 선택한다.
② 미생물의 생리적 특성은 배양 환경에 영향을 받지 않는다.
③ 외양보다 유전적 특성이 미생물 종을 명확하게 구분해 준다.
④ 동식물은 서로 다른 종끼리 교배하여 자손을 이어갈 수 있다.
⑤ 미생물의 유전체는 DNA로 이루어진 하나의 유전자로 구성된다.

63. 위 글의 '그림'에 대해 이해한 내용으로 적절하지 <u>않은</u> 것은?

① Ⅰ영역은 두 미생물 간 유전 거리가 L 이상이고 유전체 유사도가 70% 미만이므로 같은 종이 아님을 나타낸다.
② Ⅱ영역에 점이 없는 것은 두 미생물 간 유전체 유사도가 70% 이상인 경우 L 미만의 유전 거리만을 보이기 때문이다.
③ Ⅲ영역은 두 미생물 간 유전 거리가 L 미만이라도 유전 거리만으로는 종의 경계 구분이 어려움을 나타낸다.
④ Ⅳ 영역은 두 미생물 간 유전체 유사도가 70% 이상인 경우 유전 거리도 L 미만이어서 같은 종으로 구분될 수 있음을 나타낸다.
⑤ Ⅰ~Ⅳ 영역은 유전 거리를 알면 유전체 유사도를 정확하게 예측할 수 있음을 나타낸다.

👑 다음 글을 읽고 물음에 답하시오.

어떤 장비의 '신뢰도'란 ㉠주어진 운용 조건하에서 의도하는 사용 기간 중에 의도한 목적에 맞게 작동할 확률을 말한다. 복잡한 장비의 신뢰도는 한 번에 분석하기가 힘든 경우가 많으므로, 장비를 분해하여 몇 개의 하부 시스템으로 나누어서 생각하는 것이 합리적인 접근 방법이다. 직렬과 병렬 구조는 하부 시스템에 자주 나타나는 구조로서, 그 결과를 통합한다면 복잡한 장비의 신뢰도를 구할 수 있다.

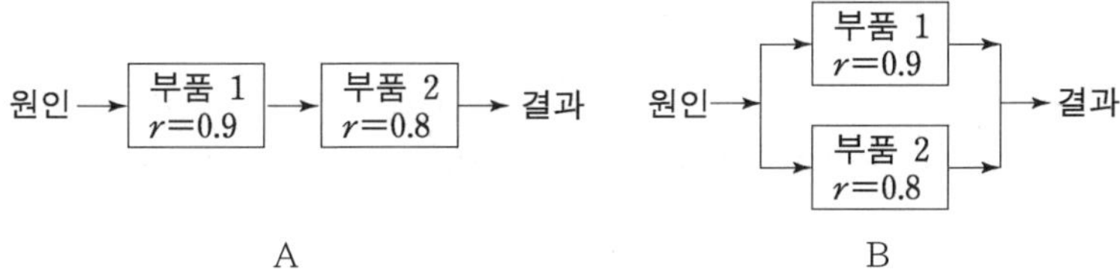

A와 같은 직렬 구조는 원인에서 결과에 이르는 경로가 하나인 가장 간단한 신뢰도 구조이다. 직렬 구조에서 시스템이 정상 가동하기 위해서는 모든 부품이 다 정상 작동해야 한다. 어떤 하나의 부품이 고장 나면 형성된 경로가 차단되므로 시스템이 고장 나게 된다. 만약 어떤 부품의 고장이 다른 부품의 수명에 영향을 주지 않는다면 A의 신뢰도는 부품 1의 신뢰도(瑟=0.9)와 부품 2의 신뢰도 (瑟=0.8)를 곱한 0.72로 계산되며, 이것은 100번 가운데 72번은 고장 없이 작동한다는 것을 의미한다. 고장 없이 영원히 작동하는 부품은 없기 때문에 직렬 구조의 신뢰도는 항상 가장 약한 부품의 신뢰도보다도 낮을 수밖에 없다.

한편, B와 같은 병렬 구조는 원인에서 결과에 이르는 여러 개의 경로가 있고, 그중에 몇 개가 차단되어도 나머지 경로를 통해 결과에 이를 수 있는 구조이다. 병렬 구조에서는 부품이 모두 고장이어야 시스템이 고장이므로 시스템이 작동한다는 의미의 값인 1에서 두 개의 부품이 모두 고장 날 확률(0.1*×0.2=0.02)을 빼서 얻은 0.98이 B의 신뢰도가 된다. 한 부품의 고장이 다른 부품의 신뢰도에 영향을 준다면 이 값 역시 달라진다.

이러한 신뢰도 구조는 물리적 구조와 구분된다. 자동차의 네 바퀴는 물리적 구조상 병렬로 설치되어 있지만, 그중 하나라도 고장 나면 자동차가

<어휘정리>

＊어떤 부품이 고장 날 확률 = 1−(그 부품의 신뢰도)

정상적으로 운행될 수 없으므로 신뢰도 구조상으로 직렬 구조인 것이다.

> [가] 종종 장비의 신뢰도를 높이기 위해 중복 설계(重複設計)를 활용하기도 한다. 가령, 순간적인 과전류로부터 섬세한 전자 기구를 보호하는 회로 차단기를 설치할 때에 그 안전도를 높이기 위해 2개를 물리적 구조상 직렬로 연결해야 하는데, 이때 차단기 2개 중 1개라도 정상 작동하면 전자 기구를 보호할 수 있다. 이것은 물리적으로 직렬 구조이지만 신뢰도 구조상으로 병렬 구조인 것이다.

신뢰도 문제에서 직렬이나 병렬의 구조로 분석할 수 없는 'n 중 k' 구조도 나타난다. 이 구조에서는 모두 n개의 부품 중에 k개만 작동하면 시스템이 정상 가동된다. n겹의 쇠줄로 움직이는 승강기에서 최대 하중을 견디는 데 k겹이 필요한 경우가 그 예이다. 이 구조에서도 부품 간의 상호 작용에 따라 신뢰도가 달라진다.

실제로 대규모 장비에 대한 신뢰도 분석은 대단히 힘들기 때문에 많은 경우 적절한 판단과 근삿값 계산을 필요로 한다. 따라서 주어진 장비의 구조 및 운용 조건을 충분히 이해하는 것이 필수적이다.

64. '신뢰도 구조'에 대해 추론한 내용으로 적절한 것은?

① 직렬 구조에서는 부품 수가 많아질수록 신뢰도가 높아진다.

② 부품 간의 상호 작용 유무에 관계없이 신뢰도는 동일하다.

③ k = n일 때, 'n 중 k' 구조의 신뢰도는 직렬 구조의 경우와 같아진다.

④ 2개의 부품이 만드는 경로의 수는 병렬 구조보다 직렬 구조에서 더 많다.

⑤ 신뢰도 0.98은 100번 작동에 98번 꼴로 고장 날 수 있음을 의미한다.

65. <보기>가 ㉠을 고려하여 작성한 카메라 사용 시 주의 사항이라 할 때, 신뢰도에 영향을 주는 요소로 볼 수 <u>없는</u> 것은?

────────〈 보기 〉────────

본 카메라를 무상으로 Ⓐ<u>보증하는 기간</u>은 구입일로부터 1년입니다. 본 카메라는 Ⓑ0℃~40℃

<u>의</u> 온도 범위에서 사용하도록 설계되었습니다. 카메라 렌즈가 ⓒ직사광선에 정면 노출되지 않도록 하십시오. ⓓ강한 전파 에너지가 발생하는 곳에서는 카메라를 사용하지 않도록 하십시오. 카메라의 오작동으로 인하여 ⓔ손실된 녹화 내용에 대해서는 보상하지 않습니다.

---

① Ⓐ   ② Ⓑ   ③ Ⓒ   ④ Ⓓ   ⑤ Ⓔ

66. 원인과 결과가 하나뿐인 직렬 또는 병렬 구조를 적용한 사례 중, 신뢰도 구조가 <u>다른</u> 하나는?

① 도로에 줄지어 선 가로등에서 1개가 고장 났지만 나머지 가로등은 그대로 켜져 있었다.
② 2개의 퓨즈가 모두 끊어져 작동을 멈춘 청소기에 새 퓨즈 1개를 교체해 넣으니 다시 작동하였다.
③ 교실 천장에 있는 4개의 형광등에서 깜빡거리는 형광등 1개를 빼내도 3개의 형광등은 켜져 있었다.
④ 4개의 건전지가 필요한 탁상시계에 3개의 건전지를 넣어도 작동하지 않다가 4번째 건전지를 끼우니 작동하였다.
⑤ 이중 제동 장치가 장착된 승용차에서 제동 장치 하나가 고장 났지만 다른 제동 장치가 작동해 차량이 정지하였다.

67. [가]에 근거할 때, <보기>의 배수펌프 시스템의 신뢰도를 높이기 위한 물리적인 구조는?

─────────────〈 보기 〉─────────────

하천 인근의 배수펌프 관에는 두 개의 역류 방지용 밸브가 연결되어 있다. 펌프에서 배출된 물이 금방 빠지지 않을 경우 펌프 쪽으로 물이 역류할 우려가 있다. 두 개의 밸브는 '중복 설계'된 것이므로 한 개만 작동해도 역류를 막을 수 있다.

※ 단, 역류에 대한 고장만을 생각하고 밸브가 닫힌 채 고장 나는 경우는 생각하지 않음. (→ : 물이 흘러 나가는 방향)

---

① 

② 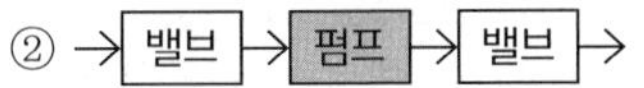

③ 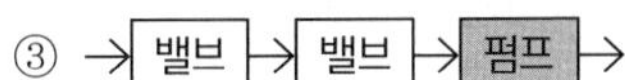

④ 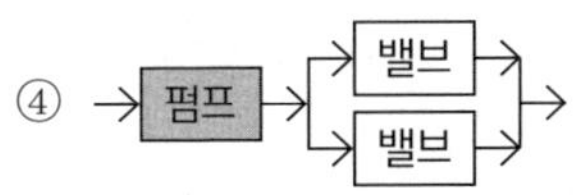

⑤ 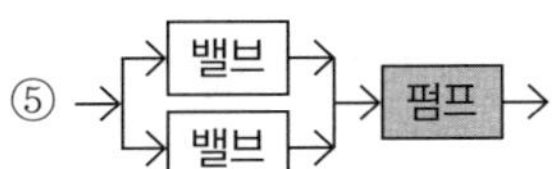

👑 다음 글을 읽고 물음에 답하시오.

사진은 회화처럼 화가가 붓을 들고 종이를 메워 나가거나, 조각처럼 정과 망치를 들고 돌을 깎아 새로운 작품을 만들어 내지 않는다. 카메라를 포함한 기계적 장치와 사진가의 선택을 통해 이미지를 만들어 낸다. 그러나 이 찰나의 순간에 기록된 이미지에는 사진을 사진답게 만드는 사진만의 특성이 담겨 있다. 사진은 어느 화가의 작품보다도 높은 해상력을 가지며, 어떤 장르의 예술도 따라올 수 없을 만큼 사실적으로 현실을 보여준다.

이런 이유에서 사진이 과연 예술인가 하는 물음이 제기된다. 제작 과정에서 기계의 역할이 큰 부분을 차지한다는 것과 작가가 결과물에 영향을 미칠 수 없다는 점을 이유로 예술이 아니라는 주장이 제기된 것이다. 그러나 다음 그림을 보자.

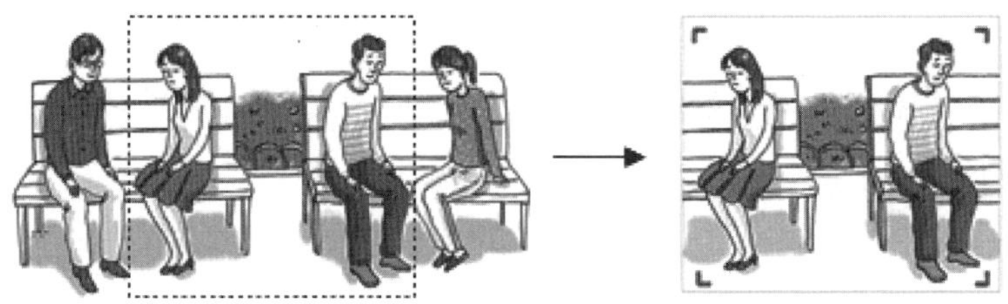

A

이 그림의 예를 통해서 볼 수 있듯, 카메라는 렌즈 앞에 존재하는 것만을 프레임 안에 담기 때문에 사진은 현실을 그대로 보여 주지 않는다. 말하자면 사진 이미지는 세상의 이미지들 중에서 사진가의 눈을 통하여 선택된 일부인 것이다.

그래서 사진에서는 사진가의 눈이 중요하다. 카메라는 앞에 있는 대상의 의미에 대하여 침묵한다. 그렇기 때문에 사진가가 대상을 알지 못하면 볼 수도 찍을 수도 없다. 대상을 선정하여 기록하고 증거를 남기기 위하여 사진가는 대상에 대해 끊임없이 관심을 가지고 관찰을 해야 한다. 이것이 사진가에게 필요한 첫 번째 눈 ㉠'관찰의 눈'이다.

세상의 수많은 사진들은 세상에 존재하는 누군가의 삶을 기록한 것이다. 사진가의 눈에 비친 그 존재는 영원히 그 자리에 머무는 것이 아니라 흐르는 시간 위에서 변화하고 있다. 사진가는 변화하는 대상의 존재감 혹은 존재의 의미를 깨닫고 사진을 통하여 부각시킬 수 있어야 한다. 이것이 사진가가 갖출 두 번째 눈 ㉡'존재의 눈'이다.

사진가가 갖추어야 할 세 번째 눈은 ㉢'시간의 눈'이다. 사진에는 두 가지 시간이 있다. 사진은 카메라의 작동에 따라 물리적인 특성을 지니고 순간적으로 기록된다. 이 순간성이 이 사진의 첫 번째 시간인 물리적인 시간이다. 그러나 기록되는 순간, 대상은 흐르는 시간에서 튀어나와 현재가 되고 영원성을 지닌다. 사진가가 선택한 결정적 순간이 곧 정신적 순간이고, 이 순간을 선택하는 능력이 바로 '시간의 눈'이다.

사진가가 갖추어야 할 네 번째 눈은 ㉣'소통의 눈'이다. 사진은 시각언어이다. 사진은 현실을 담은 것이기 때문에 의미를 구체적이고 명료하게 드러낸다. 사물을 찍은 사진은 대상의 구체적인 상태나 상황을 재현한다. 대상이 무엇인지 곧바로 인지하게 한다는 점에서 사진은 세상과의 소통이다. 좋은 눈을 가진 사진가는 사진을 매개로 한 소통을 쉽게 이끌어 내며 사진의 사실감을 넘어서는 의미를 전달할 수 있다.

68. 위 글의 내용으로 알 수 있는 것은?

① 좋은 사진을 결정하는 요소는 사진기이다.
② 사진의 이미지 제작 방식은 회화의 방식을 본 뜬 것이다.
③ 사진은 순간의 기록이므로 시간의 구분은 중요하지 않다.
④ 사진가는 객관적인 시각으로 사물을 관찰할 수 있어야 한다.
⑤ 사진은 사진가의 눈에 비친 세상을 기록하여 전달하는 매개체이다.

69. 위 [A]를 바탕으로 사진의 성격을 설명하는 글을 쓸 때, 인용할 수 있는 것으로 가장 적절한 것은?

① 필름은 악보이고, 인화는 연주이다.   – E. 에덤스
② 사진은 모든 것을 보여 주지 않는다.   – P. 퍼키스
③ 사진의 본질을 이루는 것은 포즈이다.   – R. 바르트
④ 의미는 없다. 오로지 사물만이 존재할 뿐이다.   – W. C. 윌리엄스
⑤ 내일의 문맹자는 사진을 이해하지 못하는 사람일 것이다.   – M. 레이

70. 〈보기 2〉는 위 글의 ㉠~㉢의 관점에 맞춰 〈보기 1〉을 평가한 것이다. 관점과 평가 내용의 연결이 적절한 것 끼리 짝지은 것은?

―〈 보기 1 〉――   ――〈 보기 2 〉――

권용호, 〈삼대독자〉

관점	평가 내용	
㉠	쉽게 볼 수 있는 대상의 모습을 그냥 지나치지 않은 좋은 사진이다.	가
㉡	할머니의 손이 손자의 몸에 닿는 순간을 잘 포착한 사진이다.	나
㉢	할머니와 손자를 선택하여 흐르는 시간 속의 삶의 의미를 잘 보여 주는 사진이다.	다
㉣	할머니가 손자를 쓰다듬는 모습에서 따뜻한 감정을 전해주는 사진이다.	라

‖‖‖ 비문학 응용편   2009년 10월

👑 다음 글을 읽고 물음에 답하시오.

인간은 지식을 추구하는 존재이다. 그래서 우리의 삶은 일상적인 것에서부터 전문적인 것에 이르기까지 지식을 알기 위한 과정의 연속으로 볼 수 있다. 이런 지식에 대해 체계적으로 고찰하는 철학의 한 분야가 인식론(認識論)이다. 인식의 문제는 고대에도 소피스트, 플라톤, 아리스토텔레스 등에 의하여 논의되었으나 철학의 중심 문제로 등장한 것은 비교적 근대의 일이다. 그 이유는 근대에 이르러 철학적 지식도 자연 과학적 ⓐ지식과 같은 확실성을 요구하게 되면서 지식의 문제가 자연히 부각되었기 때문이다. 근대 인식론은 크게 경험주의와 합리주의의 두 유형으로 나타났다.

17세기 영국을 중심으로 발전한 경험주의는 감각적 경험을 통해 얻은 것만을 지식이라고 생각했을 뿐만 아니라 모든 지식은 인간의 경험으로 도출될 수 있다고 믿었다. 그래서 감각적 경험으로 알 수 없는 선험적(先驗的)인 것은 지식으로 인정하지 않는다. 경험주의는 지식을 얻는 방법론으로 주로 귀납적 방법을 이용하였다. 즉 개별 현상들을 관찰하고 검증함으로써 공통된 특징을 찾아내거나 동일한 관계를 찾아내고, 이를 바탕으로 현상들에 공통되는 법칙을 구성하거나 동일한 개념을 발견하려고 하였다. 그러나 ㉠유럽의 백조가 희다고 전 세계의 백조가 희다고 할 수 없는 것처럼,

방법론 자체에 문제점을 내포하고 있다.

한편 유럽 대륙을 중심으로 발전한 합리주의는 감각에 의해 얻어지는 개별적 사실들은 항상 변화할 수 있기 때문에 지식이라고 보지 않았다. 그들은 지식이란 영원히 불변하는 것이라고 믿었기 때문에 보편적인 것을 추구하였고, 이는 이성에 의해서만 가능하다고 생각했다. 따라서 합리주의는 이성에 의한 지식만을 가장 이상적인 지식으로 여긴다. 여기서 이성이란 후천적인 감각 능력에 대립되는 선천적인 인식 능력을 말한다. 합리주의는 지식을 얻는 방법론으로 주로 연역적인 방법을 이용하였다. 즉 합리주의는 보편으로부터 개별을 이끌어내려고 하였다. 그러나 합리주의는 감각 경험과 물리적 현상을 도외시했기 때문에 구체적 현실에 대한 지식을 무시한다는 점과 새로운 사실의 발견에 대해 적절하게 설명할 수 없다는 문제점이 있다.

이러한 경험주의와 합리주의의 대립에 대해, 칸트는 이를 극복할 수 있는 새로운 인식 체계를 제시한다. 칸트는 인간의 인식 능력 중에는 감성과 오성이 있다고 보았다. 감성이란 외부 세계로부터 들어오는 자극(감각 자료)을 감각적인 직관으로 만드는 능력을 말하고, 오성이란 감각적인 직관에 대해 사유하여 개념화하는 능력을 말한다. 칸트는 인간의 지식은 내용과 형식을 가지고 있는데, 이 두 가지가 반드시 합쳐져야 지식이 된다고 생각했다. 여기서 내용은 감각 경험을 말하고, 형식은 오성을 말한다. 다시 말해 칸트는 외부에서 잡다하게 자극이 주어지면 감성이 이것을 감성의 형식으로 질서를 만들고, 오성은 이것을 오성의 형식인 범주를 통해 구성하여 지식을 완성한다고 보았다. 이렇게 해서 칸트는 감각적 경험에만 의존하는 경험주의의 문제점과 감각 경험을 도외시하는 합리주의의 문제점을 비판적으로 수용하고 종합했던 것이다.

71. 위 글의 내용과 일치하지 <u>않는</u> 것은?

① 합리주의는 선천적 인식 능력을 통해 지식을 얻으려 하였다.
② 합리주의는 개별 현상들에서 동일한 개념을 발견하려고 하였다.
③ 칸트는 경험주의와 합리주의의 문제점을 비판적으로 수용하였다.
④ 경험주의는 지식을 얻는 방법론으로 주로 귀납적 방법을 사용하였다.
⑤ 경험주의는 지식이 인간의 감각 경험에서 도출될 수 있다고 생각했다.

72. ㉠과 사례가 유사한 것은?

① 학자가 자동차 사고를 냈다고 그의 학문적 업적까지 폄하해서는 안 된다.

② 타인의 잘못을 지적한다고 자신의 잘못이 없어진다고 생각하는 것은 곤란하다.

③ 만수가 경수를 싫어하지 않는다고 해서 경수를 사랑한다고 판단하는 것은 적절하지 않다.

④ 유명한 시인이 평론했더라도 그 평론이 미술 작품에 관한 것이라면 권위를 인정하기 어렵다.

⑤ 내가 지금까지 먹어본 사과가 달콤하다고 이 세상의 모든 사과가 달콤하다고 말할 수는 없다.

73. 위 글의 '칸트'가 〈보기〉의 '거미형 학자'에게 조언한다고 할 때 적절한 것은?

───────────〈 보기 〉───────────

베이컨은 다음과 같이 말한 적이 있다.

"거미는 자신의 몸에서 줄을 뽑아 집을 짓고, 나중에 그 줄을 먹은 후에 다시 줄을 뽑아낸다. 이런 거미형 학자는 외부에서 추가되는 자료를 무시하고 자신의 사고 속에 있는 것만으로 이론을 만든다. 이들은 자신만의 이론을 만들지만 새로운 것에 대해서는 적절한 설명을 제시하지 못한다."

───────────────────────────────

① 자신의 내적 능력을 향상시켜야 새로운 지식을 얻을 수 있습니다.

② 이성을 버리고 감각 경험에 충실해야 오성을 완성할 수 있습니다.

③ 오성에 충실할 때 비로소 새로운 것에 대해 설명할 수 있습니다.

④ 자신의 내적 자료를 오성으로 개념화해야 지식을 완성할 수 있습니다.

⑤ 내용인 외부의근거할 때 감각 경험과 형식인 오성이 갖춰져야 온전한 지식을 얻을 수 있습니다.

|||||| 비문학 응용편　　　　　　　　　　　　　　　　　　　　　　　　　　2009년 수능

👑 다음 글을 읽고 물음에 답하시오.

> 둘 이상의 기업이 자본과 조직 등을 합하여 경제적으로 단일한 지배 체제를 형성하는 것을 '기업 결합'이라고 한다. 기업은 이를 통해 효율성 증대나 비용 절감, 국제 경쟁력 강화와 같은 긍정적 효과들을 기대할 수 있다. 하지만 기업이 속한 사회에는 간혹 역기능이 나타나기도 하는데, 시장의 경쟁을 제한하거나 소비자의 이익을 ㉠침해하는 경우가 그러하다. 가령, 시장 점유율이 각각 30 % 와 40 %인 경쟁 기업들이 결합하여 70 %의 점유율을 갖게 될 경우, 경쟁이 제한되어 지위를 ㉡남

용하거나 부당하게 가격을 인상할 수 있는 것이다. 이 때문에 정부는 기업 결합의 취지와 순기능을 보호하는 한편, 시장과 소비자에게 끼칠 ⓒ폐해를 가려내어 이를 차단하기 위한 법적 조치들을 강구하고 있다. 하지만 기업 결합의 위법성을 섣불리 판단해서는 안 되므로 여러 단계의 심사 과정을 거치도록 하고 있다.

이 심사는 기업 결합의 성립 여부를 확인하는 것부터 시작한다. 여기서는 해당 기업 간에 단일 지배 관계가 형성되었는지가 ⓔ관건이다. 예컨대 주식 취득을 통한 결합의 경우, 취득 기업이 피취득 기업을 경제적으로 지배할 정도의 지분을 확보하지 못하면, 결합의 성립이 인정되지 않고 심사도 종료된다.

반면에 결합이 성립된다면 정부는 그것이 영향을 줄 시장의 범위를 ⓜ획정함으로써, 그 결합이 동일 시장 내 경쟁자 간에 이루어진 수평 결합인지, 거래 단계를 달리하는 기업 간의 수직 결합인지, 이 두 결합 형태가 아니면서 특별한 관련이 없는 기업 간의 혼합 결합인지를 규명하게 된다. 문제는 어떻게 시장을 획정할 것인지인데, 대개는 한 상품의 가격이 오른다고 가정할 때 소비자들이 이에 얼마나 민감하게 반응하여 다른 상품으로 옮겨 가는지를 기준으로 한다. 그 민감도가 높을수록 그 상품들은 서로에 대해 대체재, 즉 소비자에게 같은 효용을 줄 수 있는 상품에 가까워진다. 이 경우 생산자들이 동일 시장 내의 경쟁자일 가능성도 커진다.

이런 분석에 따라 시장의 범위가 정해지면, 그 결합이 시장의 경쟁을 제한하는지를 판단하게 된다. 하지만 설령 그럴 우려가 있는 것으로 판명되더라도 곧바로 위법으로 보지는 않는다. 정부가 당사자들에게 결합의 장점이나 불가피성에 관해 항변할 기회를 부여하여 그 타당성을 검토한 후에, 비로소 시정조치 부과 여부를 최종 결정하게 된다.

74. 위 글의 취지로 가장 적절한 것은?

① 기업 결합의 성립 여부는 기업 스스로의 판단에 맡겨야 한다.

② 기업 결합으로 얻은 이익은 사회에 환원하는 것이 바람직하다.

③ 기업 결합을 통한 기업의 확장은 경제 발전에 도움이 되지 않는다.

④ 기업 활동에 대한 위법성 판단에는 소비자의 평가가 가장 중요하다.

⑤ 기업 결합의 순기능을 살리되 그에 따른 부정적 측면을 신중히 가려내야 한다.

75. <보기>는 어느 지역의 4가지 음료수 A~D에 대한 소비자의 구매 성향을 조사한 결과이다. 위 글에 비추어 볼 때 적절한 반응은?

───────〈 보기 〉───────

판매량 가격 인상	A의 판매량	B의 판매량	C의 판매량	D의 판매량
A 가격 10% 인상	20% ↓	15% ↑	5% ↑	변화 없음
B 가격 10% 인상	15% ↑	20% ↓	3% ↑	2% ↑
C 가격 10% 인상	3% ↑	2% ↑	20% ↓	15% ↑

※ 이 지역에는 4개의 회사만이 각각 한 종류의 음료수를 생산하며, 이들 회사는 다른 음료수를 생산할 수 없다. (↑: 증가, ↓: 감소)

① A의 소비자들은 B보다 C를 대체재에 가까운 것으로 인식하는군.
② B와 동일 시장으로 획정될 가능성이 가장 큰 상품은 A이군.
③ C의 가격 인상에 대한 민감도가 가장 높은 상품은 B이군.
④ A 생산 회사와 D 생산 회사가 결합한다면 수평 결합으로 볼 가능성이 크군.
⑤ C 생산 회사와 D 생산 회사가 결합한다면 혼합 결합으로 볼 가능성이 크군.

76. ㉠~㉤의 사전적 뜻풀이가 <u>잘못된</u> 것은?

① ㉠ : 사라져 없어지게 함. ② ㉡ : 본래의 목적이나 범위를 벗어나 함부로 행사함.
③ ㉢ : 폐단으로 생기는 해. ④ ㉣ : 어떤 사물이나 문제 해결의 가장 중요한 부분.
⑤ ㉤ : 경계 따위를 명확히 구별하여 정함.

‖‖ 비문학 응용편   **2009년 10월**

♛ 다음 글을 읽고 물음에 답하시오.

> 우리 몸은 '자연적 치유'의 기능을 가지고 있다. 여기서 '자연적 치유'라는 것은 무슨 의미일까? '자연적 치유'라는 것은 우리 몸에 바이러스(항원)가 침투하더라도 외부의 도움 없이 이겨낼 수 있는 면역 시스템을 가지고 있다는 것을 의미한다. 이를 보다 정확하게 말하자면, 면역 시스템은 여

러 가지 방법으로 바이러스에 감염된 세포를 찾아 바이러스를 제거한다. 그런데 이러한 면역 시스템에 관여하는 세포 중에서 매우 중요한 역할을 하는 세포가 있다. 그것은 바로 바이러스에 감염된 세포를 직접 찾아내 제거하는 '킬러 T세포'(killer T cells)이다. 킬러 T세포는 우리 몸을 지키는 파수꾼인 셈이다.

 킬러 T세포는 혈액이나 림프액을 타고 몸속 곳곳을 순찰하는 일을 담당하는 림프세포의 일종이다. 림프세포에는 킬러 T세포 말고도 헬퍼 T세포와 B세포가 더 있다. 헬퍼 T세포는 바이러스가 침투하면, B세포를 활성화시켜 항체를 생산하게 하고 이로 하여금 바이러스를 파괴하게 한다. 반면 킬러 T세포는 감염된 세포를 직접 공격한다. 한편 킬러 T세포는 도로에서 모든 운전자를 대상으로 음주 단속을 하는 경찰처럼 세포 하나하나를 점검하여 바이러스에 감염된 세포를 찾아낸다. 이 과정에서 바이러스에 감염된 세포가 킬러 T세포에게 발각이 되면 죽게 된다. 그렇다면 킬러 T세포는 어떤 방법으로 바이러스에 감염된 세포를 파괴할까?

 면역 시스템에서 먼저 활동을 시작하는 것은 세포 표면에 있는 'MHC(주요 조직 적합성 유전자 복합체)'이다. MHC는 꽃게 집게발 모양의 단백질 분자로 세포 안에 있는 단백질 조각을 세포 표면으로 끌고 나오는 역할을 한다. 이 과정을 조금 더 자세히 살펴보자. 본래 세포 속에는 자기 단백질이 대부분이지만, 일단 바이러스에 감염되면 원래 없던 바이러스 단백질이 세포 안에 만들어진다. 이렇게 만들어진 자기 단백질과 바이러스 단백질은 단백질 분해효소에 의해 펩티드* 조각으로 분해되어 세포 속을 떠돌아다니다가 MHC와 결합해 세포 표면으로 배달되는 것이다.

 이번에는 킬러 T세포가 활동한다. 킬러 T세포는 자기 표면에 있는 'TCR(T세포 수용체)'을 통해 세포의 밖으로 나온 MHC와 펩티드 조각이 결합해 이루어진 구조를 인식함으로써 바이러스 감염 여부를 판단한다. 만약 MHC와 결합된 펩티드가 자기 단백질의 것이라면 T세포는 자신이 만난 세포를 정상 세포로 인식하고 그냥 지나친다. 하지만 MHC와 결합된 펩티

<어휘정리>
* **펩티드** : 단백질 분자와 구조적으로 비슷하면서 보다 작은 유기물질

드가 바이러스 단백질의 것이라면 T세포는 활성화되면서 세포를 공격하는 단백질을 감염된 세포 속으로 보낸다. 이렇게 T세포의 공격을 받은 세포는 곧 죽게 되며 그 안의 바이러스 역시 죽음을 맞이하게 된다.

지금도 우리 몸의 이곳저곳에서는 비정상적인 세포분열이나 바이러스 감염이 계속되고 있다. 하지만 우리 몸에 있는 킬러 T세포가 병든 세포를 찾아내 파괴하는 메커니즘이 정상적으로 작동하고 있는 한 건강한 상태를 유지할 수 있다. 이렇듯 면역 시스템은 우리 몸을 지켜주는 수호신이다. 또한 우리 몸이 유기적으로 잘 짜인 구조임을 보여주는 좋은 예라고 할 수 있다.

77. 위 글의 설명 방식으로 적절하지 <u>않은</u> 것은?

① 기존 이론을 보완한 새 이론을 소개하고 있다.
② 대상이 역할을 수행하는 과정을 소개하고 있다.
③ 비유적 표현을 사용하여 독자의 이해를 돕고 있다.
④ 유사한 기능을 하는 두 대상을 서로 비교하고 있다.
⑤ 질문을 던지는 방식을 통해 독자의 관심을 유도하고 있다.

78. 위 글을 과학 잡지에 기고하고자 할 때, 내용을 가장 잘 반영한 표제와 부제는?

① 면역 시스템을 가진 우리 몸 – 바이러스 퇴치의 첨병, 킬러 T세포
② 생체 신비의 현장인 우리 몸 – 신기한 생체 현상을 만드는 마술가, 킬러 T세포
③ 힘센 바이러스들의 각축장인 우리 몸 – 바이러스들 간의 충돌을 막는 중재자, 킬러 T세포
④ 세포들의 삶과 죽음의 공간인 우리 몸 – 세포들의 삶과 죽음을 관장하는 관리인, 킬러 T세포
⑤ 자립적 유기체인 우리 몸 – 외부의 도움 없이 세포를 생산하는 활동가, 킬러 T세포

79. 위 글을 읽은 독자가 〈보기〉를 접한 후 보인 반응으로 적절하지 <u>않은</u> 것은?

———————————〈 보기 〉———————————

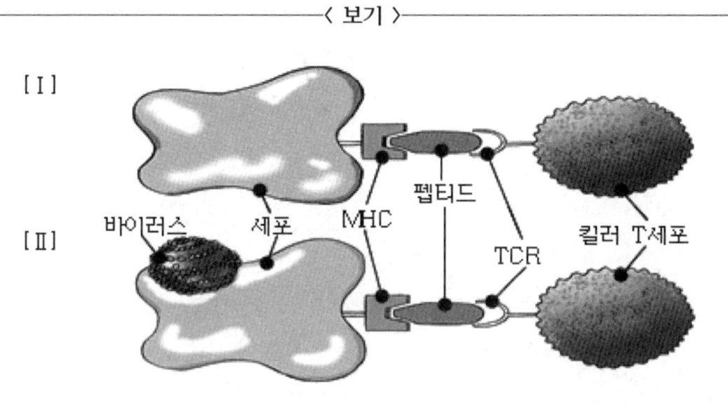

① [Ⅰ]의 '킬러 T세포'는 세포에 대해 특별한 반응을 보이지 않겠군.

② [Ⅰ]의 'MHC'가 이동시킨 '펩티드'는 세포 안의 자기 단백질이 분해된 것이겠군.

③ [Ⅱ]의 세포는 '킬러 T세포'의 활동이 성공적으로 끝나고 나면 소멸되겠군.

④ [Ⅱ]의 '펩티드'는 세포 속 바이러스가 그대로 세포 표면으로 이동한 것이겠군.

⑤ [Ⅰ], [Ⅱ]의 'TCR'은 'MHC'와 '펩티드'의 결합 구조를 점검하는 역할을 수행하겠군.

|||||| 비문학 응용편　　　　　　　　　　　　　　　　　　　　　　　　　　　　**2009년 10월**

♛　다음 글을 읽고 물음에 답하시오.

디스플레이 장치의 휴대화, 저소비전력화, 경량화가 요구되고 평판 디스플레이 장치에 대한 수요가 증가하면서, 액정 디스플레이(LCD) 패널이 디스플레이 패널의 선두격으로 부상하였다. 그러나, LCD는 가볍고 전력 소모가 적은 장점이 있어 평판 디스플레이로서 많이 사용되긴 하지만, 패널 후면에 광원(光源)을 공급하는 장치가 별도로 필요하다는 단점이 있다. 때문에 이를 대체할 수 있는 차세대 디스플레이 기술로 OLED(Organic Light-Emitting Diode)가 각광받고 있다.

OLED는 전압이 가해지면 스스로 빛을 발하는 유기발광재료를 이용하여 화상을 표시하는 장치이다. OLED의 구조는 기본적으로 유리나 플라스틱으로 구성된 투명한 기판 위에 두 개의 전극을 장착하고, 두 전극 사이에 정공주입층, 정공수송층, 발광층, 전자수송층, 전자주입층 등으로 이루어진 유기발광재료를 삽입한 형태로 이루어져 있다.

OLED의 양극과 음극에 전압을 가하면 양극 쪽에서는 +전하를 가지고 있는 정공(Hole)이, 음극 쪽에서는 −전하를 가지고 있는 전자(Electron)가 발생하게 된다. 이 둘을, 각각 전극과 잇닿아 있는 정공주입층과 전자주입층을 통해 유기발광재료 내부로 주입시키면 수송층을 거쳐 발광층에서 결합하게 된다. 이때 전자가 품고 있던 에너지가 방출되면서 유기발광재료를 자극함으로써 빛을 발생시키는 것이다. 그리고 발생되는 에너지의 양과 발광층을 구성하고 있는 유기 물질의 종류에 따라 발생하는 빛의 색상은 달라지게 된다.

어떤 유기발광재료를 사용하는가에 따라 차이가 있지만, 대체로 OLED는 얇은 막이 여러 층으로 겹쳐진 구조로 제작된다. 이는 유기 물질의 경우 정공과 전자의 이동 속도가 차이가 나기 때문인데, 각각의 수송층을 통해 정공과 전자가 효과적으로 전달되게 함으로써 발광층에서 정공과 전자의 밀도가 균형을 이루게 하여 재결합 효율을 높이기 위한 것이다. 그리고 결합 효율에 따라 에너지 발생량이 결정되기 때문에, 궁극적으로 재결합 효율은 발광 효과를 좌우하게 된다.

㉠OLED는 현재 각광받고 있는 LCD보다 더 얇고 가볍다. 뿐만 아니라 같은 전압일 때도 훨씬 밝고 선명한 디스플레이 장치를 만들 수 있다. 또한 유리는 물론 플라스틱도 기판으로 사용할 수 있기 때문에, 대형화하기 어렵다는 기술 한계를 극복한다면 앞으로 두루말이 형태의 디스플레이 장치는 물론 벽면 자체를 화면으로 활용하는 것도 가능해질 것이다.

80. 위 글을 통해서 확인할 수 있는 내용이 <u>아닌</u> 것은?

① OLED의 개념   ② OLED의 종류   ③ OLED의 원리

④ OLED의 구조   ⑤ OLED의 장단점

81. 〈보기〉는 OLED를 도식화한 것이다. 위 글을 바탕으로 〈보기〉에 대해 설명한 것으로 적절한 것은?

〈 보기 〉

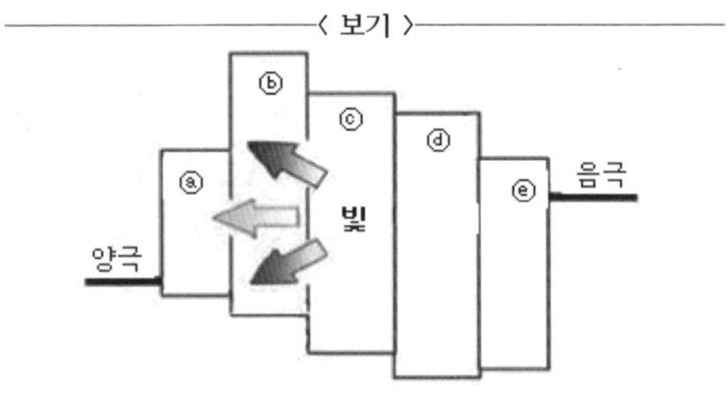

① 기능적인 측면에서 ⓐ는 ⓓ와, ⓑ는 ⓔ와 대응된다.

② 전자는 ⓒ에서 정공과 결합하면서 에너지를 방출한다.

③ 정공은 ⓔ에서 ⓓ를 거쳐, 전자는 ⓐ에서 ⓑ를 거쳐 이동한다.

④ ⓐ와 ⓔ가 정공과 전자를 많이 방출할수록 밝은 빛이 생성된다.

⑤ ⓑ와 ⓒ, ⓒ와 ⓓ의 화학 반응이 효율적일수록 많은 에너지가 발생한다.

82. ㉠의 이유로 가장 적절한 것은?

① OLED는 LCD보다 화소가 크기 때문이다.

② OLED는 높은 전압에서 구동하기 때문이다.

③ OLED는 패널 자체가 발광할 수 있기 때문이다.

④ OLED는 여러 겹의 층으로 만들어졌기 때문이다.

⑤ OLED는 다양한 색상 필터를 구현할 수 있기 때문이다.

다음 글을 읽고 물음에 답하시오.

음악은 연주를 통해 소리로 표현되는 예술이다. 18세기의 바흐 음악을 현재에도 들을 수 있게 된 것은 음악을 전달하고 보존하는 악보가 있기 때문이다.

오늘날 악보에서 기본적으로 읽어야 할 기호는 음높이를 나타내는 5선과 음자리표, 음길이를 나타내는 음표와 박자표이다. 음높이와 음길이는 음악이 표현해야 하는 본질적인 요소이다.

선은 음높이를 표시하는 실용적인 기호이다. 그런데 9세기경에는 선을 사용하지 않고 가사 위에 간단한 기호로 음들 간의 상대적인 높낮이를 표시했기 때문에 정확한 높낮이는 재현할 수 없었다. 이후 11세기경부터 2선이나 4선 위에 음을 기록했고, 현재 사용하는 5선 악보는 14세기 무렵에 완성되었다. 또한 11세기경부터 사용된 음자리표는 고정된 음높이를 명시하는 기능을 해, 음의 높낮이를 명확하게 재현할 수 있게 되었다.

음길이를 표시하는 기호는 13세기 말 '프랑코 기보법'에서 본격적으로 사용되었다. 이 기보법에서는 네 종류의 음길이를 ⓐ정하고, 이를 가장 긴 두플렉스롱가부터 가장 짧은 세미브레비스까지 네 가지의 음표로 표기했다. 이런 길이를 나타내는 음표를 사용하여 음의 장단을 나타내는 리듬의 표현이 다양해졌다. 특히 다성 음악이 발달하기 시작하는 이 시기에는 선율들이 서로 다른 리듬으로 구별되었는데, 여러 가지 음길이의 음표는 이를 표시하는 데 유용했다.

이름	두플렉스롱가	롱가	브레비스	세미브레비스
음표	■⌐	■⌐	■	◆

　음길이의 표현인 리듬이 일정한 패턴의 강약을 규칙적으로 반복하면 박자가 형성되며, 이를 표기한 것이 박자표이다. 음악의 흐름에는 강과 약의 박이 있다. '강-약', '강-약-약'의 박이 규칙적으로 반복될 때 이것을 묶은 것이 각각 2박자, 3박자이다. 이렇게 규칙적인 박의 묶음을 표시하는 박자의 개념은 새로운 리듬 양상을 보여 주는 14세기에 시작되었다. 14세기 이전까지는 그리스도교의 삼위일체를 의미하는 3이라는 수를 '완전하다'고 인식했기 때문에 음길이를 셋으로 분할하는 완전 분할을 사용하였는데, 14세기가 되면서 불완전 분할인 2분할도 동등하게 사용되었다. 이러한 ㉠3분할과 2분할은 3박자와 2박자 계통의 기초가 되었다.

　이와 같이 음높이는 5선과 음자리표로 정확하게 표시되고 음길이는 음표와 박자표로 다양한 리듬과 규칙적인 박을 보여 주면서, 소리는 악보를 통해 그 의미를 기록하고 전달할 수 있게 되었다.

83. 위 글과 일치하는 것은?

① 다양한 리듬의 표현은 규칙적인 박을 표기한 후에 가능했다.
② 14세기의 악보에서는 음높이와 음길이의 표시가 가능했다.
③ 음자리표와 박자표는 모두 리듬을 표시하는 기호이다.
④ 9세기에는 가사에 맞는 상대적인 음길이를 표시했다.
⑤ 2선과 4선 악보에서는 음자리표를 볼 수 없다.

84. 위 글에서 사용한 글쓰기 전략으로 가장 적절한 것은?

① 대상에 대한 기존의 관점과 새로운 관점을 대조하여 진술한다.

② 객관적 자료를 활용하여 대상에 대한 비판적 시각을 드러낸다.

③ 대상의 유용성과 한계를 지적하여 새로운 전망을 제시한다.

④ 권위 있는 문헌을 인용하여 내용의 타당성을 강화한다.

⑤ 대상의 형성과 발달 과정을 중심으로 내용을 전개한다.

85. <보기>는 OLED를 도식화한 것이다. 위 글을 바탕으로 <보기>에 대해 설명한 것으로 적절한 것은?

―――――――――――――〈 보기 〉―――――――――――――

A 부분과 B 부분은 동시에 연주됨.

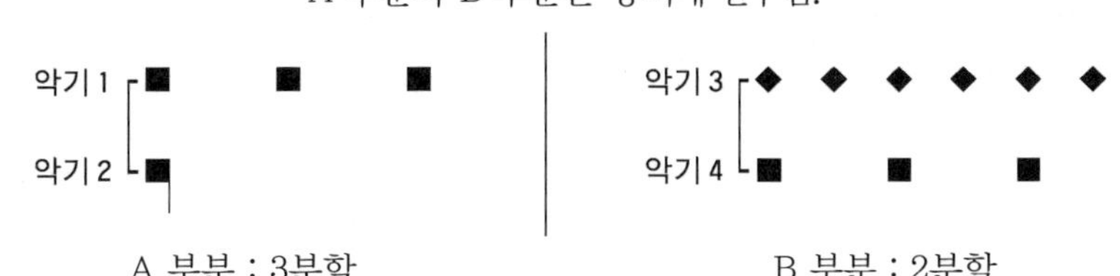

① 음높이보다는 음길이에 관한 표현이군.

② A 부분은 완전 분할된 리듬을 보여 주는군.

③ A와 B 부분에서 악기 3의 리듬이 가장 빠르겠군.

④ A는 '강-약'으로, B는 '강-약-약'으로 연주될 수 있겠군.

⑤ A의 롱가 1개는 B의 세미브레비스 6개와 연주 시간이 같겠군.

86. 문맥상 ⓐ와 바꾸어 쓸 수 있는 것은?

① 개정(改定)하고　　　② 판정(判定)하고　　　③ 인정(認定)하고

④ 추정(推定)하고　　　⑤ 설정(設定)하고

Memo

Memo

정답

맛있는 교재

정답

01 | 고전시가

01. ②	02. ④	03. ②	04. ④
05. ②	06. ①	07. ⑤	08. ②
09. ②	10. ③	11. ④	12. ①

02 | 현대시

01. ④	02. ⑤	03. ⑤	04. ⑤
05. ③	06. ⑤	07. ②	08. ③
09. ④	10. ⑤	11. ③	12. ③
13. ①	14. ⑤	15. ③	16. ④
17. ⑤	18. ③	19. ④	20. ④
21. ②	22. ④	23. ③	24. ②
25. ⑤	26. ②	27. ①	28. ①
29. ③	30. ②	31. ②	32. ④

03 | 문법

음운 체계와 음운 변동

01. ④	02. ④	03. ③	04. ⑤
05. ②	06. ①	07. ④	08. ①
09. ③	10. ①	11. ④	12. ①

형태소와 단어

01. ①	02. ⑤	03. ②	04. ④
05. ⑤	06. ⑤	07. ③	08. ⑤
09. ④	10. ③	11. ①	12. ①
13. ③	14. ⑤		

품사

01. ②	02. ①	03. 조사, 의존명사	
04. ④	05. ①	06. ⑤	07. ④
08. ③	09. ⑤	10. ⑤	11. ①
12. ③	13. ④	14. ④	15. ②

문장성분

01. ①	02. ④	03. ②	04. ④
05. ④	06. ③	07. ②	08. ④
09. ⑤			

문장의 짜임

01. ④	02. ③	03. ④	04. ④
05. ①	06. ③	07. ①	08. ①
09. ⑤			

문장의 짜임

01. ④	02. ⑤

01. x   02. x   03. x   04. x
05. ⑤   06. ①

04 | 비문학

기본편

01. ⑤   02. ⑤   03. ①   04. ②
05. ③   06. ④   07. ③   08. ⑤

09. ④   10. ①   11. ①   12. ⑤
13. ③   14. ①   15. ①   16. ①

17. ③   18. ③

응용편

01. ①   02. ③   03. ③   04. ①
05. ④   06. ⑤   07. ①   08. ②

09. ①   10. ①   11. ⑤   12. ③
13. ④   14. ②   15. ②   16. ⑤

17. ②   18. ③   19. ⑤   20. ⑤
21. ②   22. ②   23. ③   24. ①

25. ④   26. ③   27. ①   28. ④
29. ②   30. ②   31. ①   32. ③

33. ③   34. ③   35. ④   36. ⑤

37. ②   38. ②   39. ①   40. ⑤

41. ③   42. ⑤   43. ①   44. ③
45. ③   46. ④   47. ⑤   48. ①

49. ⑤   50. ⑤   51. ①   52. ③
53. ③   54. ⑤   55. ④   56. ③

57. ①   58. ②   59. ③   60. ③
61. ①   62. ③   63. ⑤   64. ①

65. ⑤   66. ④   67. ①   68. ⑤
69. ②   70. ③   71. ②   72. ⑤

73. ⑤   74. ⑤   75. ②   76. ①
77. ①   78. ①   79. ④   80. ②

81. ②   82. ③   83. ②   84. ⑤
85. ④   86. ⑤

 **고등 수능대박 특강**
국어영역 [A,B형공통]

초판인쇄일 | 2014년 1월 20일
1쇄발행일 | 2014년 1월 25일

지 은 이 | 신병선, 이현숙, 정재현
펴 낸 이 | 이용배
책 임 감 수 | IPTV교육방송 편성위원장(김성태)
감　　　수 | 권선경, 김도한, 김미선, 김주희,
　　　　　　윤동진, 이다정, 전현준, 정현성,
　　　　　　채송화

펴 낸 곳 | IPTV교육방송(강남스터디)
디 자 인 | 박수정, 김화현
제　　　작 | 송재호
홍　　　보 | 권재홍
문　　　의 | http://iptvstudy.co.kr(IPTV교육방송)
상　　　담 | 강남스터디 02) 515-0058

총　　　판 | 가나북스 www.gnbooks.co.kr
전　　　화 | 031) 408-8811(代)
팩　　　스 | 031) 501-8811